반려동물
법률상담사례집

박상진 | 이진홍 | 문효정 | 서영현

반려동물을 위한
86가지 법률 상담 이야기

박영story

저자 서문

반려동물과 함께하다 보면 생각지 못한 사건·사고를 당할 수 있습니다. 개물림 사고라든지 사기분양, 동물병원에서의 책임소재, 소음문제, 사고 이후의 손해배상과 형사책임 등등 상당히 곤혹스러운 경우가 있습니다.

이 책은 국내에서는 처음으로 설립된 반려동물법률상담센터(건국대학교 LINC+ 사업단)에서 지난 2019년 6월에서 2020년 7월까지 접수된 반려동물과 관련된 법률적 문의사항과 그에 대한 답변 내용을 묶은 것입니다.

이 기간 중에 접수된 86개 사례를 7가지로 유형화해 분류하였습니다. ① 개-사람 물림 ② 개-개 물림 ③ 동물병원과 관련된 분쟁 ④ 분양과 관련된 분쟁 ⑤ 동물 이용 시설과 관련된 분쟁 ⑥ 강아지 관련 사고 ⑦ 기타 사건·사고가 그것입니다. 반려동물과 관련된 다양한 법률적 문제가 발생하고 있음을 볼 수 있었습니다. 그 중에서도 개물림 사고는 2019년 기준 하루 평균 6건의 개물림 사고가 일어난다는 통계에서 볼 수 있듯이 실제로 센터에 접수된 사례 중 가장 많았습니다. 그리고 동물병원과의 의료분쟁도 적지 않았으며, 사기분양을 비롯한 다양한 계약위반들도 볼 수 있었습니다. 그 외에 동물학대나 유기, 공동주택에서의 소음, 동물호텔이나 미용실 이용과 관련된 분쟁들을 접할 수 있었습니다.

우리나라도 반려동물을 기르는 인구가 1,500만 명을 넘어선다고 하니 이제는 서너 집 걸러 한 세대가 반려동물과 함께 하고 있습니다. 더욱이 고령화 및 1인 가구의 증가로 인해 반려 가구는 더 증가할 것으로 보입니다.

제 어릴 적 기억을 돌이켜 보면, 당시에도 많은 집에서 개와 고양이를 길렀습니다. 그러나 그때와 비교해 지금은 크게 다른 점이 몇 가지 있습니다.

먼저 개와 고양이를 부르는 호칭이 달라졌습니다. 사람들은 얼마 전까지만 해도 이들을 '애완동물'이라 불렀습니다. '애완(愛玩)'은 무엇을 가까이 두고 귀여워하며 즐긴다는 뜻입니다. 하지만 이제는 애완동물보다는 사람들과 '더불어 사는 동물'이라는 뜻을 지닌 '반려동물(Companion animal)'이라 부르고 있습니다('반려동물'이란 말은 1983년 동물행동학자로 유명한 콘라트 로렌츠(Konrad Zacharias

Lorenz, 1903년~1989년)의 80세 생일을 축하하기 위해 오스트리아 과학아카데미가 주최한 국제심포지엄에서 처음 사용되었습니다. 전문적 학술용어가 상당히 짧은 기간에 전 세계적으로 일반화되었음을 알 수 있습니다). 우리 법원도 판결문에서 이제는 '애완견'이 아니라 '반려견'으로 표현하고 있습니다.

또 예전과 많이 달라진 점은 주거양식의 변화입니다. 예전에는 크든 작든 대부분의 가정이 개인주택에 살았습니다. 때문에 집을 지켜줄 개가 필요했고, 쥐를 잡아줄 고양이가 필요했습니다. 가축으로서 일정한 역할과 용도를 기대하는 경우가 많았습니다.

하지만 인구의 상당수가 아파트에 거주하는 지금은 개와 고양이에게 이러한 '용도'를 요구하지 않습니다. 이제는 정서적 교감을 나누고 더불어 같이 살아가는 우리 삶의 반려로 받아들이고 있는 것입니다. 저는 많은 상담사례에서 반려인들의 그러한 정서를 강하게 느꼈습니다.

이와 같이 반려동물에 대한 우리의 인식은 상당히 빠르게 변화하고 있지만 법과 제도는 빠른 변화의 속도를 맞추지 못하는 경우가 많습니다. 이 책에서 소개되는 상당수의 갈등도 여기에서 비롯된 경우가 많습니다. 더불어 반려동물을 기르면서 얻는 기쁨도 크지만 보호자는 반려동물과 함께하면서 많은 책임도 따른다는 점을 분명히 인식하셔야 합니다.

"한 국가의 위대함과 도덕성은 그 국가의 동물들이 어떠한 대우를 받고 있는가를 보면 알 수 있다." 인류의 지성 마하트마 간디의 말입니다.

끝으로 이 책이 나오기까지 많은 도움을 주신 분들이 있습니다. 센터의 설립 때부터 관심과 지속적 지원을 해주신 건국대학교 LINC+사업단의 노영희 단장님과 많은 사례들을 친절하게 받아서 분류해 주신 이미순 선생님, 자료를 깔끔하게 정리해 준 이진 석사 그리고 구슬을 꿰어서 보배로 만들어 주신 박영사의 김명희 차장님과 김한유 대리님께 감사드립니다.

2020년 1월 22일
박 상 진

견종별 설명

강아지

🐾 미니핀(미니어처 핀셔) 🐾

소형견이지만 근육질이므로 매일 충분히 운동시켜야 한다. 쾌활하고 활발하지만, 다소 신경질적이다. 응석을 받아주며 키우면 공연한 헛울음이 많고 신경질적인 개가 될 수도 있다.

🐾 말티즈 🐾

지중해 마르타 섬 출신으로, 항상 안겨 있고 싶어하는 어리광쟁이다. 매우 다정다감한 성격으로 사람을 몹시 좋아하고 영리해 화장실 훈련이 잘되고, 크게 손이 가지 않는다. 그러나 훈육방법이 좋지 않거나 커뮤니케이션이 부족해지면 헛울음이 많고 공격적인 면이 두드러진다.

🐾 비숑(비숑 프리제) 🐾

명랑하고 다정하며, 감수성이 풍부하고 똑똑하다. 포근한 털 밑에는 단단하고 튼튼한 근육질의 몸이 숨겨져 있다. 주인을 제일 소중하게 여기므로 마음을 치유해 주는 좋은 상대가 되어 줄 것이다.

🐾 포메라니안 🐾

북방 스피츠 계열인 사모예드가 조상으로 추정되는데, 이후 독일의 포메라니아 지방에서 소형화된 견종이다. 호기심이 왕성해 참견이 많은 편인데, 신경질적인 면도 있는 다소 자기중심적인 견종이다. 제대로 교육하지 않으면 낯선 사람에게 하염없이 짖기도 하고 공포를 느끼면 공격적일 수 있다.

🐾 스피츠 🐾

러시아어로 '불'을 의미하는 '스피츠'가 원어라고 한다. 일본에서 개량한 재패니즈 스피츠, 독일에서 자란 저먼 스피츠, 포메라니안과 섞인 폼피츠가 익히 알고 있는 스피츠이다.
총명하고 용감하며 쾌활한 성격을 가졌다. 주의력 및 관찰력이 좋으며, 경계심이 강하고 충성심이 높아 반려견으로 적합하다. 한편, 어릴 때 잘 훈련되지 않으면 주인 외 타인에 대한 공격성을 보이는 경우가 많다.

🐾 폼피츠(포메라니안과 스피츠의 교배견) 🐾

대개 스피츠와 비슷한 활발한 성격을 가진다. 활동량이 많지만 성격이 예민하고 까다로운 편이며, 매우 사납고 공격적인 경우도 있다. 다른 견종에 비해 더 급하게 흥분하는 경향이 있고, 흥분 시 가족에 집착하는 특이성을 보인다.

🐾 진도견 🐾

충실하고 경계심이 강하며 이상을 감지하는 능력이 뛰어나다. 그래서 수상한 사람이 접근하면 짖고, 상황에 따라 가차 없이 공격적인 모습을 보이기도 한다.

🐾 닥스훈트 🐾

닥스훈트는 수렵견에서 시작된 견종이다. 모질에 따라 스무스, 롱, 와이어 타입으로 나뉘며, 성격에도 차이가 있다. 스무스는 사람을 잘 따르고 명랑, 활발하다. 롱은 얌전하고 응석부리기 좋아하며, 와이어는 개구쟁이에 호기심이 왕성하고 장난치는 것을 좋아한다.

🐾 요크셔테리어 🐾

'요키'라는 애칭으로 불리며, 쥐를 잡기 위해 만들어진 견종이다. 그래서 경계심과 승부욕이 강하고 시끄럽게 잘 짖으며, 낯선 사람을 심하게 경계하는 모습을 보인다. 주인과 있으면 드세고 쾌활하지만, 외로움을 잘 타서 장기간 혼자 두면 갑자기 건강이 나빠지기도 한다.

🐾 치와와 🐾

세계에서 가장 작은 개로 알려져 있다. 몸이 작지만, 승부욕이 강하고 툭하면 싸우려는 기질이 있다. 평소에는 어리광을 부리고 천진난만하며, 겁쟁이 같은 모습도 보인다. 기분이 상하면 공격적으로 변하는 등 제멋대로의 성격이다.

🐾 푸들 🐾

푸들이라는 이름은 독일어로 "물속에서 첨벙첨벙 소리를 낸다."라는 뜻인 '푸데룽'에서 유래한 것으로 알려져 있다. 푸들은 온순하고 쾌활하며, 어리광을 잘 부리고 사람을 매우 좋아한다.

🐾 토이 푸들 🐾

독일 출생인 스탠다드 푸들과 달리, 토이 푸들은 프랑스가 고향이다. 루이 14세의 애완견으로 이름을 알리면서 나라를 대표하는 견종이 되었다. 온순하고 쾌활하며 사람을 매우 좋아한다. 적응력이 빠르고 사교성이 좋으며, 똑똑해 말썽은 잘 피우지 않는다.

🐾 말라뮤트(알래스칸 말라뮤트) 🐾

알래스카 북서부의 말라뮤츠 부족이 썰매를 끌거나 사냥할 때 이용하던 견종으로 추위에 매우 강하다. 허스키와 비슷하지만, 더 조용하고 온순한 성격이다. 특히, 주인과 가족에게는 헌신적으로 복종하며 애정을 보인다.

🐾 코커스패니얼(잉글리시 코커스패니얼/아메리칸 코커스패니얼) 🐾

잉글리시 코커스패니얼은 영국에서 산도요새(코커)를 사냥하는 견종이었으며, 'E.코커'라고 불린다. 쾌활하며 인내심도 강하고 매우 영리한데, 주인이 간파당하면 반려가족에게 공격적인 모습을 보이기도 한다.
아메리칸 코커스패니얼은 잉글리스 코커스패니얼 중 얼굴이 둥근 개끼리 교배시켜 탄생했다. 쾌활하고 다정하며, 사람과 함께 있는 것을 좋아하고 잘 따른다. 훈련도 잘 이해하는 똑똑한 견종이다.

🐾 골든리트리버 🐾

온순하고 명랑, 쾌활한 견종이다. 생후 2세까지는 응석이 심하고, 과도하게 짖거나 심한 장난으로 집을 엉망으로 만들기도 한다. 하지만 3세부터는 믿을 수 없을 만큼 침착해져 반려인이 적적함을 느낄지도 모른다.

🐾 이탈리안 그레이하운드 🐾

고대 로마 시대부터 사람들과 함께 한 견종이다. 마음을 허락한 상대에게는 다정하고 애정이 깊다. 짖는 버릇이 없고 겁이 많은 편이지만, 상당히 활발하고 달리거나 점프하며 운동하는 것을 좋아한다.

🐾 도베르만 🐾

무서운 이미지와 다르게 온순하고 호기심이 왕성하며, 주인에게는 상당한 응석받이이다. 영리해서 훈련에도 잘 따르지만, 훈련이 부족하면 공격적인 면이 드러나 난폭꾼이 되기도 한다.

🐾 래브라도 리트리버 🐾

대형견의 대명사인 래브라도 리트리버는 온화하고 공격적인 면이 없으며, 애정이 극진한 견종이다. 생후 2세까지는 큰 몸짓 때문에 실내를 엉망으로 만드는 말썽꾸러기의 모습을 보이기도 한다. 하지만 시간이 지날수록 침착해져 맹도견이나 청도견, 간호견, 경찰견 등으로 능력을 발휘한다.

🐾 프렌치 불독 🐾

호기심이 많고 놀기 좋아하며 애교가 많다. 의외로 조용하고 정이 많으며 섬세한 것으로 알려져 있다. 코가 눌린 얼굴 구조로 기도가 짧아져 심하게 운동하면 금방 호흡이 거칠어진다.

🐾 아메리칸 불리 🐾

19세기에는 소 사냥을 위해 품종을 개량했으나, 이후 가정에서 키울 수 있도록 스텐포드셔의 유전자로 다시 개량되었다. 생긴 것과 다르게 애교가 많고 충성심이 뛰어나서 온순한 성격을 가진다. 농림수산식품부에서도 맹견이 아니라는 판단을 내렸다. 머리가 좋아 훈련을 잘 받으면 어떤 견종보다 친절하고 듬직하게 자랄 수 있다.

고양이

🐾 코숏(한국 고양이, 코리안 숏헤어) 🐾

주택가나 길거리에서 흔히 볼 수 있는 한국산 고양이를 말한다. 중국에서 경전을 들여올 때, 이를 보호하기 위해 데려온 것으로 알려졌다. 하지만 도둑 고양이라는 오명을 받으며 생존의 위협을 받기도 했다. 활발하고 대담한 성격을 가지며 감정변화가 큰 편이다. 반려인에 대해서는 깊은 애정과 애교를 보인다.

🐾 스핑크스 🐾

털이 전혀 없는 것처럼 보이지만, 실제로는 부드러운 솜털이 덮여 있다. 보기와 달리, 연약하거나 신경질적이지 않고 호기심이 왕성하다. 말귀를 잘 알아듣고 반려인을 잘 따르는 편이다.

🐾 노르웨이숲 고양이 🐾

추위가 심한 노르웨이에서 자라, 추위에 강한 것으로 유명하다. 다소 낯을 가리지만 위협하는 일이 없고, 대담하며 침착한 면이 있는 고양이이다.

🐾 페르시안 🐾

유럽 궁정 귀부인 사이에서 말티즈(개)나 앙고라(토끼)와 같은 애완동물을 안는 것이 유행이었다. 이때 느긋하고 우아한 고양이 페르시안은 귀부인이 안기에 어울리는 기품있는 모습이었고, 오랫동안 얌전히 있는 모습을 보여 사랑받았다.

🐾 먼치킨 🐾

고양이계의 닥스훈트라고 불릴 정도로 다리가 짧다. 짧은 다리를 가졌지만, 운동능력이나 기능에는 문제가 없고 의외로 다리가 빠르고 운동신경이 좋다. 활동적이며 협조성이 있고 태평한 성격이다.

🐾 샴 🐾

태국 왕궁에서 키우던 고양이가 선조로 고급스러운 외모와 다르게 활발하며 호기심이 왕성하다. 어리광을 부리고 싶을 때는 달라붙고 다른 것에 시선 주는 것을 허용하지 않지만, 관심 없을 때는 도망쳐버리는 제멋대로인 고양이이다.

토끼

🐾 애완토끼 🐾

환경과 스트레스에 민감한 동물이므로 적당한 온도와 편안한 환경을 유지해 주는 것이 필요하다. 스트레스를 받으면 먹이를 먹지 않고, 최악의 경우 죽음에 이르기도 한다.

※ 이 도서의 법률 상담한 반려동물만 견종별 설명에 담았습니다.

맹견 종류

🐾 맹견의 정의

'맹견'이란 도사견, 핏불테리어, 로트와일러 등 사람의 생명이나 신체에 위해를 가할 우려가 있는 개로서 농림축산식품부령으로 정하는 개를 말한다.

🐾 맹견의 종류

맹견은 다음과 같다.(「동물보호법」 제2조 제3호의2, 「동물보호법 시행규칙」 제1조의3)

도사견과 그 잡종의 개

아메리칸 핏불 테리어와
그 잡종의 개

아메리칸 스태퍼드셔
테리어와 그 잡종의 개

스태퍼드셔 불 테리어와
그 잡종의 개

로트와일러와 그 잡종의 개

🐾 맹견의 양육·관리 시 준수사항

맹견 소유자의 준수사항

맹견의 소유자 등은 다음의 사항을 준수해야 한다.(「동물보호법」 제13조의2 제1항, 「동물보호법 시행규칙」 제12조의2 제1항)

• 소유자 등 없이 맹견을 기르는 곳에서 벗어나지 아니하게 할 것

• 지장이 없는 범위에서 사람에 대한 공격을 효과적으로 차단할 수 있는 크기의 입마개 등 안전장치를 하거나 맹견의 탈출을 방지할 수 있는 적정한 이동 장치를 할 것

• 그 밖에 맹견이 사람에게 신체적 피해를 주지 아니하도록 하기 위하여 농림축산식품부령으로 정하는 사항을 따를 것

※ 위의 사항을 준수하지 않은 사람에게는 300만원 이하의 과태료가 부과된다.(「동물보호법」 제47조 제1항)

맹견의 소유자 등은 다음의 어느 하나에 해당하는 장소에 맹견이 출입하지 않도록 해야 한다.(「동물보호법」 제13조의3)

1. 어린이집
2. 유치원
3. 초등학교 및 특수학교
4. 그 밖에 불특정 다수인이 이용하는 장소로서 시·도의 조례로 정하는 장소

※ 위의 사항을 준수하지 않은 사람에게는 300만원 이하의 과태료가 부과된다.(「동물보호법」 제47조 제1항 제2호의6)

🐾 맹견의 격리조치 등

특별시장·광역시장·도지사 및 특별자치도지사·특별자치시장과 시장·군수·구청장(자치구의 구청장을 말함)은 맹견이 사람에게 신체적 피해를 주는 경우 소유자 등의 동의 없이 맹견에 대하여 격리조치 등 필요한 조치를 취할 수 있다.(「동물보호법」 제13조의2 제2항, 「동물보호법 시행규칙」 제12조의3, 별표3)

※ 맹견에 대한 격리조치 등에 관한 기준은 「동물보호법 시행규칙」 별표3에서 확인할 수 있다.

🐾 맹견 소유자 교육

맹견의 소유자는 맹견의 안전한 양육 및 관리에 관하여 다음과 같은 교육을 받아야 한다.(「동물보호법」 제13조의2 제3항, 「동물보호법 시행규칙」 제12조의4 제1항)

- 맹견의 소유권을 최초로 취득한 소유자의 신규교육: 소유권을 취득한 날부터 6개월 이내 3시간
- 그 외 맹견 소유자의 정기교육: 매년 3시간

맹견 소유자에 대한 교육은 다음 어느 하나에 해당하는 기관으로 농림축산식품부장관이 지정하는 기관이 실시하며, 원격교육으로 그 과정을 대체할 수 있다.(「동물보호법 시행규칙」 제12조의4 제2항)

- 「수의사법」 제23조에 따른 대한수의사회
- 「동물보호법 시행령」 제5조 각 호에 따른 법인 또는 단체
- 농림축산식품부 소속 교육전문기관

🐾 교육을 받지 않으면?

이를 위반하여 맹견의 안전한 양육 및 관리에 관한 교육을 받지 아니한 소유자는 300만원 이하의 과태료를 부과한다.(「동물보호법」 제47조 제1항 제2호의5)

상담 후기

🐾 1. 최○○ (2020-025 / 2020. 05 상담) 🐾

안녕하세요. 메일 잘 받았습니다.

상담 후기와 함께 반려동물의 사진을 요청해 주셨는데요.

저희가 기르던 아이는 사건 중 사망했고 사례집을 발간하는 일은 매우 고무적인 일이라 생각하지만 사진을 싣는 일은 원하지 않습니다.

부디 양해해주시기를 바랍니다.

우선은 사건의 상담을 도와주신 건국대학교 링크사업단의 이미순 선생님과 정인 법률사무소의 문효정 변호사님께 감사드립니다. 당시 도움을 받을 곳이 급했던 상황에 반려동물 법률센터를 발견하고 운영을 하고 있다는 사실을 알게 되어 매우 반가웠습니다. 상황에 대한 깔끔한 답변과 관련 조문의 정리가 해당 상황에서 무엇을 할 수 있을지 파악하는 데에 많은 도움이 되었습니다. 물론 인력난으로 인한 고군분투가 있었을 것으로 생각됩니다만, 아쉬웠던 것은 답변서가 오는데 시간이 걸려 당시의 급변하는 상황에 빠르게 대처하기 어려웠다는 것입니다. 또한 센터가 외부의 상담도 받고 있음에도 접할 수 있는 매체가 부족합니다. 처음 접했던 것은 센터를 개소한다는 짧은 기사였고, 건국대 홈페이지에서도 해당 사항을 볼 수 없어 현재도 운영을 하고 있는 것인지 알기 어려웠습니다. 모쪼록 앞으로 반려동물 법률상담센터가 농밀한 실력을 가진 분들의 많은 참여로 훨씬 더 커지기를 바랍니다.

반려동물 양육인구가 591만 가구로 집계되는 현재, 앞으로도 해당 센터는 중요 인프라로 작용하게 될 것입니다. 부디 센터가 무사히 성장하기를, 많은 사람들과 반려동물이 해당 센터에서 도움을 받을 수 있기를 바랍니다.

🐾 2. 정○○ (2019-002 / 2019. 05 상담) 🐾

마킹한걸 본적이 없는데 옷값을 물어달라고 해서 상담 의뢰를 했는데, 세탁비만 배상해도 된다고 상담 받았습니다. 상대가 너무 난리를 쳐서 그냥 옷값과 가방 세탁비 주고 마무리 지었습니다.

🐾 3. 윤○○ (2019-051 / 2019.12 상담) 🐾

안녕하세요. 콩이 입양 문제로 법률상담 받았던 이진우입니다.

콩이를 입양하는 과정에서 보호소 측과 최초 임보자 측 그리고 저희, 세 입장이 정리되지 않아 너무 힘들었습니다. 법적인 문제까지 오고가는 상황에서 저희는 법에 대해 알지 못해 여러 방안을 생각하던 도중, 건국대학교 반려동물 법률상담센터를 알게 되어 상담을 받게 되었습니다. 객관적인 법률자문을 해주신 덕에 저희는 입장표명을 완강히 할 수 있었고, 다행히도 콩이를 저희 집으로 데려오는데 있어 문제없이 진행이 되었습니다.

도움주신 센터 모든 분들께 감사말씀 전합니다.

🐾 4. 박○○ (2020-009 / 2020.3 상담) 🐾

안녕하세요. 올해 봄 상담을 신청하였던 견주입니다.

반려동물 사고에 대한 지식이 없어 막막했었는데 지인이 건국대학교 반려동물 법률상담센터를 알려주어 상담을 신청하였습니다. 너무나도 친절한 응대와 상세한 답변에 아주 감동했습니다. 다양한 사례와 판례 찾아주셔서 많은 도움이 되었습니다. 사진은 반려견의 평소 모습입니다.

감사하다는 말씀 드리며, 항상 좋은 날 되시길 바라겠습니다.

차례

개-사람 물림

개-개 물림

동물병원 관련

분양 관련

동물 이용 시설 관련

강아지 관련 사고

기타 문의

부록1 참조 판례

개-사람
물림

1 산책 시 목줄 손잡이를 놓쳐 도망가는 어린아이의 장딴지를 물었을 경우

종: 미니핀

성별: 남

나이: 12년

🐾 **내용** : 6월 11일 18시 무렵, 견주가 강아지를 산책시키다가 목줄 손잡이를 놓쳐 도망가는 어린아이의 장딴지를 물었습니다. 0.5cm 정도의 이빨 자국이 남았고 피가 맺혀 2주 치료 진단을 받았습니다. 하루가 지나 약간 붓고 멍이 넓어졌으며, 그 후 아이는 등교했습니다.

🐾 **상대방 측 입장** : 합의를 진행하겠으나, 거부하면 경찰에 신고하겠다고 하였습니다.

🐾 **견주 입장** : 병원비 일체를 본인이 부담하는 것은 당연하지만, 상대방 측에서 과도하게 합의금을 요구할 것으로 판단됩니다.

🐾 관련 법률에 따른 적당한 합의금과 합의가 원만히 이루어지지 않을 경우 신고 시 벌금이 궁금하며, 원만한 해결을 위한 방안이 궁금합니다.

상담

1 민·형사상 책임

견주는 반려견의 목줄을 단단히 잡고 있을 의무가 있습니다. 신청인은 그러한 의무를 위반하여 목줄을 놓친 과실이 있으므로 상해를 입은 어린아이에 대해 민사상 손해배상책임이 있습니다. 손해배상액은 어린아이의 기왕치료비, 향후치료비, 위자료 합계액입니다. 구체적인 손해배상액은 이 사안과 사실관계가 유사한 서울동부지방법원 2014나22750 판결[부록1-1]을 참조하여 주시기 바랍니다. 또한 견주가 목줄을 놓친 과실로 사람의 신체를 상해에 이르게 하였으므로 형사상 과실치상죄가 성립합니다.

관련 법률

* **민법 제759조(동물의 점유자의 책임)** ①동물의 점유자는 그 동물이 타인에게 가한 손해를 배상할 책임이 있다. 그러나 동물의 종류와 성질에 따라 그 보관에 상당한 주의를 해태하지 아니한 때에는 그러하지 아니하다.
* **형법 제266조(과실치상)** ①과실로 인하여 사람의 신체를 상해에 이르게 한 자는 500만원 이하의 벌금, 구류 또는 과료에 처한다. ②제1항의 죄는 피해자의 명시한 의사에 반하여 공소를 제기할 수 없다.

2 합의금

피해자와 합의가 이루어지면 형사 처벌이 면책되기 때문에 가급적 합의를 하시는 것이 바람직합니다. 과실치상죄는 반의사불벌죄, 즉 피해자의 명시한 의사에 반하여 처벌할 수 없는 죄이기 때문입니다. 합의금은 2014나22750 판결[부록 1-1]을 참조하여 병원비 일체, 소정의 위자료 합계액이 적정할 것으로 보입니다. 위자료는 정해진 액수가 있는 것이 아니라, 사고의 경위와 피해 정도 등을 종합적으로 고려하여 산정합니다. 위 판결 사안에 비하여 이 사안에서 어린아이의 피해 정도가 경미한 것으로 보이므로 판결의 위자료를 기준으로 일정액을 감액한 위자료로 합의금을 산정하실 수 있을 것으로 보입니다.

3 신고 시 벌금

개물림 사고로 피해자에게 경미한 상해가 발생한 경우 검사가 과실치상죄로 기소 시 대체로 벌금 50~100만원 정도의 약식명령이 나옵니다. 만약 약식명령으로 나온 벌금 액수가 부당하다고 판단되어 재판을 통해 다시 판단 받기를 원한다면 약식명령서를 받은 날로부터 7일 이내에 법원에 정식재판을 청구할 수 있습니다. 기존에는 약식명령에 대한 정식재판 청구 시 불이익변경금지원칙에 따라 정식재판

판결 시 약식명령 벌금액보다 많은 벌금액을 선고할 수 없었으나, 2017년 12월 19일 형사소송법 개정(제457조의2)으로 현재는 약식명령 벌금 액수보다 더 많은 벌금이 선고될 수도 있습니다.

과실치상죄는 반의사불벌죄이기 때문에, 피해자가 신고 또는 고소를 한 이후라도 검사가 기소하기 전인 경우 피해자와 합의를 하고 합의서(처벌불원서)를 검찰에 제출하면 검사는 '공소권없음'으로 불기소처분을 하고, 검사가 기소한 이후 피해자와 합의가 되면 법원에 합의서(처벌불원서)를 제출하여 '공소기각의 판결'을 받을 수 있습니다. 즉, 형사절차가 진행되더라도 피해자와 합의가 되고 피해자가 가해 견주의 처벌을 원하지 않는다는 의사를 표시한 합의서(처벌불원서)가 검찰 또는 법원에 제출되면 형사절차가 종결되어 가해 견주가 과실치상죄로 처벌받지 않을 수 있습니다.

관련 법률

✳ **검찰사건사무규칙 제69조(불기소처분)** ③불기소결정의 주문은 다음과 같이 한다.

4.공소권없음 : 반의사불벌죄의 경우 처벌을 희망하지 아니하는 의사표시가 있거나 처벌을 희망하는 의사표시가 철회된 경우

✳ **형사소송법 제327조(공소기각의 판결)** 다음 경우에는 판결로써 공소기각의 선고를 하여야 한다.

6.피해자의 명시한 의사에 반하여 죄를 논할 수 없는 사건에 대하여 처벌을 희망하지 아니하는 의사표시가 있거나 처벌을 희망하는 의사표시가 철회되었을 때

2 반려견에 물린 피해자가 형사 고발할 경우

종: **말티즈**

성별: **남**

나이: **7년**

내용 : 산책 중 반려견의 목줄을 놓쳐 반려견이 지나가는 사람의 다리를 물었고 전치 2주의 진단이 나왔습니다. 경황이 없어 바로 응급조치는 못했으나, 30분 뒤 연락을 드리고 응급실로 갔습니다.(토요일 밤 10시경)

월요일에 보험사를 통해 보상 협의를 시도하였으나 상대방은 많이 격앙된 상태였고, 반려견 관리의 책임을 물어 형사 고발하겠다고 하였습니다. 또한, 단순 상처뿐만 아니라 정신적 트라우마에 따른 불면증, 지병의 악화에 따른 손해까지 배상 요구하였습니다.

위 사항이 형사 고발 사항인지 궁금하고, 고발 대상이라면 어느 정도 처벌이 예상되는지 궁금합니다. 또, 보험사를 통해 민사협의가 잘되지 않을 경우 향후 어떻게 대응조치를 해야 하는지 법률적 조언을 구합니다.

상담

 민사상 책임

반려견의 견주는 반려견의 목줄을 단단히 잡고 있을 의무가 있습니다. 신청인은 산책 중 반려견의 목줄을 놓친 과실이 있으므로 상해를 입은 상대방에 대해 민사상 손해배상책임이 있습니다.(민법 제759조) 손해배상액은 상대방의 병원비, 위자료 합계액입니다. 만약 상대방이 상해로 인해 소득활동을 일시적으로 쉬어야 했던 사실과 손해액이 입증된다면 일실수입 손해배상도 청구할 수 있을 것이나, 이 사안에서 상대방이 휴업손해를 주장하지는 않은 것으로 보입니다. 구체적인 손해배상액은 이 사안과 사실관계가 유사한 서울동부지방법원 2014나22750 판결[부록1-1]을 참조하여 주시기 바랍니다.

관련 법률

✸ **민법 제759조(동물의 점유자의 책임)** ①동물의 점유자는 그 동물이 타인에게 가한 손해를 배상할 책임이 있다. 그러나 동물의 종류와 성질에 따라 그 보관에 상당한 주의를 해태하지 아니한 때에는 그러하지 아니하다.

2 형사상 책임

이 사안은 상대방이 반려견의 견주에 대해 형사 고소 가능한 사안입니다. 반려견의 견주가 목줄을 놓친 과실로 사람의 신체를 상해에 이르게 한 경우 형사상 과실치상죄가 성립합니다.(형법 제266조)

관련 법률

✸ **형법 제266조(과실치상)** ①과실로 인하여 사람의 신체를 상해에 이르게 한 자는 500만원 이하의 벌금, 구류 또는 과료에 처한다. ②제1항의 죄는 피해자의 명시한 의사에 반하여 공소를 제기할 수 없다.

3 합의의 필요성 및 적정 합의금

상대방과 합의가 이루어지면 형사 처벌이 면책되기 때문에 가급적 합의를 하시는 것이 바람직합니다. 과실치상죄는 반의사불벌죄, 즉 피해자의 명시한 의사에 반하여 처벌할 수 없는 죄이기 때문입니다. 합의금은 2014나22750 판결[부록1-1]을 참조하여, 병원비 일체, 소정의 위자료 합계액이 적정할 것으로 보입니다. 위자료는 정해진 액수가 있는 것이 아니라, 사고의 경위와 피해 정도 등을 종합적으로 고려하여 산정합니다. 위 판결 사안에 비하여 이 사안에서 상대방의 피해 정도가 경미한 것으로 보이므로 판결의 위자료를 기준으로 일정액을 감액한 위자료로 합의금을 산정하실 수 있을 것으로 보입니다.

4 상대방의 고소 시 예상 양형

개물림 사고로 피해자에게 경미한 상해가 발생한 경우 검사가 과실치상죄로 기소 시 대체로 벌금 50~100만원 정도의 약식명령이 나옵니다. 만약 약식명령으로 나온 벌금 액수가 부당하다고 판단되어 재판을 통해 다시 판단 받기를 원한다면 약식명령서를 받은 날로부터 7일 이내에 법원에 정식재판을 청구할 수 있습니다. 기존에는 약식명령에 대한 정식재판 청구 시 불이익변경금지원칙에 따라 정식재판 판결 시 약식명령 벌금액보다 많은 벌금액을 선고할 수 없었으나, 2017년 12월 19일 형사소송법 개정(제457조의2)으로 현재는 약식명령 벌금 액수보다 더 많은 벌금이 선고될 수도 있습니다.

과실치상죄는 반의사불벌죄이기 때문에, 피해자가 신고 또는 고소를 한 이후라도 검사가 기소하기 전인 경우 피해자와 합의를 하고 합의서(처벌불원서)를 검찰에 제출하면 검사는 '공소권없음'으로 불기소처분을 하고, 검사가 기소한 이후 피해자와 합의가 되면 법원에 합의서(처벌불원서)를 제출하여 '공소기각의 판결'을 받을 수 있습니다. 즉, 형사절차가 진행되더라도 피해자와 합의가 되고 피해자가 가해 견주의 처벌을 원하지 않는다는 의사를 표시한 합의서(처벌불원서)가 검찰 또는 법원에 제출되면 형사절차가 종결되어 가해 견주가 과실치상죄로 처벌받지 않을 수 있습니다. 단, 법원에 합의서를 제출하는 것은 약식명령이 확정되지 않을 것을 전제로 합니다.

관련 법률

✻ **검찰사건사무규칙 제69조(불기소처분)** ③불기소결정의 주문은 다음과 같이 한다.

　4.공소권없음 : 반의사불벌죄의 경우 처벌을 희망하지 아니하는 의사표시가 있거나 처벌을 희망하는 의사표시가 철회된 경우

✻ **형사소송법 제327조(공소기각의 판결)** 다음 경우에는 판결로써 공소기각의 선고를 하여야 한다.

　6.피해자의 명시한 의사에 반하여 죄를 논할 수 없는 사건에 대하여 처벌을 희망하지 아니하는 의사표시가 있거나 처벌을 희망하는 의사표시가 철회되었을 때

3 개물림 사고에서 피해자가 끊임없이 치료비를 요구할 경우

종: **비숑**

성별: **여**

나이: **1년**

내용 : 애견 운동장에서 저희 강아지가 다른 견주의 다리를 물었습니다. 저와 저희 어머니는 정확히 무는 장면을 보지 못했지만, 피해자는 저희 강아지가 물었다고 주장했고 가벼운 상처였기에 따지기 싫어서 죄송하다고 말했습니다. 광견병 접수 내역을 보여달라 해서 보여주고 연락처를 알려줬습니다. 그런데 피해자가 치료를 받고 당장 치료비를 입금하라고 연락했고, 주말이라 평일에 입금하겠다고 하니 당장 치료비 입금 안 하면 형사소송과 손해배상을 청구하겠다 하였습니다. 겁이 나서 죄송하다고 하고 일을 크게 만들고 싶지 않아 치료비를 줬습니다. 이렇게 2주 동안 치료비를 달라고 할 때마다 영수증을 확인하고 치료비 총 11만원을 입금해줬습니다.

그러다 지난주에 갑자기 중앙병원에서 의원으로 병원을 옮기더니, 상처가 괴사 중이라며 흉이 질 것 같으니 흉터 레이저 치료도 받아야 할 것 같다고 주장했습니다. 저희는 피해자가 물렸다고 주장하는 장소에 CCTV가 없어서 저희 강아지가 물었다는 정확한 증거가 없고 목줄 의무화가 아닌 특수한 공간인 애견 운동장에서 발생했기 때문에, 앞으로 치료비를 못 주겠다고 했습니다. 대신 합의금으로 30만원을 제시하면서 합의하자고 했습니다. 하지만 피해자 측은 치료가 언제 끝날 줄 아느냐며 치료비를 안 주면 형사 고소를 하고 손해배상을 따로 진행하겠다고 합니다.

또한 CCTV가 없지만, 그때 앞에 앉아있던 애견 카페 주인이 증인이라고 주장합니다. 저희가 그 애견 카페 주인에게 전화해서 정확히 보셨냐고 물어보니 저희 강아지가 옆에 있는 건 봤지만, 정확히 앞을 물었는지 뒤를 물었는지 모르겠다고 하였습니다. 그리고 그 피해자 분과 카페 주인은 같이 앉아있었다는 점에서 원래부터 친분이 있는 사이처럼 보였습니다.

이런 상황에서 어떻게 판단하는 게 현명할지 모르겠습니다. 저희는 CCTV도 없고 목줄이 의무화가 아닌 애견 운동장에서 일어난 일이니 합의금을 주고 끝내고 싶은 데, 피해자 측은 합의금은 필요 없고 병원에서 청구하는 치료비를 계속 달라고 요구합니다. 저희가 흉터 레이저 치료 비용까지 줘야 하는지 억울합니다.

만약 형사 고소가 진행된다면 과실치상으로 벌금형이 나올 확률이 높은가요? 그리고 무혐의 혹은 기소유예를 받으려면 어떤 준비를 해야 하나요?

또한, 민사소송으로 손해배상 소송 시 책임져야 하는 범위는 어디까지인가요? 정신적 손해배상 혹은 위자료 등까지 법적책임을 물어야 하나요?

상담

1 형사상 책임

상대방이 형사 고소 시 과실치상으로 벌금형이 나올 확률이 높습니다.(형법 제266조) 현장에 CCTV가 없다고 하더라도, 피해자의 진술과 신청인의 반려견이 상대방 주위에 있었다는 목격자 진술 등이 있으므로 증거불충분을 사유로 불기소처분이 나오기는 쉽지 않을 것으로 보입니다.

관련 법률

＊ **형법 제266조(과실치상)** ①과실로 인하여 사람의 신체를 상해에 이르게 한 자는 500만원 이하의 벌금, 구류 또는 과료에 처한다.

②제1항의 죄는 피해자의 명시한 의사에 반하여 공소를 제기할 수 없다.

2 민사상 책임

비록 반려견의 목줄을 풀어놓을 수 있는 애견 운동장이라고 하더라도 견주는 자신의 반려견이 타인에게 위해를 가하지 못하도록 주의할 의무가 있습니다. 견주가 사고를 미리 예방하지 못한 과실이 있다면, 반려견에게 물려 상해를 입은 상대방에게 손해배상책임이 있습니다.(민법 제759조) 손해배상액은 상대방의 병원비, 위자료(=정신적 손해배상) 합계액입니다. 만약 상대방의 흉터가 자연적으로 치유되는 흉터가 아니라 치료를 요하는 정도라면, 신청인께서 상대방의 과잉진료임을 입증하지 못하는 한 상대방의 흉터 레이저 치료비까지 상대방에게 지급하셔야 할 수도 있습니다. 구체적인 손해배상액은 개물림 사고에서 견주의 손해배상책임에 관해 설시한 서울동부지방법원 2014나22750 판결[부록1-1]을 참조하여 주시기 바랍니다.

관련 법률

＊ **민법 제759조(동물의 점유자의 책임)** ①동물의 점유자는 그 동물이 타인에게 가한 손해를 배상할 책임이 있다. 그러나 동물의 종류와 성질에 따라 그 보관에 상당한 주의를 해태하지 아니한 때에는 그러하지 아니하다.

이 사안의 사고 발생장소는 반려견 호텔, 훈련소와 같이 반려견을 위탁하는 곳이 아니라, 애견 운동장이므로 영업주의 주의감독상 과실이 인정될 가능성은 낮습니다. 애견 운동장에 반려견과 동행한 견주는 자신의 책임 하에 반려견을 주의감독해야 합니다.

4

개물림 사고 후 견주와 합의를 하였으나 일부를 받지 못한 경우

종: ***

성별: ***

나이: ***

내용 : 어머니께서 2017년 10월경 울산 북구(당시 주거 동네)에서 일을 마치고 집으로 향하던 중, 길에서 대형견 세 마리가 어머니에게 달려들어 어머니가 뒤로 넘어지는 사고가 발생하였으며, 주위에 길 가던 이웃 주민의 도움으로 개를 떼어놓을 수 있었습니다.

어머니는 넘어진 충격으로 인하여 8주 진단으로 병원에 입원하여 치료하였습니다. 병원 치료 후 생업을 위해 직장으로 복귀하였으나 지속적으로 허리 통증을 호소하시며 그 이후 병원 진료 및 진통제로 버텨 오고 있습니다.

해당 사고 견주와는 750만원 합의를 진행하였으나, 250만원 선불 지급 후 아직까지 나머지 금액을 지불하지 않고 있어 해당 법률 상담을 신청합니다.

나머지 금액에 대해 견주로부터 돈을 받을 수 있는 방법이 없을지 문의드립니다. 목격자 연락처 및 수기로 작성한 합의서는 현재 소지하고 있습니다.

상담

개의 견주는 자신의 개가 타인에게 위해를 가하지 않도록 주의할 의무가 있습니다. 가해 견주는 주의의무를 위반하여 신청인의 어머니께 상해를 입혔으므로 어머니에 대해 민사상 손해배상책임이 있습니다. (민법 제759조)

※ 민법 제759조(동물의 점유자의 책임) ①동물의 점유자는 그 동물이 타인에게 가한 손해를 배상할 책임이 있다. 그러나 동물의 종류와 성질에 따라 그 보관에 상당한 주의를 해태하지 아니한 때에는 그러하지 아니하다.

당사자 사이에 합의금에 관한 약정이 성립했고, 합의서도 소지하고 계시므로 ① 합의서, ② 금융거래내역(합의금 750만 원 중 일부인 250만 원만 지급)을 증거로 법원을 통해 나머지 금액을 지급 받으실 수 있는 방법으로 민사소송, 지급명령신청이 있습니다. 가해 견주가 합의를 하고도 합의금 중 일부만 지급 후 나머지를 지급하지 않은 사실이 명백하면 승소하실 것이고, 승소 시 법원에 납부했던 인지대, 송달료 등 소송비용도 가해 견주에게 청구하실 수 있습니다.

신청인께서 직접 소송을 수행하실 예정이시면 대한민국 법원 나홀로소송 웹사이트를 참고하시면 도움을 받으실 수 있습니다.

대한민국 법원 나홀로소송 웹사이트
pro-se.scourt.go.kr/wsh/wsh000/WSHMain.jsp

1 민사소송

소송의 종류는 가해 견주가 민법 제759조를 위반한 불법행위를 원인으로 한 '손해배상(기)청구의 소' 또는 합의(=약정)가 이루어졌음을 원인으로 한 '약정금청구의 소' 중에서 선택하실 수 있습니다. 관할법원은 사고발생지 법원 또는 가해 견주의 주소지 법원입니다. 소송목적의 값은 500만 원이고, 법원에 소장을 접수하시면서 인지액, 송달료를 납부하시면 민사소송이 시작됩니다. 인지액, 송달료는 아래와 같습니다.

인지액 25,000원(전자소송으로 진행 시 10% 할인된 금액인 22,500원)

송달료 48,000원

소송목적의 값이 500만 원이므로 이는 민사소액사건에 해당합니다. 민사소액사건에서는 법원이 원고(신청인의 어머니)의 소장, 증거 검토 후 곧바로 피고(가해 견주)에게 '이행권고결정'을 할 수 있습니다. 가해 견주가 법원으로부터 '이행권고결정문'을 송달받은 날로부터 2주 이내에 법원에 이의신청을 하지 않으면 이행권고결정은 확정판결과 같은 효력이 있습니다. 만약 가해 견주가 이의신청을 하면 보통의 소송절차로 진행됩니다.

또한 소액사건의 경우 당사자의 배우자, 직계혈족, 형제자매는 법원의 허가 없이도 소송대리인이 될 수 있기 때문에 신청인께서 어머니를 대리하여 소송을 수행하실 수도 있습니다. 이때에도 원고 당사자 본인은 어머니시지만 신청인께서 원고(어머니)의 소송대리인으로서 소송을 진행하는 것일 뿐, 신청인께서 직접 원고가 되는 것은 아닙니다. 이 경우 신분관계를 증명할 수 있는 가족관계등록사항에 관한 증명서 또는 주민등록등본 등으로 신분관계를 증명하고, 소송위임장으로 수권관계를 증명하여야 합니다.

2 지급명령신청

소송절차보다 간이, 신속, 저렴하게 분쟁을 해결할 수 있도록 하는 약식의 분쟁해결 절차입니다. 지급명령 절차에서는 법원이 분쟁당사자를 심문함이 없이 서류만을 심사하고 지급명령을 발령하므로 채권자(어머니)는 통상의 소송절차처럼 법원의 법정에 출석할 필요가 없고, 그 결과 법정에 출석하는 데에 따른 시간과 노력을 절약할 수 있고, 신속하게 분쟁해결을 할 수 있습니다.

채무자(가해 견주)가 '지급명령결정문'을 송달받은 날로부터 2주 이내에 법원에 이의 신청을 하지 않으면 지급명령결정은 확정판결과 같은 효력이 있습니다. 그러나만약 가해 견주가 이의신청을 하면 보통의 민사소송절차로 전환됩니다. 법원에 지급명령신청서를 접수하시면서 인지액, 송달료를 납부하시면 지급명령절차가 시작됩니다. 인지액, 송달료는 아래와 같습니다.

인지액 2,500원(전자소송으로 진행 시 10% 할인된 금액인 2,200원)

송달료 57,600원

3 유의하실 점 - 소멸시효

사고발생일이 2017년 10월경인데, 불법행위로 인한 손해배상 청구권은 피해자가 그 손해 및 가해자를 안 날로부터 3년간 행사하지 않으면 소멸하여, 그 후에는 상대방에게 손해배상금 청구를 하실 수 없으므로 이 기간을 넘기지 않도록 유의하시기 바랍니다.

관련 법률

※ **민법 제766조(손해배상청구권의 소멸시효)** ①불법행위로 인한 손해배상의 청구권은 피해자나 그 법정대리인이 그 손해 및 가해자를 안 날로부터 3년간 이를 행사하지 아니하면 시효로 인하여 소멸한다.

5

광견병 미접종 개가 사람을 문 경우 견주에게 과태료 처분이 가능한지 여부

종: **폼피츠**

성별: **중성**

나이: **11년**

내용 : 2019년 7월 29일 오전 11시 30분경 동해 양양 소재 바닷가 해수욕장에서 목줄 안 한 개(키키)에게 손과 다리를 물려 2주 진단을 받고 현재 치료 중입니다. 견주는 사고 당시 일부러 접근하여 물렸다는 등 상식 이하의 말과 함께 법적으로 하자고 말하고 있어 현재 형사 고소한 상태입니다. 견주는 광견병 주사에 관한 어떤 증명도 하지 않고, 10일간 강아지 상태가 어떠한지에 대한 연락에도 협조하지 않고 있는 상태입니다. 관할청의 도움으로 사고 9일째 되는 날에서야 처음으로 강아지 상태를 제가 확인할 수 있었으며, 광견병 접종을 최근 3년 이내에 하지 않았다는 것을 알 수 있었습니다. 이처럼 광견병 주사를 맞지 않은 개의 견주에게 가축전염병예방법 제15조 1항을 적용하여 과태료 처분이 될 수 있는지 문의 드립니다.

상담

해당 지자체의 접종 실시명령이 있었는지에 따라 과태료 처분 가능성이 결정될 것으로 보이므로 해당 지자체에 확인하시기 바랍니다. 정부에서는 매년 '가축방역사업' 계획에 의거 광견병 예방약을 지원하고 있습니다. 전국 시·도지사는 관할 시·군별 사육두수 및 발생동향 등을 감안하여 지원 물량을 배정하고, 시장·군수 또는 구청장은 가축전염병 예방법에 의거하여 예방주사 실시를 명령하게 됩니다. 광견병이 발생하여 해당 시군에서 접종 실시명령을 할 때, 예방접종을 미실시할 경우 가축전염병 예방법 제60조 및 동법 시행령 제16조 별표3 규정에 의거하여 과태료 처분될 수 있습니다. '광견병 표준방역지침'에 따르면 광견병 예방접종은 3개월령 이상 된 동물을 대상으로 매년 반복하여 접종하여야 합니다.(농림축산식품부 농림축산 검역본부 동식물위생연구부 바이러스질병과 작성 국민신문고 답변 참조)

관련 법률

✽ **가축전염병 예방법 제15조(검사·주사·약물목욕·면역요법 또는 투약 등)** ①농림축산식품 부장관, 시·도지사 또는 시장·군수·구청장은 가축전염병이 발생하거나 퍼지는 것을 막기 위하여 필요하다고 인정하면 농림축산식품부령으로 정하는 바에 따라 가축의 소유자등에 게 가축에 대하여 다음 각 호의 어느하나에 해당하는 조치를 받을 것을 명할 수 있다.
1.검사·주사·약물목욕·면역요법 또는 투약
2.주사·면역요법을 실시한 경우에는 그 주사·면역요법을 실시하였음을 확인할 수 있는 표 시(이하 "주사·면역표시"라 한다)
3.주사·면역요법 또는 투약의 금지

✽ **가축전염병 예방법 제60조(과태료)** ①다음 각 호의 어느 하나에 해당하는 자에게는 1천만 원 이하의 과태료를 부과한다.
4.제15조제1항, 제16조제5항 또는 제43조제6항에 따른 명령을 위반한자
③제1항 및 제2항에 따른 과태료는 대통령령으로 정하는 바에 따라 농림축산식품부장관, 동물검역기관의 장, 시·도지사, 시장·군수·구청장이 부과한다.

✽ **가축전염병 예방법 시행령 제16조(과태료의 부과기준)** 법 제60조에 따른 과태료의 부과 기준은 별표3과 같다.

6 개물림 사고 이후 치료비 이외에 보상금을 계속 요구하는 경우

종: 말티즈

성별: ***

나이: 13년

내용 : 제가 지난 10월 3일 강아지 관련하여 사고가 생겨서 문의드립니다.

10월 3일 오후 3시 30분경 산책로에서 여자친구와 함께 두 마리의 강아지를 산책시키던 중, 한 마리가 똥을 싸서 치우고 있었습니다. 이때, 다른 한 마리 강아지가 산책하던 60대 중후반 남성분의 다리 아랫부분(종아리 쪽)을 물었습니다. 당시 무는 장면을 저나 여자친구가 보지는 못했으나, 행인께서 그렇게 말씀하시고 바지를 올려보니 작은 상처가 있었습니다. 비닐 재질로 된 운동복 바지를 입고 계셨지만 바지가 찢어지거나 하지는 않았습니다. 바로 상태를 여쭙고, 이후 가까운 병원 응급실로 함께 향했습니다. 응급실에서 치료 시 의사 선생님께서 강아지 종과 접종 여부를 물으셨고, 광견병 주사는 어릴 때 맞았으며 예방접종 또한 했다고 말씀드렸습니다. 의사 선생님께서는 "큰 상처가 아니라서 뼈에 문제가 있는 거 같지는 않다. 사진을 찍어봐야 정확하겠지만 그 정도 상처로는 보이지 않으니 오늘은 응급처치 해드릴 테니 다음날 주변 가까운 병원에 내원해서 확실하게 알아보시는 게 좋겠다."라고 하셨습니다. 또한, 피해자께서 불안하시다는 말에 응급실에서 파상풍 주사를 맞았습니다. 이후 보호자께서 응급실에 오셨고, 치료비는 현장에서 병원에 결제했습니다. 추후 병원에 가야 할 수 있다고 들어, 보호자께 해당 내용을 설명해 드렸고 이후 병원에 다녀오신 영수증을 보내주시면 해당 치료비까지 드리겠다고 말씀드렸습니다. 여러 번 죄송하다는 말과 함께 제 연락처와 택시비를 드리고 헤어졌습니다.

그러나 이후 연락이 없었고, 저는 워낙 작은 상처였기 때문에 동네병원 진단에서도 별문제가 없어 연락이 없는 것으로 생각하고 일상생활을 했습니다. 그러던 중 10월 16일 저녁 7시경 전화가 와, 보호자께서 "오늘까지 치료를 받았다.

개에 물린 상처로 인해 엄청나게 고생을 했다."라고 하셔서 저는 "고생하셨겠네요. 죄송합니다. 일전에 말씀드린 것처럼 병원에 다녀오신 영수증을 보내주시면 치료비를 바로 보내드리겠습니다."라고 말했습니다. 그러자 보호자는 "아니, 그건 아니지. 그렇게 끝낼 일은 아니지. 사람이 개에 물려서 고생을 이렇게 했는데 그렇게 치료비 영수증만 보내 달라고 해서는 돼요? 입장 바꿔 생각해 봐요. 우리가 얼마나 고생을 했는데. 나는 당연히 당신이 전화라도 할 줄 알았는데 그런 것도 없고 그러면 안 되는 거지. 찾아와요."라고 하셨습니다. 저는 굳이 찾아갈 이유가 없다고 생각했기에 "직장이 바빠서 찾아가는 건 어려울 것 같습니다. 앞서 말한 것처럼 영수증 보내주시면 치료비를 바로 보내 드리겠습니다. 왜 굳이 꼭 찾아오라고 하시는지 모르겠네요. 죄송하지만 그건 어려울 것 같습니다. 영수증 보내주시면 치료비 보내드리겠습니다."라고 했습니다. 하지만 이후 제 얘기는 듣지 않으시고 전화상으로 "사람이 도리를 지켜야지 그렇게 하면 안 되지."라는 내용으로 "알아서 하세요."라며 끊어버렸습니다.

직접적으로 보상금을 달라는 언급을 하지는 않았지만, 대화의 내용, "직접 찾아와라."라고 말하는 것으로 보아 보상금을 달라고 하시는 것 같습니다. 저는 해당 사고에 관하여 치료의 책임을 다하려고 당일 병원 동행뿐 아니라 구두 약속으로 "이후 치료비도 부담하겠다."라고 했는데 이외에 다른 보상을 해야만 하는 의무가 있나요? 또한, 고소한다는 말은 듣지 못했지만, 고소한다면 어떻게 처리해야 할까요? 아래에 강아지에 대한 내용 적어서 같이 보내겠습니다. 바쁘시겠지만, 가능하다면 빠른 답변 기다리겠습니다.

🐾 특이사항

1. 아이 때부터 키운 게 아닌 6살부터 키웠으며, 데려올 당시 광견병 접종 확인 후 데려왔습니다.
2. 본인의 강아지가 아닌 여자친구의 강아지입니다. 당시 목줄을 잡고 있던 사람이 본인이었습니다.

1 형사책임

견주는 반려견이 사람을 깨물거나 할 위험성이 있으므로 위험 발생을 미리 막아야 할 주의의무가 있는데, 반려견이 사람을 물었다면 목줄을 매지 않거나, 입마개를 하지 않거나, 목줄을 충분히 당기지 않은 등의 이유로 반려견의 관리·감독을 소홀히 한 과실 또는 안전조치를 취하지 않은 과실이 인정됩니다. 실무에서는 반려견이 사람을 문 경우는 거의 예외 없이 견주의 과실을 인정하여 과실치상죄(형법 제266조 제1항)로 처벌하고 있습니다.

피해자가 가해 견주를 신고하거나 고소할 경우 상해의 정도에 따라 선고형이 다른 데, 상해의 정도가 심하지 않다면 30만원에서 100만원 사이에서 벌금형이 선고됩니다.

과실치상죄는 피해자의 명시한 의사에 반하여 공소를 제기할 수 없기 때문에, 피해자와 합의를 한다면 기소를 하지 않거나 기소되더라도 공소기각의 판결을 하게 되므로 이러한 사안에서는 피해자와 합의를 하는 것이 필요한 접근방법입니다.

만일 외출할 때 목줄을 하지 않고 나갔다가 반려견이 사람을 물어 상해를 입혔다면, 과실치상죄 외에 동물보호법위반죄(동물보호법 제46조 제2항)에도 해당됩니다.

목줄을 하지 않는 등의 안전조치 위반으로 사람에게 상해를 입힌 경우 인정되는 동물보호법위반죄는 2019. 3. 21.부터 시행되고 있는데, 과실치상죄와 달리 그 형이 '2년 이하의 징역 또는 2천만원 이하의 벌금'으로 무겁고, 반의사불벌죄에 해당되지 않아 합의를 한다고 하더라도 양형에서 참작될 뿐 처벌이 면제되지는 않습니다.

과실치상죄의 경우 실무에서 30만원에서 100만원 정도의 벌금형이 선고되나, 그 형이 무거운 동물보호법위반죄에 해당할 경우 과실치상죄보다는 금액이 상향된 벌금형이 선고될 것으로 예상됩니다.

사안의 경우 상담자분과 여자 친구 중 목줄을 제대로 관리하지 않거나 입마개를 하지 않은 등 해당 주의의무를 위반한 책임이 있는 사람에게 형사책임이 인정될 것으로 보입니다.

✻ **형법 제266조(과실치상)** ①과실로 인하여 사람의 신체를 상해에 이르게 한 자는 500만원 이하의 벌금, 구류 또는 과료에 처한다.

②제1항의 죄는 피해자의 명시한 의사에 반하여 공소를 제기할 수 없다.

✻ **동물보호법 제46조** ②다음 각 호의 어느 하나에 해당하는 자는 2년 이하의 징역 또는 2천만원 이하의 벌금에 처한다.<개정 2017. 3. 21., 2018. 3. 20.>

1의3. 제13조제2항에 따른 목줄 등 안전조치 의무를 위반하여 사람의 신체를 상해에 이르게 한 자

2 민사책임

동물 점유자는 동물의 종류와 성질에 따라 그 보관에 상당한 주의를 해태하였음을 입증하지 않는 한, 그 동물이 타인에게 가한 손해를 배상할 책임이 있습니다.(민법 제759조 제1항) 실무에서는 반려견이 사람을 문 경우는 거의 예외 없이 견주 및 점유자의 과실을 인정하고 있으므로 점유자는 피해자에게 손해배상책임을 져야 합니다.

손해배상의 범위에는 기왕치료비, 향후 치료비, 일실수입 등의 재산상 손해와 위자료가 포함되는데, 피해자가 실제로 지급한 치료비, 입원기간 동안의 수입상실분이 재산상 손해로 인정됩니다. 통원치료로 회사를 가지 않았고, 그 기간 동안 회사수입이 감소된 경우라면, 통원을 위한 일정기간 동안의 수입상실분도 재산상 손해로 고려될 수 있습니다.

피해자 측의 과실이 인정되는 경우 견주의 책임이 제한되고, 그만큼 비율적으로 재산상 손해에서 공제되는데, 판례에서는 개를 예의주시하면서 목줄 반경 밖으로 다니고 불필요하게 함부로 접근하지 않는 등 스스로의 안전을 도모할 주의의무가 있음에도 피해자가 이를 소홀히 한 점을 들어 견주의 책임을 90%로 제한한 사례가 있습니다.(피해자의 과실을 10%로 봄)

위자료는 치료기간, 후유장애여부에 따라 다른데, 법원 실무에서는 물림 사고 경우 보통 50만원에서 200만원 사이에서 위자료를 인정해 주고 있습니다.

사안의 경우 반려견이 사람을 문 경우이므로 동물점유자는 손해배상책임을 져야 하고, 그 범위는 교상에 따른 직접 치료비와 위자료가 포함됩니다. 치료를 위해 휴

가를 내었고, 그 기간 동안 입원치료를 받았다면, 일실수입도 재산상 손해에 포함 되고, 통원치료를 받았더라도 회사결근에 따른 수입이 감소된 경우라면, 통원기간 동안의 수입상실분도 재산상 손해로 고려될 수 있습니다.

치료 후 남는 흉터는 시간이 흐름에 따라 자연적으로 제거되는 것이 아니고, 별 도의 치료를 받아야 소멸되는 경우라면 이에 소요되는 치료비도 배상의 범위에 포 함됩니다.

피해자가 치료비와 소정의 위자료를 받음으로 손해배상에 대한 합의를 해준다 면, 처벌불원의 의사까지 담긴 합의서를 작성해 둘 필요가 있습니다.

관련 규정

❋ **민법 제759조(동물의 점유자의 책임)** ①동물의 점유자는 그 동물이 타인에게 가한 손해를 배상할 책임이 있다. 그러나 동물의 종류와 성질에 따라 그 보관에 상당한 주의를 해태하지 아니한 때에는 그러하지 아니하다.
②점유자에 갈음하여 동물을 보관한 자도 전항의 책임이 있다.

7 개물림 사고 이후 강아지를 없애달라고 하는 경우

종: **진도 믹스견**

성별: **여**

나이: **5~6년**

내용 : 시골에 살면서 앞집 강아지와 저희집 강아지의 문제로 이렇게 글을 적게 되었습니다. 약 8개월 전 저희가 집을 비운 상황에서 저희집 강아지의 목줄이 풀려있었고 앞집 강아지도 목줄이 풀려있어 집 앞 도로에서 싸움이 일어났습니다. 앞집 주인분께서 개싸움을 말리다가 저희집 강아지에게 물렸다고 하였습니다. 치료비를 드리려고 하다가 앞집 주인이 치료비 등을 받지 않고 사람을 문 개라 불안하다 하여 저희집 강아지를 없애 달라고 하였습니다.

그 사건 후 일단, 지인 등을 통해서 입양할 곳을 찾아보았지만 받아주는 곳은 없고 유기시키지도 못하였습니다. 계속 키우다가 작년 12월 말쯤 강아지에게 밥을 주는 도중, 목줄이 풀려 앞집 강아지와 또 싸우게 되었습니다.(앞집과 저희집은 산으로 강아지들끼리 오갈 수 있게 뚫려있습니다.)

싸운 장소는 앞집이었고, 앞집 개는 동물병원에 가서 입원 치료를 하였다고 했습니다. 그리고 저희집에 오셔서 입원내역서, 카드 결제 영수증, 계좌번호를 주셔서 저희가 치료비(약 102만원)를 입금해 드렸습니다.

하지만 이후 저희 집과 사건이 있을 때도 경찰을 불러 강아지를 없애질 않는다고 신고하였고, 시청 축산과에 신고하여 공무원을 통해 경위서를 작성하고 1차 경고 행정처분이 나온다는 말을 들었습니다. 그런데 이제는 강아지를 없애지 않는다고 고소한다는 이야기까지 나오고 있어서 어떻게 해야 할지 정말 막막합니다.

강아지를 없애면 다 해결이 된다고 하지만 처리를 할 수 있는 상황이 아니어서 어떻게 행동을 해야 할지 고민이 많습니다. 도움을 주신다면 정말 감사하겠습니다.

또한 1차 사건 때 CCTV 등이 있었지만 시간이 지나서 삭제되었고 어느 개에게 물린 것인지는 식별이 불가능했습니다. 만약 고소까지 갈 경우 개에게 물린 사진만 있어도 증거로 처벌을 받을지 궁금합니다.

상담

견주는 반려견이 타인의 생명, 신체, 재산에 피해를 입히지 않도록 주의할 의무가 있습니다. 귀하의 반려견이 목줄이 풀린 상태에서 다른 반려견의 견주를 문 사고(1차 사고)와 다른 반려견을 문 사고(2차 사고)가 있었으므로, 귀하는 주의의무를 위반한 과실이 있습니다.

1차 사고는 민사상 손해배상책임과 형사상 과실치상죄가, 2차 사고는 민사상 손해배상책임과 경범죄처벌법위반죄가 성립됩니다.

관련 조문

✱ **민법 제759조(동물의 점유자의 책임)** ①동물의 점유자는 그 동물이 타인에게 가한 손해를 배상할 책임이 있다. 그러나 동물의 종류와 성질에 따라 그 보관에 상당한 주의를 해태하지 아니한 때에는 그러하지 아니하다. ②점유자에 갈음하여 동물을 보관한 자도 전항의 책임이 있다.

✱ **형법 제266조(과실치상)** ①과실로 인하여 사람의 신체를 상해에 이르게 한자는 500만원 이하의 벌금, 구류 또는 과료에 처한다. ②제1항의 죄는 피해자의 명시한 의사에 반하여 공소를 제기할 수 없다.

✱ **경범죄 처벌법 제3조(경범죄의 종류)** ①다음 각 호의 어느 하나에 해당하는 사람은 10만원 이하의 벌금, 구류 또는 과료의 형으로 처벌한다. 25.(위험한 동물의 관리 소홀) 사람이나 가축에 해를 끼치는 버릇이 있는 개나 그 밖의 동물을 함부로 풀어놓거나 제대로 살피지 아니하여 나다니게 한 사람

귀하께서 상대방 견주가 청구한 2차 사고 병원비를 지급한 것은 민사상 손해배상책임을 이행한 것인데, 그렇다고 하더라도 민사책임과 형사책임은 별개이고, 1차 사고와 2차 사고도 별개이므로 귀하의 형사책임은 면책되지 않습니다.

다만, 사고 당시 상대방 반려견도 목줄이 묶이지 않은 상태였던 것은 상대방도 어느 정도 과실비율이 있는 것이므로 귀하의 민사상 손해배상액이 줄어들 수 있고, 형사상으로도 양형에 참작되어 벌금이 일정 부분 감액될 수는 있습니다. 과실치상 죄는 반의사불벌죄이기 때문에 상대방 견주가 명시적으로 귀하의 처벌을 원하지 않을 경우 형사책임도 면책될 수 있습니다. 따라서 상대방 견주와 합의를 하셔서 상대방 견주가 고소를 하지 않도록 하거나, 이미 고소를 했더라도 취소하도록 설득하시는 것이 가장 필요합니다. 반려견을 입양보내기 어려우시다면 행동교정이나 반려견의 활동반경 조정 등 보다 적극적인 조치를 취하셔서 사고를 예방하셔야 할 것으로 보입니다.

개에게 물린 사진을 증거로 처벌이 가능한지 질의하셨는데, 과실치상죄 성립에 있어서 중요한 것은 상대방 견주가 두 반려견 중 어느 반려견에게 물렸는지 보다는 두 반려견의 싸움이 일어난 데 귀하의 과실이 있다는 점과 반려견끼리의 싸움으로 인하여 상대방 견주가 상해를 입었다는 점입니다.

일반적으로 과실치상은 법원의 약식명령으로 벌금이 부과되는데, 사고 책임소재를 더 다투고 싶은 의향이시면 약식명령에 불복하는 정식 재판청구를 하실 수 있습니다. 그러나 실무에서 약식명령의 결과가 정식재판을 통해 뒤집히는 경우가 많지는 않습니다. 귀하와 반려견 이웃 모두 안전하고, 편안하게 지낼 수 있도록 여러모로 숙고하셔서 잘 해결하시기를 바라겠습니다.

8   산책 도중 다른 강아지와 싸움, 그 과정에서 상대 견주가 물림, 상대 견주와의 합의

종: **믹스견**

성별: **남**

나이: **4년**

내용: 연휴에 강아지와 산책 도중 다른 강아지와 싸움이 붙었습니다. 누구 하나 지고 이김 없이 서로 싸우는 상황이었고 말리는 과정에서 상대방 견주가 저희 강아지에게 물렸다고 주장하였습니다. 저희 쪽은 목격하지 못하였지만, 피해자의 주장을 받아들이고 있으며, 싸움은 30초~40초 정도의 짧은 시간에 일어났습니다. 저희 강아지에게 물렸다고 하니 치료비를 내주려고 협조하였고 상대방 견주는 처음부터 보상에 대해서 말하였습니다. 저는 일단 피하지 않고 협조적으로 대응하고 있다고 생각하고 보상비는 언급하지 않았습니다.

강아지 싸움 중 일어난 일로 보상비까지 지급해야 하는지 치료비만으로는 불가능한 건지, 현재 상대 측에서 보상비를 원하고 있는 상황에 어떤 식으로 합의를 진행해야 하는지 궁금합니다.(자세한 상황은 문자 내용 및 통화, 상황 정리해둔 파일 첨부합니다.)

그리고 현재 상대 측에서는 통원치료 이외에 흉터 치료가 6개월 이상 소요된다고 말하며, 합의금 150만원을 요구해 왔고 이에 합의하지 않으면 고소해서 저희 측이 처벌받았으면 좋겠다고 합니다. 치료비 보상은 상처 치료까지라고 생각하고 있었기에, 너무 당황스럽습니다. 이런 경우에 치료비는 어디까지 지원해야 하는 건가요?

꼭 흉터 치료까지 보상을 해줘야 하는 건지, 혹시 그런 판례가 있었는지, 고소를 진행하게 된다면 저희는 어떤 처벌을 받는 건지 알고 싶습니다.

견주는 반려견이 타인의 생명, 신체, 재산에 피해를 입히지 않도록 주의할 의무가 있습니다. 귀하의 반려견이 다른 반려견과 싸우던 중 이를 말리던 상대방 견주를 문 사고가 있었으므로 귀하는 견주로서 주의의무를 위반한 과실이 있습니다. 귀하는 민사상 손해배상책임과 형사상 과실치상죄가 성립됩니다.

관련 조문

※ 민법 제759조(동물의 점유자의 책임) ①동물의 점유자는 그 동물이 타인에게 가한 손해를 배상할 책임이 있다. 그러나 동물의 종류와 성질에 따라 그 보관에 상당한 주의를 해태하지 아니한 때에는 그러하지 아니하다. ②점유자에 갈음하여 동물을 보관한 자도 전항의 책임이 있다.

※ 형법 제266조(과실치상) ①과실로 인하여 사람의 신체를 상해에 이르게 한 자는 500만원 이하의 벌금, 구류 또는 과료에 처한다. ②제1항의 죄는 피해자의 명시한 의사에 반하여 공소를 제기할 수 없다.

민사상 손해배상의 책임의 범위는 재산상, 정신상 손해(위자료)를 모두 포함합니다. 재산상 손해는 적극적 손해인 기왕치료비, 흉터치료를 위한 향후치료비 등이 해당하고, 소극적 손해는 상대방 견주가 만약 이 사고로 인하여 일정기간 일을 못하게 되었다면 그 기간 동안의 휴업손해도 배상하여야 합니다. 이는 불법행위책임에 관한 판례의 일관된 태도입니다.

반려견들끼리 싸우는데 사람이 그 가운데로 들어가서 말리기 이전에 줄을 당겨 반려견을 이동시키거나 엉킨 줄을 푸는 등 반려견들을 떼어놓기 위한 방법을 시도해보았음에도 싸움을 중단시키지 못하였다면, 사람이 두 반려견 사이에 직접 들어가 떼어놓지 않는 한 싸움을 중단시킬 다른 방법은 없어 보입니다. 상대방 견주가 위험을 무릅쓰고 싸움을 중단시킨 것은 두 반려견 모두의 피해를 줄이기 위한 적정하고 올바른 대처로 보입니다.

다만, 사고 당시 두 반려견 사이의 싸움이 일어난 것은 상대방도 어느 정도 과실비율이 있는 것이므로 귀하의 민사상 손해배상액이 줄어들 수 있고, 형사상으로도 양형에 참작되어 벌금이 일정 부분 감액될 수는 있습니다. 과실치상죄는 반의사불벌죄이기 때문에 상대방 견주가 명시적으로 귀하의 처벌을 원하지 않을 경우 형사책임도 면책될 수 있습니다. 따라서 상대방 견주와 합의를 하셔서 상대방 견주가 고소를 하지 않도록 하거나, 이미 고소를 했더라도 취소하도록 설득하시는 것이 가장 필요합니다. 과실치상죄 성립에 있어서 중요한 것은 상대방 견주가 두 반려견 중 어느 반려견에게 물렸는지 보다는, 두 반려견의 싸움이 일어난 데 귀하의 과실이 있다는 점과 반려견끼리의 싸움으로 인하여 상대방 견주가 상해를 입었다는 점입니다.

일반적으로 과실치상은 법원의 약식명령으로 벌금이 부과되는 데, 사고 책임소재를 더 다투고 싶은 의향이시면 약식명령에 불복하는 정식 재판청구를 하실 수 있습니다. 그러나 실무에서 약식명령의 결과가 정식재판을 통해 뒤집히는 경우가 많지는 않습니다.

9 현관문 부주의로 집을 나간 개를 집 근처에서 유기견이라
생각한 일반인이 구조하다 손등과 얼굴을 물렸을 경우

종: 믹스견

성별: 여

나이: 9년

🐾 **내용** : 1월 29일, 오후 1시 30분경 모든 가족이 외출하며 문이 열린 사이에 반려견이 먼저 외출한 가족을 따라서 집을 나갔습니다. 다음날 오전 1시 귀가 후 반려견이 없어졌다는 사실을 알고 수소문 끝에 관청을 통해 다음날 경기 화성시의 동물병원에서 반려견을 찾아왔습니다.

반려견은 집 근처 아파트에서 배회 후, 의뢰인과 같은 동 206호 문 앞에 있었습니다. 젊은 남녀는 유기견이라 판단하고 앞에서 기다렸고, 반려견을 캔넬에 넣다가 남성(20대로 추정)의 손목을 가볍게 물었습니다.(증인 있음) 몇 분 후 여성(약 30세로 추정)의 얼굴 입술 주위도 물었습니다.

우리 가족은 이 사실을 안 즉시, 1월 30일 병원에 찾아가 피해 여성을 위로하고 성형외과에서 치료를 받으라고 계속 연락하였습니다. 1월 31일 피해자의 보호자와 만나 병원비 일체와 위로금을 요구받았습니다. 의뢰인은 도의상 일반적인 상해에 의한 성형 진료비를 생각하고 있었지만, 의료보험이 적용되지 않는 미용성형외과의 고가의 치료비를 1월 31일 지급하였습니다.

이처럼 의뢰인은 적극적으로 피해회복을 위해 노력하고 있으나, 양측이 생각하는 피해회복 금액에 차이가 있는 상황입니다. 양측의 과실 비율과 일반적인 피해회복 및 치료 범위, 위로금 지급 여부가 궁금합니다.

또한 반려견이 문 열린 사이 주인을 따라 집을 나가 이유 없이 타인을 문 것이 아닙니다. 관공서와 전문 구조조직에 신고만 할 수도 있었으나, 보호장구 없이 집 앞에서 기다리는 구호 활동을 한 점, 남자가 먼저 반려견에 물린 것을 통해 물릴 위험을 인지하였다는 점, 반려견이 점프하여 얼굴을 물지 않은 이상 개에게 다가가 얼굴을 가까이하여 얼굴을 물렸다는 점은 의뢰인의 반려견 보호 의

무를 벗어난 피해자의 과도한 의도로 발생한 것으로 생각합니다. 따라서 피해 범위에 대해 과실 비율을 알고 싶습니다.

상담

사안의 경우 견주의 부주의로 반려견이 집을 나가기는 하였지만, 피해자가 반려견을 유기견으로 알고 보호센터 등으로 이송을 위해 직접 캔넬에 넣는 과정에서 부상을 당한 것이므로 민법상 불법행위에 의한 손해배상책임이 문제되기는 어렵고, 사무관리에 관한 규정이 적용되어야 할 것으로 보입니다.

의무 없이 타인을 위하여 사무를 관리하는 자가 사무관리를 함에 있어서 과실 없이 손해를 받을 때에는 본인은 자신의 현존이익의 한도에서 그 손해를 보상하여야 합니다.(민법 제740조)

피해자들이 유기견을 구조할 의무가 있는 것은 아니므로 구조과정에서 발생한 손해는 의무 없이 타인을 위하여 사무를 관리하는 자가 사무관리를 함에 있어서 과실 없이 손해를 받을 때에 해당한다고 볼 수 있으므로 견주는 현존이익 내에서 손해를 보상할 책임이 있습니다.

현존이익은 반려견의 가치라고 평가할 수 있는데, 객관적인 가치평가는 교환가치로 평가할 수밖에 없을 것으로 보이고, 피해자들의 치료비가 반려견의 교환가치를 초과한다면 그 초과부분에 대한 보상책임은 없다고 볼 수 있습니다.

만일 피해자들에게 과실이 있는 경우라면 구조과정에서 발생한 손해를 보상할 책임이 없다고 보아야 하는데, 사안의 경우 피해자(관리자)들의 과실도 인정될 여지가 있지만, 실제 과실여부 및 범위는 구체적인 사안, 입증의 정도 등에 따라 다르고, 이미 치료비 일부가 지급된 사정을 등을 참작하여 적정한 선에서 합의를 보는 것이 필요합니다.

관련 규정

❋ **민법 제734조(사무관리의 내용)** ①의무없이 타인을 위하여 사무를 관리하는 자는 그 사무의 성질에 좇아 가장 본인에게 이익되는 방법으로 이를 관리하여야 한다.

②관리자가 본인의 의사를 알거나 알 수 있는 때에는 그 의사에 적합하도록 관리하여야 한다.

③관리자가 전2항의 규정에 위반하여 사무를 관리한 경우에는 과실없는 때에도 이로 인한 손해를 배상할 책임이 있다. 그러나 그 관리행위가 공공의 이익에 적합한 때에는 중대한 과실이 없으면 배상할 책임이 없다.

❋ **민법 제740조(관리자의 무과실손해보상청구권)** 관리자가 사무관리를 함에 있어서 과실없이 손해를 받은 때에는 본인의 현존이익의 한도에서 그 손해의 보상을 청구할 수 있다.

10 애견이 사람을 물었을 때 합의 비용

종: **닥스훈트**

성별: **여**

나이: **＊＊＊**

🐾 **내용** : 방에서 상대방과 이야기한 후 나왔는 데 강아지가 사람을 물었습니다. 병원에 가라고 말했는 데, 바로 안 가고 며칠 뒤에 가서 꿰맸다고 하며 300만원을 달라고 요구하였습니다.

상담

1 형사책임

견주는 반려견이 사람을 깨물거나 할 위험성이 있으므로 위험발생을 미리 막아야 할 주의의무가 있는데, 반려견이 사람을 물었다면 목줄을 매지 않거나, 입마개를 하지 않거나, 목줄을 충분히 당기지 않은 등의 이유로 반려견의 관리·감독을 소홀히 한 과실 또는 안전조치를 취하지 않은 과실이 인정됩니다. 실무에서는 반려견이 사람을 문 경우는 집 안에서 발생하였다고 하더라도 견주의 과실을 인정하여 과실치상죄(형법 제266조 제1항)로 처벌하고 있습니다.

피해자가 가해 견주를 신고하거나 고소할 경우 상해의 정도에 따라 선고형이 다른 데, 상해의 정도가 심하지 않다면 30만원에서 100만원 사이에서 벌금형이 선고됩니다.

과실치상죄는 피해자의 명시한 의사에 반하여 공소를 제기할 수 없기 때문에, 피해자와 합의를 한다면 기소를 하지 않거나 기소되더라도 공소기각의 판결을 하게 되므로 이러한 사안에서는 피해자와 합의를 하는 것이 필요한 접근방법입니다.

❋ 형법 제266조(과실치상) ①과실로 인하여 사람의 신체를 상해에 이르게 한 자는 500만원 이하의 벌금, 구류 또는 과료에 처한다.

②제1항의 죄는 피해자의 명시한 의사에 반하여 공소를 제기할 수 없다.

2 민사책임

동물 점유자는 동물의 종류와 성질에 따라 그 보관에 상당한 주의를 해태하였음을 입증하지 않는 한, 그 동물이 타인에게 가한 손해를 배상할 책임이 있습니다.(민법 제759조 제1항) 실무에서는 반려견이 사람을 문 경우는 거의 예외 없이 견주의 과실을 인정하고 있으므로 견주는 피해자에게 손해배상책임을 져야 합니다.

손해배상의 범위에는 기왕치료비, 향후 치료비, 일실수입 등의 재산상 손해와 위자료가 포함되는데, 피해자가 실제로 지급한 치료비, 입원기간 동안의 수입상실분이 재산상 손해로 인정됩니다.

위자료는 치료기간, 후유장애여부에 따라 다른 데, 법원 실무에서는 가벼운 물림사고라면 보통 50만원에서 200만원 사이에서 위자료를 인정해 주고 있습니다.

사안의 경우 반려견이 사람을 문 경우이므로 손해배상책임을 져야 하고, 그 범위는 부상에 따른 직접 치료비와 위자료가 포함됩니다. 피해자에게 치료비 내역을 요구하고, 치료부위, 치료기간, 후유장애 등을 종합적으로 고려하여 피해자가 요구하는 300만원이 적정한 금액인지 확인해 볼 필요가 있습니다.

피해자가 치료비와 소정의 위자료를 받음으로 손해배상에 대한 합의를 해 준다면, 처벌불원의 의사까지 담긴 합의서를 작성해 둘 필요가 있습니다.

❋ 민법 제759조(동물의 점유자의 책임) ①동물의 점유자는 그 동물이 타인에게 가한 손해를 배상할 책임이 있다. 그러나 동물의 종류와 성질에 따라 그 보관에 상당한 주의를 해태하지 아니한 때에는 그러하지 아니하다.

②점유자에 갈음하여 동물을 보관한 자도 전항의 책임이 있다.

11 개물림 사고에서 저의 과실이 100%가 아닌 상황에서 상대방이 처음부터 거짓말을 하며 보상을 요구하는 경우

종: 진도견

성별: *

나이: 3년

🐾 **내용** : 지난주 일요일(19일) 아침 산책 중, 저희 개가 사람 손을 무는 일이 발생했습니다.

목줄을 착용하고 리드줄을 잡은 상태였고, 길에서 약간 벗어난 풀밭에서 냄새를 맡으며 놀고 있었습니다. 그때 젊은 남자분이 다가오셔서 개가 무는지 물어보셨고 그동안 산책하며 많은 사람을 만났지만 그런 일이 없었기에 안 문다고 답을 했습니다. 그러자 만져도 되냐는 말도 없이 바로 손바닥을 내밀어, 제가 "주먹을 쥐고 냄새를 맡게…"라고 말하는 순간, 저희 개가 그분 손을 물었습니다. 2~3초 이내에 일어난 일이었습니다.

연락처를 드렸고 그분은 주변에 계시던 지인과 병원 응급실에 가셨습니다. 집에 돌아와 걱정되어 병원에 전화하니, 치료 잘 받고 가셨다고 외과로 며칠 통원 치료하시면 될 거라는 얘기를 들었고, 일단은 안심하고 있었습니다. 하지만 조금 후에 그 남자분에게서 온 메시지는 '큰 병원에 가서 정밀검사 받으라고 해서, 다시 연락하겠다.'라는 내용이었습니다. 다시 병원 의사 선생님과 통화해보니 본인은 큰 병원에 가라고 한 적도 정밀검사 받으라고 한 적도 없으시다고 하셨습니다. 이 내용을 문자로 보내니, 본인이 직접 들은 이야기가 아니라 보호자로 따라가셨던 분에게서 들은 거라고 확인해 보겠다고 하였습니다. 이후 다시 온 문자는 의사 선생님이 하신 말씀이 아니었다는 죄송하다는 내용과 큰 진단을 바라는 건 아니지만 치료비가 다가 아니란 걸 참고해 주시면 좋겠다는 내용이었습니다.

월요일, 남편이 가서 치료비 계산하겠다고 하니 아주 꺼리는 내용의 문자가 왔습니다. 수요일에 제가 병원에 가니, 이모라는 분이 같이 계셨고 그분이 보상해줘야 한다는 식으로 계속 말씀하셨습니다. 일단은 2주간의 치료 결과를 보고 다시 얘기하기로 하고 헤어졌습니다. 금요일에는 상처 사진을 보내시고 몇 시간 후에는 5월 11일에 흉터 전문병원 상담 예약을 잡아놨다는 문자가 왔습니다. 그리고 다음 날은 통화하고 싶다는 문자가 왔지만, 굳이 통화할 필요는 없는 것 같아 아직 하지 않았습니다.

조금 전에도 '오늘 전화주실 거냐'는 문자가 또 왔습니다. 흉터 전문병원은 의사 선생님 소견은 아니고 그냥 본인이 상담 예약해 놓은 것이고, 문자로 계속 연락하는 상황에서 굳이 통화를 원하는 건 5월 4일 치료가 끝나기 전에 금전적인 보상을 먼저 받으려 하는 의도로 생각이 됩니다.

저는 5월 4일 치료 경과를 보고 치료비는 물론 부담하겠지만, 저의 과실이 100%가 아닌 상황에서 이분이 처음부터 거짓을 하며 보상을 요구하는 게 너무 황당합니다.

이럴 경우 어떻게 대처하는 게 가장 합리적이고 원만한 해결을 할 수 있는 방법일까요?

상담

1 형사책임

견주는 반려견이 사람을 깨물거나 할 위험성이 있으므로 위험발생을 미리 막아야 할 주의의무가 있는데, 반려견이 사람을 물었다면 목줄을 매지 않거나, 입마개를 하지 않거나, 목줄을 충분히 당기지 않은 등의 이유로 반려견의 관리·감독을 소홀히 과실 또는 안전조치를 취하지 않은 과실이 인정됩니다. 실무에서는 반려견이 사람을 문 경우는 거의 예외 없이 견주의 과실을 인정하여 과실치상죄(형법 제266조 제1항)로 처벌하고 있습니다.

피해자가 가해 견주를 신고하거나 고소할 경우 상해의 정도에 따라 선고형이 다른 데, 상해의 정도가 심하지 않다면 30만원에서 100만원 사이에서 벌금형이 선고됩니다.

과실치상죄는 피해자의 명시한 의사에 반하여 공소를 제기할 수 없기 때문에, 피해자와 합의를 한다면 기소를 하지 않거나 기소되더라도 공소기각의 판결을 하게 되므로 이러한 사안에서는 피해자와 합의를 하는 것이 필요한 접근방법입니다.

✴ **형법 제266조(과실치상)** ①과실로 인하여 사람의 신체를 상해에 이르게 한 자는 500만원 이하의 벌금, 구류 또는 과료에 처한다.
②제1항의 죄는 피해자의 명시한 의사에 반하여 공소를 제기할 수 없다.

② 민사책임

동물 점유자는 동물의 종류와 성질에 따라 그 보관에 상당한 주의를 해태하였음을 입증하지 않는 한, 그 동물이 타인에게 가한 손해를 배상할 책임이 있습니다.(민법 제759조 제1항) 실무에서는 반려견이 사람을 문 경우는 거의 예외 없이 견주의 과실을 인정하고 있으므로, 견주는 피해자에게 손해배상책임을 져야 합니다.

손해배상의 범위에는 기왕치료비, 향후 치료비, 일실수입 등의 재산상 손해와 위자료가 포함되는데, 피해자가 실제로 지급한 치료비, 입원기간 동안의 수입상실분이 재산상 손해로 인정됩니다. 통원치료로 회사를 가지 않았고, 그 기간 동안 회사수입이 감소된 경우라면, 통원을 위한 일정기간 동안의 수입상실분도 재산상 손해로 고려될 수 있습니다.

피해자 측의 과실이 인정되는 경우 견주의 책임이 제한되고, 그만큼 비율적으로 재산상 손해에서 공제되는데, 판례에서는 피해자가 술이 취한 상태에서 반려견에 접근한 경우 반려견의 돌발적인 행동으로부터 스스로를 보호할 수 있도록 적절한 거리를 유지하거나, 반려견의 반응을 예의주시하는 등의 안전조치도 취하지 않았다는 점을 들어 견주의 책임을 80%로 제한한 사례가 있고(피해자의 과실을 20%로 봄), 피해자가 고양이 가까이 접근하여 안면부 할큄을 당한 경우 묘주의 책임을 60%(피해자의 과실을 40%로 봄)로 본 사례가 있습니다.

위자료는 치료기간, 후유장애여부에 따라 다른데, 법원 실무에서는 가벼운 물림 사고라면 보통 50만원에서 200만원 사이에서 위자료를 인정해 주고 있습니다.

사안의 경우 반려견이 사람을 문 경우이므로, 손해배상책임을 져야 하고, 그 범위는 직접 치료비와 위자료가 포함됩니다. 치료를 위해 일주간 휴가를 내었는데,

그 기간 동안 입원치료를 받았다면, 일실수입도 재산상 손해에 포함되고, 통원치료를 받았더라도 회사결근에 따른 수입이 감소된 경우라면, 통원기간 동안의 수입상실분도 재산상 손해로 고려될 수 있습니다.

치료 후 남는 흉터는 시간이 흐름에 따라 자연적으로 제거되는 것이 아니고, 별도의 치료를 받아야 소멸되는 경우라면 이에 소요되는 치료비도 배상의 범위에 포함됩니다. 영구적으로 흉터가 남는 경우에는 물린 부위(얼굴 등 노출부위)에 따라 장해로 평가받을 수도 있고, 이러한 경우는 배상액이 상당히 증가될 수 있습니다.

사안의 경우 물림 사고로 인하여 손가락의 기능장해가 발생한 것으로는 보이지 않아 피해자가 골프선수라는 사정을 감안하더라도 특별히 달리 취급되어야 할 여지는 적어 보입니다.

보통 피해자 측과 치료의 필요성, 범위에 관해 갈등이 있을 수 있는데, 피해자 측에 실제로 치료받은 내용에 따른 내역서, 영수증 등을 요청하고, 그 내용에 따라 배상을 해 주는 방법이 추천됩니다. 피해자가 치료비와 소정의 위자료를 받음으로 손해배상에 대한 합의를 해 준다면, 처벌불원의 의사까지 담긴 합의서를 작성해 둘 필요가 있습니다.

관련 규정

✱ **민법 제759조(동물의 점유자의 책임)** ①동물의 점유자는 그 동물이 타인에게 가한 손해를 배상할 책임이 있다. 그러나 동물의 종류와 성질에 따라 그 보관에 상당한 주의를 해태하지 아니한 때에는 그러하지 아니하다.
②점유자에 갈음하여 동물을 보관한 자도 전항의 책임이 있다.

12 강아지 물림으로 인해 합의금 요구

종: 닥스훈트

성별: 남

나이: *

내용 : 제 동생은 원룸에서 살며 애완용(닥스 훈트) 강아지를 키우고 있습니다. 동생은 택배를 시켰고 18일 우체국 택배회사에서 "택배요." 하고 문 앞에 택배를 두고 갔다고 합니다. 다음날 19일에도 똑같이 "택배요."라고 했다고 합니다. 동생이 옷을 입고 조금 있다가 나갔는데 택배 기사님이 문 앞에 계셨고, 동생의 강아지가 그 택배기사님 다리 쪽에 가서 다리를 긁었다고 합니다. 광견병 예방주사도 다 맞혀 둔 상황이었으며, 택배 기사님께서도 살짝 물렸다고 표현하시며 괜찮다고 하셨지만, 혹시 몰라 병원에 가서 광견병 주사와 병원치료를 받을 수 있도록 했습니다. 19일, 20일, 21일 연달아 전화를 드리니 괜찮다고 말씀하셔서, 당연히 동생은 괜찮다고 생각했다고 합니다. 그분께서 21일에 병원에 가시는 날이어서 다녀오신 병원비도 계좌로 넣어드렸습니다. 하지만 21일 저녁 8시가 넘어서 동생에게 전화가 와, 교통사고도 합의금이 있는데 이것도 사고가 아니냐며 합의금을 요구하였다고 합니다.

혼자서는 안될 것 같다고 생각한 동생은 어제서야 저에게 연락했습니다. 어떻게 해야 할지 모르겠고, 우체국 우정사업본부에 전화를 해야 할 지 잘 몰라 문의드립니다.

상담

1 형사책임

견주는 반려견이 사람을 깨물거나 할 위험성이 있으므로 위험발생을 미리 막아야 할 주의의무가 있는데, 반려견이 사람을 물었다면 목줄을 매지 않거나, 입마개를 하지 않거나, 목줄을 충분히 당기지 않은 등의 이유로 반려견의 관리·감독을 소홀히 과실 또는 안전조치를 취하지 않은 과실이 인정됩니다. 실무에서는 반려견이 사람을 물었을 경우(반려견이 음식 배달원이나 택배 배달원을 문 경우도 포함) 거의 예외 없이 견주의 과실을 인정하여 과실치상죄(형법 제266조 제1항)로 처벌하고 있습니다.

피해자가 가해 견주를 신고하거나 고소할 경우 상해의 정도에 따라 선고형이 다른 데, 상해의 정도가 심하지 않다면 30만원에서 100만원 사이에서 벌금형이 선고됩니다.

과실치상죄는 피해자의 명시한 의사에 반하여 공소를 제기할 수 없기 때문에, 피해자와 합의를 한다면, 기소를 하지 않거나 기소되더라도 공소기각의 판결을 하게 되므로, 이러한 사안에서는 피해자와 합의를 하는 것이 필요한 접근방법입니다.

관련 규정

✳ 형법 제266조(과실치상) ①과실로 인하여 사람의 신체를 상해에 이르게 한 자는 500만원 이하의 벌금, 구류 또는 과료에 처한다.
②제1항의 죄는 피해자의 명시한 의사에 반하여 공소를 제기할 수 없다.

2 민사책임

동물 점유자는 동물의 종류와 성질에 따라 그 보관에 상당한 주의를 해태하였음을 입증하지 않는 한, 그 동물이 타인에게 가한 손해를 배상할 책임이 있습니다.(민법 제759조 제1항) 실무에서는 반려견이 사람을 문 경우는 거의 예외 없이 견주의 과실을 인정하고 있으므로, 견주는 피해자에게 손해배상책임을 져야 합니다.

손해배상의 범위에는 기왕치료비, 향후 치료비, 일실수입 등의 재산상 손해와 위자료가 포함되는데, 일반적으로 짧은 기간 동안 통원치료를 받은 경우 치료비 정도가 재산상 손해로 인정됩니다.

피해자 측의 과실이 인정되는 경우 견주의 책임이 제한되고, 그만큼 비율적으로 재산상 손해에서 공제되는데, 판례에서는 개를 예의주시하면서 목줄 반경 밖으로 다니고 불필요하게 함부로 접근하지 않는 등 스스로의 안전을 도모할 주의의무가 있음에도 피해자가 이를 소홀히 한 점을 들어 견주의 책임을 90%로 제한한 사례가 있습니다.(피해자의 과실을 10%로 봄)

위자료는 치료기간, 후유장애여부에 따라 다른데, 법원 실무에서는 가벼운 물림 사고라면 보통 30만원에서 100만원 사이에서 위자료를 인정해 주고 있습니다.

사안의 경우 피해자인 택배기사의 치료비는 지급하였고, 위자료 지급을 요구하고 있는 것으로 보이는데, 치료기간, 치료내용, 후유장애 여부 등을 고려하여 위자료를 지급해 주어야 합니다.

피해자가 치료비와 소정의 위자료를 받음으로 손해배상에 대한 합의를 해 준다면, 처벌불원의 의사까지 담긴 합의서를 작성해 둘 필요가 있습니다.

관련 규정

✻ 민법 제759조(동물의 점유자의 책임) ①동물의 점유자는 그 동물이 타인에게 가한 손해를 배상할 책임이 있다. 그러나 동물의 종류와 성질에 따라 그 보관에 상당한 주의를 해태하지 아니한 때에는 그러하지 아니하다.
②점유자에 갈음하여 동물을 보관한 자도 전항의 책임이 있다.

개-개
물림

13 애견 동반 식당에서 강아지 물림 사고

종: 말티즈

성별: 남

나이: 2년

내용 : 애견 동반 식당에서 강아지 물림 사고를 겪었습니다.

피해견(백호)이 엎드려 공을 가지고 멈추었던 동안 가해견이 왼쪽 귀 뒤쪽, 목 윗부분을 물었습니다.(저희가 생각하기에 해당 피해견이 목 뒤를 물려고 했으나 고개를 피하면서 그 부분을 물었다고 생각합니다)

피해 견주가 급하게 다가가 가해견을 들어 올렸고, 그 과정에서 가해견이 피해견을 물어 딸려 올라갔다가 가해견이 입을 흔드는 바람에 피해견이 바닥으로 떨어졌습니다. 술에 많이 취한 상태의 가해 견주는 대처는 물론 사과조차 하지 않았고, 물린 후에도 운동장에 풀어놓으며 관리하지 않았습니다.

이후, 피해 견주가 전화번호 및 병원 검사 비용을 요청하는 과정에서 전화번호를 받았습니다. 당일 병원에서 약을 처방받고, 엑스레이 결과를 확인받았고 피해견의 회복을 보고 추가 검사 등이 필요할 것이라는 결과를 받았습니다. 가해 측에 병원비를 청구하여, 그 비용은 받았습니다.

그 후에 피해견이 디스크 경추 쪽 염증으로 하지마비가 와서 병원에 다시 방문했고, 정확한 진단을 위해 병원 2곳을 방문했습니다. 병원 2곳 모두 MRI검사를 추가로 진행할 것을 권유하여, 피해 견주가 가해 견주에게 MRI비용 및 병원비를 청구할 것이라고 말했지만, 병원비만 송금 후 MRI 비용은 지불할 수 없다고 하는 상황입니다. 피해 견주가 가해견을 들어 올렸기 때문에, 가해 견주는 더는 청구 관련해서 비용을 지불할 수 없다는 태도를 보입니다.

하지만 가해 견주는 7월 5일 낮에도 함께 온 지인의 개와 물림 사고가 있었고 해당 피해견은 다른 강아지에게도 입질하는 행동을 보였습니다.

피해 견주 입장에서는 가해 견주가 원인 제공을 했기 때문에 모든 치료비용까지 청구하는 게 옳다고 생각하여, 합의점으로 MRI 비용까지만 요청할 계획이었습니다. 이런 부분에 있어서 소송도 고려하고 있습니다.

병원진단도 외상(낙상 등)으로 인한 증상이라고 확인되며, 그 외 증거자료들도 모두 가지고 있습니다. 혹시 이런 경우 피해 견주 입장에서 청구할 방법은 어떤 것이 있는지 상담받고자 요청합니다.

개
ㅣ
개
물
림

상담

1 민사책임

동물 점유자는 동물의 종류와 성질에 따라 그 보관에 상당한 주의를 해태하였음을 입증하지 않는 한, 그 동물이 타인에게 가한 손해를 배상할 책임이 있습니다.(민법 제759조 제1항) 실무에서는 반려견이 사람이나 반려견을 문 경우는 거의 예외 없이 견주의 과실을 인정하고 있으므로, 견주는 피해자나 피해 견주에게 손해배상책임을 져야 합니다.

물림 사고로 반려견이 부상을 입은 경우 견주에게 손해배상책임이 인정되는데, 손해배상의 범위에는 기왕치료비, 향후 치료비 등의 재산상 손해와 위자료가 포함됩니다.

피해자 측의 과실이 인정되는 경우 견주의 책임이 제한되고, 그만큼 비율적으로 재산상 손해에서 공제되는데, 피해견이 목줄을 하지 않고 산책하다가 물림 사고를 당한 경우 그 책임을 50%로 제한한 사례가 있습니다.(피해자의 과실을 50%로 봄)

치료비와 관련하여 일반적으로 치료를 위한 검사비용, 수술 등 치료를 위해 직접 지출한 비용은 손해배상의 범위에 포함되나 추가 수술비, 향후 치료비 등은 그 필요성과 소요 금액에 대해 다소 엄격한 입증을 요구하고 있으므로, 객관적인 자료에 의하여 입증되어야 합니다.

위자료와 관련하여 현재 법원 실무에서는 반려견이 다치거나 사망한 경우 반려견은 생명을 가진 동물이라는 점, 통상 반려견의 소유자는 보통의 물건과 달리 그 반려견과 정신적인 유대와 애정을 서로 나누는 점 등을 고려하여 정신적 손해인 위자료 배상의무를 인정하고 있습니다.

위자료는 반려견의 교환가치, 사고의 발생경위, 쌍방의 과실 정도, 상해의 부위와 정도, 반려견에 대한 치료과정 및 치료 정도 등 제반 사정을 참작하여 위자료 액수를 정하는데, 실무에서는 30만원에서 300만원 사이에서 정해지는 경우가 많습니다.

사안은 가해 견이 피해견을 물었고, 이를 제지하는 과정에서 피해견이 부상을 입은 것이므로, 가해 견주에게 민사상 손해배상책임이 인정되고, 치료비와 위자료 배상책임이 인정됩니다. 일반적으로 필요한 치료에 수반되는 검사비용도 치료비에 포함되나 일반적인 범위를 넘어서는 검사비용은 치료비에 포함되지 않을 수도 있습니다.

애견 동반 식당에서 반려견 상호간에 목줄이 채워져 있지 않은 상태에서 사고가 난 경우라면 가해 견주의 책임이 일정부분 제한될 수도 있습니다.

관련 규정

※ 민법 제759조(동물의 점유자의 책임) ①동물의 점유자는 그 동물이 타인에게 가한 손해를 배상할 책임이 있다. 그러나 동물의 종류와 성질에 따라 그 보관에 상당한 주의를 해태하지 아니한 때에는 그러하지 아니하다.
②점유자에 갈음하여 동물을 보관한 자도 전항의 책임이 있다.

2 형사책임

현행법은 반려견을 물건으로 취급하고 있어서 반려견이 반려견을 물어 상해를 입힌 경우 재물의 효용을 해한 것을 보아 손괴죄가 문제가 됩니다. 반려견 물림 사고의 경우 고의 사고로 보기 어려워 과실범이 문제가 되는데, 손괴죄는 과실범 처벌 규정이 없어 현행형법에서는 처벌할 수가 없습니다.

사람이 반려동물에게 상해를 입혔고, 그것이 학대에 해당할 경우 동물보호법위반으로 처벌할 수 있으나, 반려동물에 의한 상해와 관련해서는 따로 처벌규정이 없습니다.

다만, '사람이나 가축에 해를 끼치는 버릇이 있는 개를 풀어놓거나 제대로 살피지 아니하여 나다니게 한' 경우에는 경범죄에 해당하여 10만원 이하의 벌금, 구류 또는 과료의 형으로 처벌될 수는 있습니다.

관련 규정

✳ **형법 제366조(재물손괴등)** 타인의 재물, 문서 또는 전자기록등 특수매체기록을 손괴 또는 은닉 기타 방법으로 기 효용을 해한 자는 3년 이하의 징역 또는 700만원 이하의 벌금에 처한다.

✳ **경범죄처벌법 제3조(경범죄의 종류)** ①다음 각 호의 어느 하나에 해당하는 사람은 10만원 이하의 벌금, 구류 또는 과료의 형으로 처벌한다.

25.(위험한 동물의 관리 소홀) 사람이나 가축에 해를 끼치는 버릇이 있는 개나 그 밖의 동물을 함부로 풀어놓거나 제대로 살피지 아니하여 나다니게 한 사람

개물림 사고 시, 정황 증거만 있는 경우

종: **요크셔테리어**

성별: **여**

나이: **7년**

🐾 **내용** : 5월 25일 저녁 9시쯤, 제가 이모네 반려견을 데리고 산책하러 나갔다가 대문이 없는 집에서 목줄이 없는 개가 이모네 반려견의 흉강을 물어 수술하였고 그곳은 CCTV가 없는 골목이었습니다.

저녁 시간이라 목격자도 없었고 당시 저와 개 두 마리뿐이었고 가해견이 2차 공격을 가할 수도 있는 상황이라 저도 자리를 피한 뒤, 후에 강아지가 물린 것을 인지했습니다. 병원에 입원 시킨 후, 가해 견주에게 사실을 알리고 병원비를 보상해 달라고 부탁하여 승낙까지 받았습니다. 하지만 병원비가 많이 나오고, 근처 빌라의 CCTV 확인을 위해 경찰이 출동했으나 증거가 없다는 점을 확인한 후 가해 견주는 "목줄을 풀어둔 것이 아니라 개가 끊은 것이며 본인이 못 봤으니 보상해 줄 수 없다."라고 합니다.

그러나 경찰 출동 시 확인된 빌라 주인의 진술에 따르면, 가해 견주의 개는 며칠 전부터 목줄이 풀린 채 돌아다녔고(녹취 X) 동네 주민분에게 물어본 결과 한 달 정도 됐다고 하셨습니다.(녹취) 저 역시 그날 18시 30분경 그 골목을 지나며 돌아다니는 것을 목격하였습니다. 처음에는 저희 쪽 과실을 물어보시더니, 증거가 없다는 걸 아시고서는 잡아떼는 중이고 합의를 하려고 해도 대화조차 하지 않으려고 해서 증거를 수집하던 중 경찰서에 정보 공개요청을 하게 되었습니다. 거기서 가해 견주가 "개가 목줄을 끊어 놓은 것은 인정하나 고의로 물게 한 것은 아니다."라는 진술을 발견하게 되었고 그것을 근거로 민사소송을 진행하려고 합니다.

현재 다른 모든 부분에 대해서는 증거를 가지고 있는 상태입니다. 저희 이모네 강아지를 제가 데리고 나가서 생긴 일이고 피해 당사자는 개인데, 개는 진술을 할 수 없으니, 제가 대신 대리소송으로 진행할 생각입니다. 저희 이모 쪽에서는 가해 견주들이 너무 완강하고 뻔뻔하게 나오니 억울하지만 포기하고 계신 상태입니다. 하지만 너무 괘씸하고 억울해서 가만히 있을 수가 없습니다.

1. 경찰에 진술을 그렇게 하고 증거가 없다는 이유로 배 째란 식으로 나온 것에 대해 괘씸죄 등을 물을 수 없나요?

2. 그 골목에서 개가 저희 개를 공격하는 걸 혼자 보았고 그 트라우마로 정신과 상담을 받고 새벽에 자다가도 개가 짖는 소리가 들리면 놀라서 깨곤 하는데 그것에 대한 위자료를 같이 청구할 수는 없나요?

3. 한번 공격성을 보인 개가 대문이 없는 집에서 목줄을 끊고 그렇게 돌아다닌다면 제2, 3의 피해자가 또 발생할 수도 있는 문제인데, 구청에 민원을 넣어 봤더니 본인들은 주의밖에 줄 수 있는 게 없다고 하던 데 다른 방법은 없나요?

4. 이 사건의 경우 민사소송에도 종류가 다양하던데 어떤 종류의 소송으로 가야 할지 그리고 승소 확률 등도 궁금해요. 셀프로 할 수 있는 방법이면 더 좋고, 되도록 전액과 위자료도 같이 받고 싶어요. CCTV 확인을 위해 빌라 주인분들과 시간 맞추느라 출근 못 함, 법률상담으로 출근 못 함, 증거수집을 위해 밤낮없이 일하면서 바쁘게 살았음, 경찰서 간다고 조퇴한 점에 대해서요.

상담

1 상대방의 민사상 책임

민법 제759조에 의하면 견주는 자신의 반려견이 타인, 타인의 반려견에 위해를 가하지 못하도록 할 주의의무가 있습니다. 견주가 자신의 집 안에서 반려견의 목줄을 묶어 키울 의무는 없지만, 이 사안에서 상대방이 반려견을 목줄로 통제하지 않은 상태에서 대문이 없는 집에 방치한 것은 일응 반려견의 보관상 주의의무를 다하였다고 볼 수 없을 듯합니다. 상대방은 자신이 목줄을 풀어 놓은 것이 아니라, 그 반려견 스스로 목줄을 끊었다고 하여 고의가 없었다고 주장하면서 자신의 책임을 부정하는 듯하나, 민법 제759조의 불법행위책임은 불법행위자에게 과실이 있는 경우에도 성립합니다. 따라서 상대방은 신청인, 신청인의 이모에게 손해배상책임이 성립할 것으로 보입니다. 대구고등법원 80나258 판결[부록1-2]은 개가 스스로 목줄을 끊고 타인에게 피해를 입힌 사안에서 견주의 책임을 인정한 판결입니다. 비록 현장 상황이 찍힌 CCTV 동영상이 없다고 하더라도, 분쟁이 발생한 모든 경우에 현장 상황을 확인할 수 있는 동영상으로 입증해야 하는 것은 아니기 때문에, 소송에서 현재 확보하신 증거들로 손해 발생 사실을 입증하는데 크게 무리는 없으실 것으로 보입니다.

상대방이 증거가 없다고 배째란 식으로 나오는 점은 민사소송 시 위자료 증액 사유가 됩니다. 아래의 부산지법, 2007가단82390, 2008.4.16. 판결의 위자료 부분에서 '가해자가 사고의 발생 자체와 손해배상책임을 부인하면서 손해배상을 위한 노력을 시도하지 아니한 점'을 위자료 증액 사유로 설시하고 있습니다.

관련 법률

✻ 민법 제759조(동물의 점유자의 책임) ①동물의 점유자는 그 동물이 타인에게 가한 손해를 배상할 책임이 있다. 그러나 동물의 종류와 성질에 따라 그 보관에 상당한 주의를 해태하지 아니한 때에는 그러하지 아니하다.

✻ 부산지법, 2007가단82390, 2008. 4. 16.

다. 위자료

이 법원의 고신대학교복음병원장에 대한 신체감정촉탁 결과에 의하면, 원고는 이 사건 사고로 인하여 15%의 노동능력상실률이 발생한 사실을 인정할 수 있고, 반증이 없는바, 위에서 인정한 바와 같은 이 사건 사고의 경위, 원고의 상해의 정도 및 원고가 이 사건 사고 당시 만 66세의 고령의 여성인 점, 피고가 이 사건 사고 이후에 변론 종결일까지 약 1년 2개월 동안 이 사건 사고의 발생 자체와 손해배상책임을 부인하면서 손해배상을 위한 노력을 시도하지 아니한 점에 비추어 보면, 이 사건 사고로 인하여 피고가 원고에게 지급하여야 할 위자료는 금 5,000,000원으로 정함이 상당하다.

② 상대방의 형사상 책임 및 향후 제재방법

상대방이 자신의 개가 목줄을 끊고 다니는데 방치한 행위는 경범죄처벌법 제3조 제1항 25호 위반으로, 위험한 동물의 관리 소홀에 해당하므로 10만원 이하의 벌금에 처해 질 수 있습니다. 또한 향후 해당 개가 다시 목줄 없이 다니는 경우 동영상을 촬영하셔서 경찰에 위 조항 위반으로 신고를 하면 상대방은 벌금형에 처해지게 됩니다.

관련 법률

* **경범죄 처벌법 제3조(경범죄의 종류)** ①다음 각 호의 어느 하나에 해당하는 사람은 10만원 이하의 벌금, 구류 또는 과료의 형으로 처벌한다. 25.(위험한 동물의 관리 소홀) 사람이나 가축에 해를 끼치는 버릇이 있는 개나 그 밖의 동물을 함부로 풀어놓거나 제대로 살피지 아니하여 나다니게 한 사람

③ 신청인의 위자료 청구 가부 및 이모를 대신한 소송 가부

반려견의 치료비 손해와 별개로 신청인께서도 상대방으로 인해 본인에게 휴업손해 또는 정신적 손해가 발생하였다면, 단독으로 원고로서 상대방을 피고로 하여 손해배상청구가 가능합니다.

민사소송법에서 반려견이 다친 피해의 당사자로서 상대방에게 반려견의 치료비를 청구할 수 있는 당사자는 반려견의 견주인 이모이므로 반려견의 치료비 청구의 원고는 이모가 되어야 합니다.

신청인께서 이모를 대신해서 소송을 하시려면 이모로부터 위임장을 받아 재판부로부터 소송대리허가를 받아 진행하실 수 있습니다. 소송대리허가신청은 이모가 단독 원고인 경우에도 가능하고, 신청인과 이모가 두 명의 원고로서 각자의 손해를 상대방에게 전부 청구하시는 경우에도 가능합니다.

원칙적으로 소송대리는 변호사만 가능하지만, 예외적으로 청구금액이 2억원 이하이고, 소송대리인과 대리권 수여하는 사람이 일정 범위 내 친족 또는 고용 관계에 있을 경우 재판부의 허가를 받아 소송대리를 할 수 있습니다. 이모와 신청인께서는 4촌 이내의 친족이므로 소송대리가 가능하실 것으로 보입니다. 첨부한 소송

개
-
개
물
림

대리허가신청과 소송위임장양식을 참고하시기 바랍니다.

④ 소송의 종류, 승소 확률

　민사소송의 종류 중 '손해배상(기)청구의 소'입니다. 상대방 손해배상책임의 근거 법조항은 앞서 말씀드린 민법 제759조입니다. 반려견의 치료비는 승소확률이 높은 편입니다. 신청인의 휴업손해와 위자료는 상대적으로 승소확률이 높지는 않은 편이기는 하나, 입증 자료가 충분하다면 승소하실 수 있으실 것입니다. 신청인께서 직접 소송을 수행하실 예정이시면 대한민국 법원 나홀로소송 웹사이트를 참고하시면 도움이 되실 겁니다. 만약 변호사를 선임하셔서 소송을 진행하시더라도 승소하시면 변호사비용 등 소송비용은 패소한 당사자인 상대방이 신청인에게 물어줘야 하므로 비용에 대한 부담을 덜 수 있습니다.

> 대한민국 법원 나홀로소송 웹사이트
> pro-se.scourt.go.kr/wsh/wsh000/WSHMain.jsp

15 목줄한 우리 강아지가 목줄하지 않은 상대방 강아지 다리를 물어 골절상을 입힌 경우

종: 믹스견

성별: 여

나이: 10년

개
l
개
물
림

내용 : 어젯밤 11시경 제 강아지는 아니고, 이웃집 할아버지(거동이 불편하셔서 제가 자주 산책시킵니다)의 강아지를 데리고 바로 집 앞에서 산책했습니다. 저희 강아지는 목줄을 한 상태였고, 상대방 강아지는 목줄을 하지 않은 상태였습니다. 하지만 목줄 안 한 강아지는 가만히 있었고, 저희 강아지가 그 강아지에게 다가가려고 하여 목줄을 길게 잡았습니다.

서로 냄새 맡던 중에 우리 강아지가 상대 강아지의 다리를 물어 골절됐습니다. 일단 서로 경황이 없어, 병원비만 제가 내주었습니다. 오늘 수술 예약을 잡고 수술 비용에 대해 다시 얘기하기로 했는데, 서로에 대한 과실이 몇 대 몇 정도인지 문의드립니다.

상담

반려견을 산책시키는 중인 점유자는 반려견이 타인 또는 타인의 반려견에게 위해를 가하지 않도록 주의할 의무가 있습니다. 신청인께서는 비록 반려견의 목줄을 하였지만, 사고를 예방하지 못한 과실로 상대방의 반려견에게 골절을 입혔으므로, 상대방에 대해 민사상 손해배상책임이 있습니다.(민법 제759조)

다만, 상대방은 반려견에 목줄을 하지 않음으로써, 사고 상황에 즉시 반려견들을 떼어놓는 등 조치를 취하지 못한 과실이 있습니다. 나아가 상대방이 반려견의 목줄을 하지 않은 것은 동물보호법위반으로 과태료 부과 대상이기도 합니다.

* **민법 제759조(동물의 점유자의 책임)** ①동물의 점유자는 그 동물이 타인에게 가한 손해를 배상할 책임이 있다. 그러나 동물의 종류와 성질에 따라 그 보관에 상당한 주의를 해태하지 아니한 때에는 그러하지 아니하다.

* **동물보호법 제13조(등록대상동물의 관리 등)** ②소유자 등은 등록대상동물을 동반하고 외출할 때에는 농림축산식품부령으로 정하는 바에 따라 목줄 등 안전조치를 하여야 하며, 배설물(소변의 경우에는 공동주택의 엘리베이터·계단 등 건물 내부의 공용공간 및 평상·의자 등 사람이 눕거나 앉을 수 있는 기구 위의 것으로 한정한다)이 생겼을 때에는 즉시 수거하여야 한다.

  제47조(과태료) ③다음 각 호의 어느 하나에 해당하는 자에게는 50만원 이하의 과태료를 부과한다. 4.제13조제2항을 위반하여 안전조치를 하지 아니하거나 배설물을 수거하지 아니한 소유자 등

* **동물보호법 시행령 [별표]** 과태료의 부과기준 과태료 금액 : 1차 위반 20만원 / 2차 위반 30만원 / 3차 이상 위반 50만원

신청인과 상대방의 과실비율을 수치로 말씀드리기는 어려우나, 아래 판결을 참고하시기 바랍니다. 대구지방법원 2013가소35765 판결[손해배상]에서 피고의 개(진돗개)가 목줄을 묶지 않은 채 다니다가, 마찬가지로 목줄을 묶지 않은 원고의 개(치와와)와 싸우던 중 원고의 개를 물어 죽인 사안에서 법원은 과실비율을 50:50으로 판단한 바 있습니다.

신청인께서는 반려견의 목줄을 하고 계셨기 때문에 반려견의 목줄을 하지 않은 상대방에게 과실상계로 항변할 여지가 있습니다.

16 개-개 물림 사고 시, 처벌 가능 유무와 예방접종을 하지 않은 경우 과태료 처분 가능 여부

종: **진돗개**

성별: *******

나이: *******

🐾 **내용** : 공원에서 진돗개가 다른 개와 견주를 물었습니다.

진돗개는 크기가 크고 목줄을 안 한 상태였고, 물린 개는 목줄을 하고 크기가 작았습니다. 물리는 것을 말리다가 견주도 같이 물렸습니다. 또한, 진돗개는 예방접종을 하지 않은 상태였습니다.

🐾 **상담 요청사항** : 강아지가 물린 경우, 형사적으로는 처벌이 어렵다고 들었는데, 동물보호법상으로는 처벌이 가능한지, 예방접종을 하지 않은 것에 대한 과태료는 어떻게 되는지 문의드립니다.

상담

1 처벌가능성

견주는 반려견이 사람을 깨물거나 할 위험성이 있으므로 위험발생을 미리 막아야 할 주의의무가 있는데, 반려견이 사람을 물었다면 목줄을 매지 않거나, 입마개를 하지 않거나, 목줄을 충분히 당기지 않은 등의 이유로 반려견의 관리·감독을 소홀히 한 과실 또는 안전조치를 취하지 않은 과실이 인정됩니다. 실무에서는 반려견이 사람을 물었을 경우 거의 예외 없이 견주의 과실을 인정하여 과실치상죄(형법 제266조 제1항)로 처벌하고 있습니다.

최근 동물보호법 처벌규정이 강화되었는데, 목줄을 하지 않는 등의 안전조치 위반으로 사람에게 상해를 입힌 경우 그 형이 '2년 이하의 징역 또는 2천만원 이하의 벌금'으로 무겁고, 반의사불벌죄에 해당되지 않아 합의를 한다고 하더라도 양형에서 참작될 뿐 처벌이 면제되지는 않습니다.(2019. 3. 21.부터 시행)

반면에 반려견이 반려견을 문 경우에는 우리법이 반려견을 물건으로 취급하고 있어서 재물의 효용을 해한 것을 보아 손괴죄가 문제가 됩니다. 반려견 물림 사고의 경우 고의 사고로 보기 어려워 과실범이 문제가 되는데, 손괴죄는 과실범 처벌 규정이 없어 현행형법에서는 처벌할 수가 없습니다.

사람이 반려동물에게 상해를 입혔고, 그것이 학대에 해당할 경우 동물보호법에서 처벌하는 규정이 있으나, 반려동물에 의한 상해와 관련해서는 따로 처벌규정이 없습니다.

위에서 언급한 바와 같이 반려견이 사람을 문 경우는 동물보호법 처벌규정이 강화되었습니다. 반려견 물림피해 사고도 증가하고 있어 앞으로 반려견이 목줄을 하지 않는 등의 안전조치 위반으로 반려견에게 상해를 입히거나 사망에 이르게 한 경우에는 반려견주를 처벌하는 규정이 신설될 수도 있을 것으로 보입니다.

2 광견병 예방접종

개는 가축전염병 예방법에서 규정하는 가축에 해당하고, 광견병은 2종 가축전염병으로 지정되어 반려견은 가축전염병 예방법의 적용대상이 됩니다.

농림축산식품부장관, 시·도지사 또는 시장·군수·구청장은 가축전염병이 발생하거나 퍼지는 것을 막기 위하여 필요하다고 인정하면 농림축산식품부령으로 정하는 바에 따라 가축의 소유자 등에게 검사·주사·약물목욕·면역요법 또는 투약을 명할 수 있는데, 시·도지사 또는 시장·군수·구청장이 광견병 예방접종 실시 명령을 하였음에도 가축의 소유자 등이 예방접종을 실시하지 않은 경우에는 200만원(1회)에서 1,000만원(3회)까지의 과태료 처분을 받게 됩니다.

그러나 광견병 비발생지역으로 발생이나 확산 우려가 낮아 광견병 예방접종 명령을 내린 적이 없는 지자체가 많습니다. 서울시의 경우 보통 3개월 이상의 반려동물에 대해 반드시 매년 1회 광견병 예방접종을 받도록 권고하고 있는데, 이를 광견병 예방접종 실시 명령으로 보아야 할지 아니면 단순 권고로 보아야 할지에 대해서는 논란이 있습니다.

우리나라에서는 2014년 이후 광견병 발생건수가 없어서 이와 관련하여 과태료 처분이 내려진 사례는 없는 것으로 보입니다.

　사안의 경우 물림 사고를 낸 진돗개의 등록지 지자체에서 지자체장이 광견병 예방접종 실시 명령을 하였음에도 불구하고, 예방접종을 시행하지 않았다면 200만원(1회)에서 1,000만원(3회)까지의 과태료 처분을 받게 됩니다.

관련 규정

※ **가축전염병 예방법 제2조(정의)** 이 법에서 사용하는 용어의 뜻은 다음과 같다.
　1. '가축'이란 소, 말, 당나귀, 노새, 면양·염소[유산양(젖을 생산하기 위해 사육하는 염소)을 포함한다], 사슴, 돼지, 닭, 오리, 칠면조, 거위, 개, 토끼, 꿀벌 및 그 밖에 대통령령으로 정하는 동물을 말한다.

제15조(검사·주사·약물목욕·면역요법 또는 투약 등) ①농림축산식품부장관, 시·도지사 또는 시장·군수·구청장은 가축전염병이 발생하거나 퍼지는 것을 막기 위하여 필요하다고 인정하면 농림축산식품부령으로 정하는 바에 따라 가축의 소유자등에게 가축에 대하여 다음 각 호의 어느 하나에 해당하는 조치를 받을 것을 명할 수 있다.
　1.검사·주사·약물목욕·면역요법 또는 투약
　2.주사·면역요법을 실시한 경우에는 그 주사·면역요법을 실시하였음을 확인할 수 있는 표시(이하 "주사·면역표시"라 한다)
　3.주사·면역요법 또는 투약의 금지

제60조(과태료) ①다음 각 호의 어느 하나에 해당하는 자에게는 1천만원 이하의 과태료를 부과한다.
　4.제15조제1항, 제16조제5항 또는 제43조제6항에 따른 명령을 위반한 자

17 산책 시 목줄을 하지 않은 우리 강아지를 목줄한 진돗개가 물었을 경우

종: **말티즈**

성별: **중성**

나이: **7년**

내용 : 아파트에서 반려견을 산책하던 중에 반려견이 진돗개한테 물렸습니다.

목줄을 하고 산책하던 중에 반려견(해피)이 똥을 싸서 잠시 목줄을 놓고 똥을 치우는 사이, 근처에서 산책하고 있는 다른 반려견(진돗개)에게 잠시 다가갔습니다. 가자마자 진돗개가 해피의 목을 물었고, 목 주위로 상처를 입어 병원치료를 받고 있습니다.

진돗개는 입마개를 하지 않았고 목줄을 길게 한 상태였습니다. 주인이 곧바로 당겼으나 목을 물고 놓지 않아 간신히 떼어 놓았습니다.

이럴 때, 몇 퍼센트의 과실이 있는지 궁금합니다.

상담

동물 점유자는 동물의 종류와 성질에 따라 그 보관에 상당한 주의를 해태하였음을 입증하지 않는 한, 그 동물이 타인에게 가한 손해를 배상할 책임이 있습니다.(민법 제759조 제1항) 실무에서는 반려견이 사람이나 반려견을 문 경우는 거의 예외 없이 견주의 과실을 인정하고 있으므로, 견주는 피해자나 피해 견주에게 손해배상책임을 져야 합니다.

물림 사고로 반려견이 부상을 입은 경우 견주에게 손해배상책임이 인정되는데, 손해배상의 범위에는 기왕치료비, 향후 치료비 등의 재산상 손해와 위자료가 포함됩니다.

치료비와 관련하여 일반적으로 치료를 위한 검사비용, 수술 등 치료를 위해 직접 지출한 비용은 손해배상의 범위에 포함되나 추가 수술비, 향후 치료비 등은 그 필요성과 소요 금액에 대해 다소 엄격한 입증을 요구하고 있으므로, 객관적인 자료에 의하여 입증되어야 합니다.

위자료와 관련하여 현재 법원 실무에서는 반려견이 다치거나 사망한 경우 반려견은 생명을 가진 동물이라는 점, 통상 반려견의 소유자는 보통의 물건과 달리 그 반려견과 정신적인 유대와 애정을 서로 나누는 점 등을 고려하여 정신적 손해인 위자료 배상의무를 인정하고 있습니다.

위자료는 반려견의 교환가치, 사고의 발생경위, 쌍방의 과실 정도, 상해의 부위와 정도, 반려견에 대한 치료과정 및 치료 정도 등 제반 사정을 참작하여 위자료 액수를 정하는데, 실무에서는 30만원에서 300만원 사이에서 정해지는 경우가 많습니다.

피해자 측의 과실이 인정되는 경우 견주의 책임이 제한되고, 그만큼 비율적으로 재산상 손해에서 공제되는데, 목줄을 하지 않고 산책하다가 물림 사고를 당한 경우 그 책임을 50%로 제한한 사례가 있습니다.(피해자의 과실을 50%로 봄)

사안의 경우 배설물을 치우는 사이 목줄을 놓았고, 진돗개에게 접근하여 사고가 난 것이므로, 위 판례에 따를 때 피해자 측에도 50% 전후의 책임이 인정될 것으로 보입니다.

관련 규정

✷ 민법 제759조(동물의 점유자의 책임) ①동물의 점유자는 그 동물이 타인에게 가한 손해를 배상할 책임이 있다. 그러나 동물의 종류와 성질에 따라 그 보관에 상당한 주의를 해태하지 아니한 때에는 그러하지 아니하다.
②점유자에 갈음하여 동물을 보관한 자도 전항의 책임이 있다.

18 가출한 개에게 물려 반려견이 사망하고 사람까지 상해를 입은 경우

종: 닥스훈트	
성별: 남	
나이: 4년	

🐾 **내용 :** 10월 1일 오전 2시~3시경 모르는 집의 개가 목줄을 끌고 다니며, 반려견들(리트리버, 닥스훈트)이 지내고 있는 저희 집 마당으로 들어왔습니다. 이후 동네가 시끄러워져 제가 마당의 개에게 다가갔고, 개가 절 보고 짖으며 저희 집 마당 건너 골프장 위쪽으로 도망가는 것을 보았습니다. 그 후 새벽에서 아침 사이에 개는 보이지 않았습니다.

같은 날 오전 저는 교육을 받으러 나갔고, 옆집 아주머니께서 아버지께 "마당 앞에서 새벽에 돌아다니던 그 개가 방금 반려견(닥스훈트)을 물고 흔들며 공격하는 장면을 보았다."라고 급하게 말씀하셔서, 아버지께서는 마당으로 곧장 가셨습니다. 하지만 저희 반려견(닥스훈트)은 목줄이 뜯어진 채 사라졌고, 급히 주변을 찾아보자 근처 풀숲에 힘없이 쓰러져 있는 반려견(닥스훈트)을 발견하셨습니다. 외상이 심해 보여 곧장 병원으로 향하였으나 이미 반려견(닥스훈트)은 두개골, 갈비뼈, 늑골이 심하게 부러졌으며 폐 쪽의 내출혈로 피가 차고 있어 사망 가능성이 매우 높고, 이미 모든 감염이 다 되어서 당장은 치료가 불가하다는 소견을 받았습니다.

그 후 아버지께서는 의식이 없는 반려견(닥스훈트)을 태우고 그 개의 주인을 찾아다니셨습니다. 개의 주인(여성)은 죄송하다는 이야기도 없이 자기 개를 잡아 오라고만 말했고 아버지께서는 동네의 안전을 위해 개를 찾았습니다. 발견 후 119에 신고하였으나 개가 사라져 철수하였고, 이후 다시 개가 나타나 119가 재출동하였습니다. 아버지께서는 그 개의 목줄을 잡은 상태에서 손을 물리는 공격을 당하셨습니다. (상해진단서 첨부) 그 후 119가 도착하여 개를 포획하였습니다.

개는 목줄이 풀어져 몇 번 가출을 했던 개라고 주인(여성)이 직접 이야기하셨고 기다리면 돌아온다는 안일한 생각으로 목줄이 풀어져 가출한 개를 방치하였다고 합니다.

10월 2일, 개의 주인인 여성분의 남편과 두 번의 전화 통화 후 만나기로 하였고, 아버지께서 직접 만나 뵙고 합의금으로 200만원을 이야기했습니다. 그분이 하루만 시간을 달라고 하여 시간을 드렸으나 연락이 없었습니다.

10월 3일, 연락이 없어 하루만 더 기다리기로 한 후 저녁에 연락드렸으나, 전화도 받지 않고 무성의한 답변만 문자로 왔습니다.(사진 첨부)

반려견을 키우는 입장에서 이러한 상황을 이해하지 못할 뿐더러 가족을 억울하게 잃었다는 정신적인 고통이 매우 커 온 가족이 일에 집중하지 못하고, 집에 남아있는 반려견마저 위험해질까 집을 비우지 못하며 교대로 온 가족이 집을 지키고 있는 상황입니다. 저희는 진심이 담긴 사과조차 받지 못하였고, 오히려 상대편이 피해자인 양 도망간 개를 탓하고 있습니다. 소방관이 왔을 때는 본인 개에게 정이 떨어졌다며, 안락사를 진행해달라는 무책임한 모습을 보였습니다. 또한, 반려견들의 주인인 저는 상대방의 얼굴조차 모릅니다.

저희 집의 반려견들은 목줄이 이중으로 관리되어 있습니다. 그 개가 마당에 침입해 죄 없는 반려견에게 해를 입히고 결국 사람(아버지)까지 공격한 상태입니다.(예방접종, 반려견 등록 또한 되지 않은 상태로 추측됨)

잘못을 했음에도 불구하고, 무책임한 모습으로 일관하며 법대로 하라는 상대편이 너무 괘씸하며, 아무 죄없이 사망한 저희 반려견이 너무 안타깝고, 그로 인해 정신적으로 고통받고 힘든 상황이 지속되는 게 매우 억울합니다.

상담

1 반려견 상해 또는 사망 관련

동물 점유자는 동물의 종류와 성질에 따라 그 보관에 상당한 주의를 해태하였음을 입증하지 않는 한, 그 동물이 타인에게 가한 손해를 배상할 책임이 있습니다.(민법 제759조 제1항) 실무에서는 반려견이 사람이나 반려견을 문 경우는 거의 예외 없이 견주의 과실을 인정하고 있으므로, 견주는 피해자나 피해 견주에게 손해배상책임을 져야 합니다.

물림 사고로 반려견이 부상을 입은 경우 견주에게 손해배상책임이 인정되는데, 손해배상의 범위에는 기왕치료비, 향후 치료비 등의 재산상 손해와 위자료가 포함됩니다.

피해자 측의 과실이 인정되는 경우 견주의 책임이 제한되고, 그만큼 비율적으로 재산상 손해에서 공제되는데, 목줄을 하지 않고 산책하다가 물림 사고를 당한 경우 그 책임을 50%로 제한한 사례가 있습니다.(피해자의 과실을 50%로 봄) 또한 개를 예의주시하면서 목줄 반경 밖으로 다니고 불필요하게 함부로 접근하지 않는 등 스스로의 안전을 도모할 주의의무가 있음에도 이를 소홀히 한 점을 들어 견주의 책임을 90%로 제한한 사례도 있습니다.(피해자의 과실을 10%로 봄)

치료비와 관련하여 일반적으로 치료를 위한 검사비용, 수술 등 치료를 위해 직접 지출한 비용은 손해배상의 범위에 포함되나 추가 수술비, 향후 치료비 등은 그 필요성과 소요 금액에 대해 다소 엄격한 입증을 요구하고 있으므로, 객관적인 자료에 의하여 입증되어야 합니다.

위자료와 관련하여 현재 법원 실무에서는 반려견이 다치거나 사망한 경우 반려견은 생명을 가진 동물이라는 점, 통상 반려견의 소유자는 보통의 물건과 달리 그 반려견과 정신적인 유대와 애정을 서로 나누는 점 등을 고려하여 정신적 손해인 위자료 배상의무를 인정하고 있습니다.

위자료는 반려견의 교환가치, 사고의 발생경위, 쌍방의 과실 정도, 상해의 부위와 정도, 반려견에 대한 치료과정 및 치료 정도 등 제반 사정을 참작하여 위자료 액수를 정하는데, 실무에서는 30만원에서 300만원 사이에서 정해지는 경우가 많습니다.

사안은 가해견이 풀린 상태로 피해자의 집에 들어와 피해견을 문 사건이므로, 가해 견주에게 민사상 손해배상책임이 인정되고, 치료비와 위자료 배상을 해야 합니다. 사고경위상 피해자 측에 과실을 인정할 여지는 없으므로, 가해자의 책임이 제한될 가능성은 적어 보입니다.

가해 견주는 '사람이나 가축에 해를 끼치는 버릇이 있는 개나 그 밖의 동물을 함부로 풀어놓거나 제대로 살피지 아니하여 나다니게 한 사람'에 해당하여 경범죄처벌법에 따라 10만원 이하의 벌금, 구류 또는 과료의 형으로 처벌될 수 있습니다.

* **민법 제759조(동물의 점유자의 책임)** ①동물의 점유자는 그 동물이 타인에게 가한 손해를 배상할 책임이 있다. 그러나 동물의 종류와 성질에 따라 그 보관에 상당한 주의를 해태하지 아니한 때에는 그러하지 아니하다.

  ②점유자에 갈음하여 동물을 보관한 자도 전항의 책임이 있다.

* **경범죄처벌법 제3조(경범죄의 종류)** ①다음 각 호의 어느 하나에 해당하는 사람은 10만원 이하의 벌금, 구류 또는 과료의 형으로 처벌한다.

  25.(위험한 동물의 관리 소홀) 사람이나 가축에 해를 끼치는 버릇이 있는 개나 그 밖의 동물을 함부로 풀어놓거나 제대로 살피지 아니하여 나다니게 한 사람

② 부친 부상 관련 형사책임

견주는 반려견이 사람을 깨물거나 할 위험성이 있으므로 위험발생을 미리 막아야 할 주의의무가 있는데, 반려견이 사람을 물었다면 목줄을 매지 않거나, 입마개를 하지 않거나, 목줄을 충분히 당기지 않은 등의 이유로 반려견의 관리·감독을 소홀히 한 과실 또는 안전조치를 취하지 않은 과실이 인정됩니다. 실무에서는 반려견이 사람을 물었을 경우 거의 예외 없이 견주의 과실을 인정하여 과실치상죄(형법 제266조 제1항)로 처벌하고 있습니다.

피해자가 가해 견주를 신고하거나 고소할 경우 상해의 정도에 따라 선고형이 다른 데, 상해의 정도가 심하지 않다면 30만원에서 100만원 사이에서 벌금형이 선고됩니다.

③ 부친 부상 관련 민사책임

동물 점유자는 동물의 종류와 성질에 따라 그 보관에 상당한 주의를 해태하였음을 입증하지 않는 한, 그 동물이 타인에게 가한 손해를 배상할 책임이 있습니다.(민법 제759조 제1항) 실무에서는 반려견이 사람을 문 경우는 거의 예외 없이 견주의 과실을 인정하고 있으므로, 견주는 피해자에게 손해배상책임을 져야 합니다.

손해배상의 범위에는 기왕치료비, 향후 치료비, 일실수입 등의 재산상 손해와 위자료가 포함되는데, 위자료는 치료기간, 후유장애여부에 따라 다른데, 법원 실무에

서는 가벼운 물림 사고라면 보통 50만원에서 200만원 사이에서 위자료를 인정해 주 고 있습니다.

부친의 경우 가해견을 통제하는 과정에서 물렸으므로, 가해 견주는 과실치상의 형사적 책임과 민사상 손해배상책임을 져야 하고, 그 범위는 부상에 따른 직접 치료비와 위자료가 포함됩니다.

관련 규정

✱ **형법 제266조(과실치상)** ①과실로 인하여 사람의 신체를 상해에 이르게 한 자는 500만원 이하의 벌금, 구류 또는 과료에 처한다.

②제1항의 죄는 피해자의 명시한 의사에 반하여 공소를 제기할 수 없다.

19 우리 강아지가 목줄을 안 한 상태로 다른 이의 농장에 들어갔다가 그 집 강아지에게 물려 죽은 경우

종: 포메라니안

성별: 남

나이: 4개월

내용 : 저희 강아지가 목줄을 안 한 상태로 다른 이의 농장에 들어갔다가 그 집 강아지에게 물려 죽게 되었습니다. 그 농장에는 따로 문이 없었고 우리 강아지가 들어갔다가, 큰 개를 보고 놀라 도망 나오다 큰 개의 줄이 너무 길어서 바로 잡혔고 물려 죽었습니다.

저희 강아지가 잘못은 했지만, 농장 주인분은 미안하다는 말도 안 하고 "네 집 개가 들어와 물려 죽은 걸 어찌하냐."는 식으로 나옵니다. 이런 경우 어떻게 해야 되는지 모르겠어서요. 저희 강아지가 들어간 건 잘못이지만, 비명 지르고 울고 있는 저희 딸한테 미안하다는 말도 안 하고, 옆에서 보시던 분이 "박스에라도 담아줘!"라고 하니 그제야 박스에 강아지를 담아서 보냈습니다.

본인 개가 남의 강아지를 물고 흔들고 있는데, 말리지도 않고 방관만 하셨는데 그냥 넘어가야 하나요. 얼마 못 살고 간 강아지한테 정말 미안하고 얼마나 아팠을까 생각하면 잠도 못 잡니다.

상담

강아지를 갑작스러운 사고로 잃게 되신 상황은 심히 안타깝습니다만, 귀하께서 상대방 견주에게 책임을 묻기는 어려운 상황입니다. 사고가 발생한 장소는 상대방 견주의 사유지이고, 따로 문이 없었다고 하더라도 상대방은 자신의 반려견을 줄에 묶어두었으므로 견주로서 반려견의 보관에 필요한 주의의무를 이행하고 있었습니다. 견주가 자신의 반려견에 줄을 묶어둔 이상, 타인 또는 타인의 개가 자신의 사유지에 들어왔다가 미처 도망가지 못하고 물리는 경우까지 상정하여 그에 대비한 조치까지 취할 의무는 없습니다. 상대방 견주가 상황을 방관하였다고 말씀하시지만, 상대방 견주도 놀라고 충격을 받았을 것이 능히 예상되는 상황에, 즉시 적극적으로 상황을 저지하지 않았다고 해서 잘못이라고 하기는 어려워 보입니다. 또한 귀하께서 상대방 견주에게 미안하다는 말을 바라시는 것도 다소 무리가 아닌가 싶습니다. 냉정하게 말해서 이 사고의 책임은 반려견에게 목줄을 묶지 않은 상태로 방치한 귀하께 있습니다. 오히려 상대방 견주는 자신의 눈앞에서 자신의 반려견이 다른 반려견을 물어죽이는 원치 않는 상황을 겪게 되었고 나아가 최악의 경우 감염 등까지 걱정해야 하는 상황에 처하였습니다. 사고로 인한 슬픔은 깊이 공감하지만 상대방 견주가 사고에 대한 법률적 책임을 져야 할 상황에는 해당하지 않는다는 답변을 드릴 수밖에 없어 유감스럽습니다.

관련 조문

※ **민법 제759조(동물의 점유자의 책임)** ①동물의 점유자는 그 동물이 타인에게 가한 손해를 배상할 책임이 있다. 그러나 동물의 종류와 성질에 따라 그 보관에 상당한 주의를 해태하지 아니한 때에는 그러하지 아니하다.
②점유자에 갈음하여 동물을 보관한 자도 전항의 책임이 있다.

20   대형견이 중형견을 물었을 때 중형견의 치료 비용 부담 비율

종: **스피츠**

성별: **남**

나이: **4년 3개월**

🐾 **내용** : 지난 토요일(20.02.29.) 밤 9시경 일어난 일입니다.

공원에 아무도 없음을 확인 후 입고 있던 반려견 옷을 벗기려 잠깐 목줄을 푼 상황입니다. 목줄을 풀자마자 어디선가 대형견이 달려들어 중형견을 물었습니다. 중형견의 목을 물고 갔고, 제가 바로 달려가 소리 지르며 대형견을 떨어뜨려 놓으려 하다 약간의 상해를 입었습니다. 중형견은 상해가 큽니다. 제 힘으로는 떨어지지 않는 상태였고, 잠시 뒤 주인이 와서 떨어뜨려 놓았습니다.

우선, 물린 상처가 커 상대 견주 번호만 받은 후 병원으로 바로 갔습니다. 제 번호로 연락할 때는 연락이 안 되다 파출소에서 연락하니 전화가 되더군요. 들어보니 상대 견주가 잠깐 화장실을 가며 밖에 묶어뒀는데 그 개가 달려와서 저희 개를 문 상황입니다.

상대방은 리트리버종이라 입마개 필수견은 아닙니다. 순간이지만 목줄을 풀었던 점 과실 인정합니다. 다만, 저희 개는 제가 옷을 벗기려고 한 상태이기에 제 앞에 있었으며 그 개에게 간 적도 없습니다. 전 그 개의 존재도 몰랐습니다. 늦은 시간이라 목격자가 없고 CCTV도 없어 답답합니다.

상대방이 치료비를 주지 않으려 하는데, 이 경우 저희 개 치료비 부담 비율은 어느 정도가 적정한지 알고 싶습니다.

상담

견주는 반려견이 타인의 생명, 신체, 재산에 피해를 입히지 않도록 주의할 의무가 있습니다. 상대방 견주는 귀하의 반려견과 귀하께서 입은 상해에 대해 민사상 손해배상책임을 부담하고, 형사상책임의 경우 목줄 착용 여부에 따라 동물보호법 위반죄 또는 과실치상죄(형법)가 성립될 수 있습니다. 상대방 견주가 반려견의 목줄을 하여 외출하였으나, 잠시 묶어둔 사이 반려견이 달려나간 경우라면 형사상 과실치상죄의 죄책을 질 것으로 보입니다.

관련 조문

✳ **민법 제759조(동물의 점유자의 책임)** ①동물의 점유자는 그 동물이 타인에게 가한 손해를 배상할 책임이 있다. 그러나 동물의 종류와 성질에 따라 그 보관에 상당한 주의를 해태하지 아니한 때에는 그러하지 아니하다.
②점유자에 갈음하여 동물을 보관한 자도 전항의 책임이 있다.

✳ **형법 제266조(과실치상)** ①과실로 인하여 사람의 신체를 상해에 이르게 한 자는 500만원 이하의 벌금, 구류 또는 과료에 처한다.
②제1항의 죄는 피해자의 명시한 의사에 반하여 공소를 제기할 수 없다.

✳ **동물보호법 제46조**
②다음 각 호의 어느 하나에 해당하는 자는 2년 이하의 징역 또는 2천만원 이하의 벌금에 처한다.
1의3. 제13조제2항에 따른 목줄 등 안전조치 의무를 위반하여 사람의 신체를 상해에 이르게 한 자

먼저 상대방 견주의 민사상 책임으로, 원칙적으로 본 사고의 발생 또는 확대에 귀하가 기여한 과실이 없다면 상대방 견주는 귀하께 손해배상으로 반려견의 치료비, 귀하의 치료비 합계액 상당을 지급하여야 하나, 귀하도 과실이 있다면 상대방은 위 합계액 중 각자의 과실비율에 따라 산정한 일정액을 지급할 책임이 있습니다. 귀하의 반려견도 사고 당시 목줄을 푼 상태였던 것이 이 사고에서 몇 %의 과실비율로 인정될지 수치로 말씀드리기는 어려운 부분입니다. 본 사고와 구체적 사실관계에서 차이는 있을 수 있으나, 대구지방법원 2013가소35765 판결에서 두 반려견 모두 목줄을 묶지 않은 상태로 다니던 중 반려견끼리 싸움이 발생한 사건에서 원고와 피고의 과실비율을 각각 50%로 판단한 사례가 있었으므로 첨부한 판결문 참고해 주시기 바랍니다.

이 사고로 귀하께서 상해를 입은 점은 상대방 견주의 과실치상죄가 성립할 수 있습니다. 첨부한 과실치상 관련 기사 참고해 주시기 바랍니다. 민사책임과 형사책임은 별개이므로, 만약 상대방 견주가 귀하께 치료비 등을 지급하더라도 상대방 견주의 형사책임은 면책되지 않고, 양형참작 사유에 해당되어 상대방 견주에게 부과되는 벌금이 일정 부분 감액될 수는 있습니다. 유의하실 점은 과실치상죄는 반의사불벌죄이기 때문에 귀하께서 명시적으로 상대방 견주의 처벌을 원하지 않을 경우 상대방 견주의 형사책임은 면책됩니다. 귀하께서 상대방 견주를 신고 또는 고소는 하였지만, 아직 상대방 견주로부터 적정한 피해 회복이 이루어진 상태가 아니라면, 경찰 또는 검찰에서 귀하께 '상대방의 처벌을 원하는지' 물을때 '처벌을 원하지 않는다'라고 말씀하셔서는 안 됩니다.

21 잠깐 목줄을 풀어 준 사이, 우리 강아지가 풍산개에게 다가가 짖었고 풍산개가 우리 강아지를 문 경우

종: 치와와

성별: 남

나이: 4년

내용 : 저희 강아지가 이웃집 풍산개에게 심하게 물려서 병원에 입원 중입니다. 풍산개는 마당이 있는 단독주택에서 할머니가 항상 풀어놓고 기르고 계십니다. 소형견을 몇 차례 물었던 전력이 있고, 작년 이맘때쯤에도 저희 강아지가 물려서 그때도 병원치료를 오래 받았습니다. 저희가 할머니에게 여러 차례 묶어서 기를 것을 요구하고 항의도 하였으나, 요지부동이었으며 주변 주민들로부터 항의와 신고도 많이 들어가지만, 여전히 풀어놓고 기릅니다.

이번 사고는 우리 남편이 강아지를 산책시키면서 잠깐 목줄을 풀어준 사이에, 우리 강아지가 풍산개에게 다가가 짖었고 풍산개가 허술한 울타리 밖으로 머리를 내밀어 우리 강아지를 물고 들어가 생긴 사건입니다.

제가 개 짖는 소리에 밖을 내려다보니 남편이 우리 강아지를 붙잡았는데도 순식간에 큰 개가 물고 들어가니 놓치고 말았으며 물고 뜯고 흔들어버려서, 엄청나게 큰 상처를 입었고 큰 수술 후 아직도 경과를 지켜보고 있는 상태입니다.

이번 사건은 남편의 부주의가 큰 원인이라고 생각하지만 만약에 풍산개를 묶어두었거나 울타리를 튼튼하게 만들었다면 이런 일이 생기지 않았을 거란 생각에 답답하고 억울한 마음이 듭니다. 평소에도 풍산개가 울타리 밖으로 머리를 내밀고 짖어서 주민들이 많이 두려워하고 불편해했으며 민원도 많은 편입니다. 할머니가 문단속을 잘하지 않아 가끔 개가 돌아다녀 신고도 많이 들어가는데 경찰들도 강제적인 대처를 하지 못하는 것 같고 눈앞에서 참혹한 현장을 목격한 남편과 저는 트라우마가 생길 정도로 너무 고통스럽습니다.

저희가 대처를 하고 싶어도 법률적인 지식이 없어서 어떻게 해야 할지를 모르겠습니다. 좋은 말씀 부탁드립니다. 또한 치료비 보상 문제에 대해서도 궁금합니다.

일반적으로 단독주택 마당과 외부 사이에 울타리가 쳐진 상태에서 목줄이나 입마개를 하지 않고 반려견을 기르는 행위자체는 문제가 될 수 없습니다.

판례는 단독주택 내에 마당에서 반려견을 풀어 놓고 기르다가 사고가 발생한 경우 "묶어 놓는 조치 등을 제대로 이행하지 않은 상태에서 사고가 발생하였다고 하더라도 견주에게 타인의 출입이 예견되지 않은 상황에서 자신의 주거지 내부에서 자신 소유의 반려견에 목줄 등을 두르고 입마개를 장치할 법적 의무는 없기 때문에 피고의 의무위반을 발견하기 어렵다."라고 판시한바 있습니다.

사안은 단독주택 마당과 외부 사이에 울타리가 쳐진 상태에서 마당에 있던 풍산개가 울타리 밖으로 머리를 내밀어 피해견을 물고 들어간 경우인데, 울타리의 상태가 부실한 점이 인정된다면, 가해 견주에게 사고를 방지할 의무 위반에 따른 손해배상책임이 인정됩니다.

물림 사고로 반려견이 부상을 입은 경우 견주에게 손해배상책임이 인정되는데, 손해배상의 범위에는 기왕치료비, 향후 치료비 등의 재산상 손해와 위자료가 포함됩니다.

피해자 측의 과실이 인정되는 경우 견주의 책임이 제한되고, 그만큼 비율적으로 재산상 손해에서 공제되는데, 목줄을 하지 않고 산책하다가 물림 사고를 당한 경우 그 책임을 50%로 제한한 사례가 있습니다.(피해자의 과실을 50%로 봄)

사안의 경우 목줄이 풀린 상태에서 사고가 난 것이므로, 위 사례에 따를 때 가해 견주에게 책임이 인정되더라도 50% 정도로 책임이 제한될 것으로 보입니다.

관련 규정

* **민법 제759조(동물의 점유자의 책임)** ①동물의 점유자는 그 동물이 타인에게 가한 손해를 배상할 책임이 있다. 그러나 동물의 종류와 성질에 따라 그 보관에 상당한 주의를 해태하지 아니한 때에는 그러하지 아니하다.
②점유자에 갈음하여 동물을 보관한 자도 전항의 책임이 있다.

22 가해 견주에게 치료비와 정신적 피해 보상 받기

종: 말티즈

성별: 남

나이: 4년

🐾 **내용** : 3월 22일 오후 1시경 가해견(체중 약 20kg)이 저희 강아지(따롱이)를 갑자기 문 상황입니다.

가해견은 목줄과 입마개를 하지 않은 상태였고, 현장에는 가해견 주인도 없었습니다. 장소는 가해 견주 자택 옆 길입니다.

먼저 병원에서 응급치료를 시행하고 3월 27일까지 입원 치료 중입니다. 저희 강아지도 사고 순간에는 목줄을 풀어준 상태였습니다. 시골길이라 CCTV 영상 및 블랙박스 영상, 목격자도 없는 상황입니다.

현재 견주는 잘못한 근거도 없으니, 어떠한 것도 해줄 수 없다고 합니다.

상담

동물 점유자는 동물의 종류와 성질에 따라 그 보관에 상당한 주의를 해태하였음을 입증하지 않는 한, 그 동물이 타인에게 가한 손해를 배상할 책임이 있습니다.(민법 제759조 제1항) 실무에서는 반려견이 사람이나 반려견을 문 경우는 거의 예외 없이 견주의 과실을 인정하고 있으므로, 견주는 피해자나 피해 견주에게 손해배상책임을 져야 합니다.

물림 사고로 반려견이 부상을 입은 경우 견주에게 손해배상책임이 인정되는데, 손해배상의 범위에는 기왕치료비, 향후 치료비 등의 재산상 손해와 위자료가 포함됩니다.

치료비와 관련하여 일반적으로 치료를 위한 검사비용, 수술 등 치료를 위해 직접 지출한 비용은 손해배상의 범위에 포함되나 추가 수술비, 향후 치료비 등은 그 필요성과 소요 금액에 대해 다소 엄격한 입증을 요구하고 있으므로, 객관적인 자료에 의하여 입증되어야 합니다.

위자료와 관련하여 현재 법원 실무에서는 반려견이 다치거나 사망한 경우 반려견은 생명을 가진 동물이라는 점, 통상 반려견의 소유자는 보통의 물건과 달리 그 반려견과 정신적인 유대와 애정을 서로 나누는 점 등을 고려하여 정신적 손해인 위자료 배상의무를 인정하고 있습니다.

위자료는 반려견의 교환가치, 사고의 발생경위, 쌍방의 과실 정도, 상해의 부위와 정도, 반려견에 대한 치료과정 및 치료 정도 등 제반 사정을 참작하여 위자료 액수를 정하는데, 실무에서는 30만원에서 300만원 사이에서 정해지는 경우가 많습니다.

피해자 측의 과실이 인정되는 경우 견주의 책임이 제한되고, 그만큼 비율적으로 재산상 손해에서 공제되는데, 목줄을 하지 않고 산책하다가 물림 사고를 당한 경우 그 책임을 50%로 제한한 사례가 있습니다.(피해자의 과실을 50%로 봄)

사안의 경우 가해견이 목줄이 없는 상태에서 집 밖에서 다른 반려견을 물었으므로 가해 견주의 손해배상책임이 인정되는데, 피해견도 목줄을 하지 않았으므로 50% 전후의 책임이 인정될 것으로 보입니다.

관련 규정

✺ 민법 제759조(동물의 점유자의 책임) ①동물의 점유자는 그 동물이 타인에게 가한 손해를 배상할 책임이 있다. 그러나 동물의 종류와 성질에 따라 그 보관에 상당한 주의를 해태하지 아니한 때에는 그러하지 아니하다.
②점유자에 갈음하여 동물을 보관한 자도 전항의 책임이 있다.

23 목줄 착용 개끼리 싸웠을 경우

종: 말티즈

성별: *

나이: 2년

🐾 **내용** : 목줄을 한 진돗개 믹스견(7년)이 산책 도중 말티즈(2년/목줄 착용)를 물게 된 상황입니다. 사고 즉시, 동물병원에 함께 방문하여 치료를 받았고 생명에는 지장 없으며, 의사 선생님께서는 다른 후유증이나 특이사항도 없이 치료가 잘되고 있다는 소견을 말씀해 주셨습니다. 진돗개 견주는 미안한 마음에 먼저 병원비 전액을 보상하였고, 먼저 연락하여 사과하고 견주와 세 차례 정도 사과 연락을 한 상황입니다.

추가로 동물병원에 말티즈 상태에 대해 문의한 결과, 사고 이후 특이사항은 전혀 없고, 해당 견주도 지난주 토요일 병원에 연락하여 상태가 괜찮은 것 같다고 이야기하였다고 합니다.

이러한 상황에서 말티즈 견주가 추가적인 보상이나 금전적 요구 시 응해야 하는지 문의드립니다. 그리고 진돗개 견주가 처벌받는 것은 어떤 것이 있는지 문의드립니다.

상담

동물 점유자는 동물의 종류와 성질에 따라 그 보관에 상당한 주의를 해태하였음을 입증하지 않는 한, 그 동물이 타인에게 가한 손해를 배상할 책임이 있습니다.(민법 제759조 제1항) 실무에서는 반려견이 사람이나 반려견을 문 경우는 거의 예외 없이 견주의 과실을 인정하고 있으므로, 견주는 피해자나 피해 견주에게 손해배상책임을 져야 합니다.

물림 사고로 반려견이 부상을 입은 경우 견주에게 손해배상책임이 인정되는데, 손해배상의 범위에는 기왕치료비, 향후 치료비 등의 재산상 손해와 위자료가 포함됩니다.

치료비와 관련하여 일반적으로 치료를 위한 검사비용, 수술 등 치료를 위해 직접 지출한 비용은 손해배상의 범위에 포함되나 추가 수술비, 향후 치료비 등은 그 필요성과 소요 금액에 대해 다소 엄격한 입증을 요구하고 있으므로, 객관적인 자료에 의하여 입증되어야 합니다.

위자료와 관련하여 현재 법원 실무에서는 반려견이 다치거나 사망한 경우 반려견은 생명을 가진 동물이라는 점, 통상 반려견의 소유자는 보통의 물건과 달리 그 반려견과 정신적인 유대와 애정을 서로 나누는 점 등을 고려하여 정신적 손해인 위자료 배상의무를 인정하고 있습니다.

위자료는 반려견의 교환가치, 사고의 발생경위, 쌍방의 과실 정도, 상해의 부위와 정도, 반려견에 대한 치료과정 및 치료 정도 등 제반 사정을 참작하여 위자료 액수를 정하는데, 실무에서는 30만원에서 300만원 사이에서 정해지는 경우가 많습니다.

피해자 측의 과실이 인정되는 경우 견주의 책임이 제한되고, 그만큼 비율적으로 재산상 손해에서 공제되는데, 목줄을 하지 않고 산책하다가 물림 사고를 당한 경우 그 책임을 50%로 제한한 사례가 있습니다.(피해자의 과실을 50%로 봄)

사안의 경우 가해견과 피해견 모두 목줄을 한 상태에서 물림 사고가 발생한 것이므로, 피해 견주 측의 과실이 인정될 여지는 적어 보입니다. 피해 견주 측에서 치료비는 배상 외에 위자료를 청구한다면 소정의 위자료를 지급하는 것을 고려해 볼 필요가 있습니다.

물림 사고로 피해견이 부상을 입었다고 하더라도 사람이 부상을 입은 것은 아니라서 형법상 과실치상죄나 동물보호법위반죄의 형사적 처벌은 되지 않습니다.

관련 법률

❋ **민법 제759조(동물의 점유자의 책임)** ①동물의 점유자는 그 동물이 타인에게 가한 손해를 배상할 책임이 있다. 그러나 동물의 종류와 성질에 따라 그 보관에 상당한 주의를 해태하지 아니한 때에는 그러하지 아니하다.
②점유자에 갈음하여 동물을 보관한 자도 전항의 책임이 있다.

24
뒷마당에 있던 우리 강아지를 옆집 진돗개가 들어와 물었고 이를 말리던 남편도 상처를 입은 경우

종: **말티즈**

성별: **남**

나이: **2년 8개월**

내용: 5월 3일 오전 9시 30분경 우리 집 뒷마당에서 우리 아이(3kg, 말티즈)와 놀고 있었는데, 갑자기 옆집 대형견인 진돗개가 나타나서 우리 아이를 물었습니다. 옆집 개는 목줄도 입마개도 하지 않은 상태였습니다. 큰 개가 순간적으로 우리 아이를 물고 흔들어 댔고, 옆에 있던 남편이 그 개를 잡고 떼어놓으려다가 개에게 밀쳐서 넘어지는 바람에 머리가 10cm가량 찢어졌습니다. 엄지손가락도 접질려서 붓고 퍼렇게 멍들었습니다.

우리 아이를 바로 병원으로 데리고 가서 엑스레이를 찍고 검사해 보니 창자 2곳과 췌장을 물렸으며 입도 물렸는데 잇몸이 빨갛게 부었다고 했습니다. 피부와 근육이 갈기갈기 찢어진 곳으로 창자가 빠져나왔고, 창자 2곳과 췌장은 이빨 자국으로 구멍이 나며 괴사해서 그곳을 모두 잘라내고 봉합하는 큰 수술을 받았습니다. 우리 아이 상태에 따라서 입원 기간이 결정되지만, 5월 4일 오늘까지 아직 사경을 헤매고 있습니다.

개 주인은 병원에 한 번도 와보지도 않았고 병원비 얘기도 일체 없습니다. 이런 경우, 우리 아이 병원비는 받을 수 있나요? 사람 다친 것도 받을 수 있나요? 너무 속상하고 억울해서 글 올립니다.

참고로, 이전에도 그 개가 가끔 목줄 없이 돌아다니는 것도 목격한 적이 있고, 제 근처까지 와서 위협을 느낀 적도 있었습니다. 개 주인이 개를 부르며 찾기도 했었습니다.

상담

견주는 반려견이 타인의 생명, 신체, 재산에 피해를 입히지 않도록 주의할 의무가 있습니다. 본 사고에서 상대방 견주의 진돗개가 목줄이나 입마개를 하지 않은 상태로, 귀하의 사유지에 들어와 반려견을 물어 심각한 상해를 입혔고, 귀하의 남편께서는 진돗개를 반려견으로부터 떼어놓으려다가 머리와 손에 상해를 입었으므로, 상대방 견주는 동물 점유자로서의 주의의무를 위반한 과실이 있습니다.

따라서 상대방 견주는 반려견이 입은 상해와 귀하의 남편께서 입은 상해에 대해 민사상 손해배상책임을 부담하고, 귀하의 남편께서 입은 상해에 대해서는 형사상 동물보호법위반죄 또는 과실치상죄의 죄책을 질 수 있습니다. 다만, 상대방 견주는 반려견의 상해에 대해서는 형사상 죄가 성립하지는 않고, 상대방 견주가 평소 진돗개를 함부로 풀어놓았다면 경범죄처벌법에 의한 벌금 등 부과는 가능할 수도 있습니다.

관련 조문

* **민법 제759조(동물의 점유자의 책임)** ①동물의 점유자는 그 동물이 타인에게 가한 손해를 배상할 책임이 있다. 그러나 동물의 종류와 성질에 따라 그보관에 상당한 주의를 해태하지 아니한 때에는 그러하지 아니하다.

   ②점유자에 갈음하여 동물을 보관한 자도 전항의 책임이 있다.

* **동물보호법 제13조(등록대상동물의 관리 등)** ②소유자 등은 등록대상동물을 동반하고 외출할 때에는 농림축산식품부령으로 정하는 바에 따라 목줄 등 안전조치를 하여야 하며, 배설물(소변의 경우에는 공동주택의 엘리베이터·계단 등 건물 내부의 공용공간 및 평상·의자 등 사람이 눕거나 앉을 수 있는 기구 위의 것으로 한정한다)이 생겼을 때에는 즉시 수거하여야 한다. <개정 2013. 3. 23., 2015. 1. 20.>

   제46조(벌칙) ②다음 각 호의 어느 하나에 해당하는 자는 2년 이하의 징역 또는 2천만원 이하의 벌금에 처한다. <개정 2017. 3. 21., 2018. 3. 20.>

   1의3. 제13조제2항에 따른 목줄 등 안전조치 의무를 위반하여 사람의 신체를 상해에 이르게 한 자

* **형법 제266조(과실치상)** ①과실로 인하여 사람의 신체를 상해에 이르게 한자는 500만원 이하의 벌금, 구류 또는 과료에 처한다.

   ②제1항의 죄는 피해자의 명시한 의사에 반하여 공소를 제기할 수 없다.

* **경범죄 처벌법 제3조(경범죄의 종류)** ①다음 각 호의 어느 하나에 해당하는 사람은 10만원

이하의 벌금, 구류 또는 과료의 형으로 처벌한다. 25.(위험한 동물의 관리 소홀) 사람이나 가축에 해를 끼치는 버릇이 있는 개나 그 밖의 동물을 함부로 풀어놓거나 제대로 살피지 아니하여 나다니게 한 사람

....

위 민사상 손해배상책임의 범위는 본 사고로 인하여 귀하의 남편이 입은 재산상, 정신상 손해(위자료)를 모두 포함합니다. 재산상 손해는 적극적 손해인 반려견과 남편의 기왕치료비, 향후치료비 등이 해당하고, 소극적 손해는 귀하의 남편께서 만약 본 사고로 인하여 일정기간 일을 못하게 된다면 그 기간 동안의 휴업손해가 이에 해당하며, 위자료는 정신적 손해에 대한 손해배상책임입니다. 원칙적으로 본 사고의 발생 또는 확대에 귀하의 남편께서 기여한 과실이 없다면 상대방 견주는 귀하의 남편께 반려견의 치료비, 귀하 남편의 치료비, 향후치료비, 위자료 합계액 상당을 지급하여야 하고, 만약 귀하의 남편께 본 사고의 확대에 기여한 과실이 있다면 상대방 견주는 위 합계액 중 각자의 과실비율에 따라 산정한 금액 중 상대방 견주의 책임분을 귀하의 남편께 지급하여야 합니다.

본 사고로 귀하의 남편께서 상해를 입은 점은 상대방 견주가 진돗개를 동반하여 외출 중이었다면 동물보호법위반죄가, 동반 외출 중이 아닌데 진돗개가 임의로 돌아다닌 것이라면 과실치상죄가 성립할 수 있습니다.

민사책임과 형사책임은 별개이므로, 만약 상대방 견주가 귀하의 남편께 치료비 등을 지급하더라도 상대방 견주의 형사책임은 면책되지 않고, 양형참작사유에 해당되어 상대방 견주에게 부과되는 벌금이 일정 부분 감액될 수는 있습니다. 유의하실 점은 과실치상죄는 반의사불벌죄이기 때문에 피해자인 귀하의 남편께서 명시적으로 상대방 견주의 처벌을 원하지 않을 경우 상대방 견주의 형사책임은 면책됩니다. 향후 귀하의 남편께서 상대방 견주를 신고 또는 고소하신다면, 상대방 견주로부터 적정한 피해 회복이 이루어지고, 귀하의 남편께서도 상대방 견주를 용서하셔서 처벌을 진정 원하지 않으시는 경우가 아니라면, 경찰 또는 검찰에서 귀하의 남편께 '상대방의 처벌을 원하는지' 물을 때 '처벌을 원하지 않는다'라고 말씀하셔서는 안 됩니다. 반의사불벌죄에서 피해자의 처벌불원 의사표시는 다시 번복이 되지 않기 때문에 신중하게 결정 및 대답하셔야 되기 때문입니다. 반려견의 빠른 쾌유를 기원합니다.

25

상대방 집 대문 앞을 지나가던 중, 조용히 있던 그 집 개가 갑자기 우리 강아지 입을 덥석 물고 놓지 않아 큰 상처를 입은 경우

종:	**토이푸들**
성별:	**남**
나이:	**11년**

내용 : 5월 16일 1시경 우리 집 강아지는 목줄을 한 상태에서 산책하며, 그 집 대문 앞을 지나가고 있었고 조용히 있던 그 집 개가 갑자기 우리 강아지 입을 덥석 물고 놓지 않았습니다. 낡은 대문을 석쇠 판 하나로 막아 놓았는데, 그 개가 그 석쇠 판을 머리로 밀고 휘어진 틈새로 우리 강아지를 물고 들어갔습니다. (참고로 석쇠 판은 고기 구워 먹는 석쇠인 것 같습니다.) 순간 너무 놀라 대문을 발로 차고 그 집 안으로 들어가서 우리 강아지를 꺼내 왔는데, 온통 피바다에 입 주위와 목을 심하게 물린 상태였습니다.

그때 개 주인이 나오셨고, 저는 너무 충격받은 상태에서 우리 강아지를 안고, 다니던 동물병원으로 갔습니다. 치료가 어렵다고 하여 전북대 익산 동물 의료 센터로 가서 저희 개는 수술을 받았고 아직 입원 중입니다. 피부 손상이 너무 심해서 피부 괴사가 일어나고 있고 앞으로 장애를 갖고 살 수 있다고 합니다.

병원비는 수술비까지 240만원이 나온 상태이고, 앞으로 입원비와 치료비는 더 나올 거라 합니다.

사고 당일, 경찰서에 신고했고 내용 증명서를 직접 작성해서 그 집 앞에 붙여두고 다음날 개 주인과 통화를 했습니다. 통화 내용은 녹음해 놓은 상태인데, 본인 과실을 인정하면서도 치료비 전부를 못 주시겠다고 하십니다.

일단 치료비 금액은 말하지 않은 상태입니다. 인터넷 등기소에 그 집 정보를 알아보니 대부업체에 집이 넘어간 상태이고 개 주인은 돈이 없다고 합니다. 너무 억울하고 저희 강아지가 너무 불쌍합니다. 분명 가해자는 있는데, 어떻게 해야 치료비를 받아낼 수 있을까요?

　동물 점유자는 동물의 종류와 성질에 따라 그 보관에 상당한 주의를 해태하였음을 입증하지 않는 한, 그 동물이 타인에게 가한 손해를 배상할 책임이 있습니다.(민법 제759조 제1항) 실무에서는 반려견이 사람이나 반려견을 문 경우는 거의 예외 없이 견주의 과실을 인정하고 있으므로, 견주는 피해자나 피해 견주에게 손해배상책임을 져야 합니다.

　일반적으로 단독주택 마당과 외부 사이에 울타리가 쳐진 상태에서는 목줄이나 입마개를 하지 않고 반려견을 기르는 행위자체는 문제가 될 수 없으나 울타리가 제대로 쳐져 있지 않은 상태에서 울타리 밖으로 머리를 내밀어 피해견을 문 경우라면, 울타리의 상태가 부실한 점이 인정되므로 가해 견주는 사고를 방지할 의무 위반에 따른 손해배상책임을 져야합니다.

　물림 사고로 반려견이 부상을 입은 경우 견주에게 손해배상책임이 인정되는데, 손해배상의 범위에는 기왕치료비, 향후 치료비 등의 재산상 손해와 위자료가 포함됩니다.

　치료비와 관련하여 일반적으로 치료를 위한 검사비용, 수술 등 치료를 위해 직접 지출한 비용은 손해배상의 범위에 포함되나 추가 수술비, 향후 치료비 등은 그 필요성과 소요 금액에 대해 다소 엄격한 입증을 요구하고 있으므로, 객관적인 자료에 의하여 입증되어야 합니다.

　위자료와 관련하여 현재 법원 실무에서는 반려견이 다치거나 사망한 경우 반려견은 생명을 가진 동물이라는 점, 통상 반려견의 소유자는 보통의 물건과 달리 그 반려견과 정신적인 유대와 애정을 서로 나누는 점 등을 고려하여 정신적 손해인 위자료 배상의무를 인정하고 있습니다.

　위자료는 반려견의 교환가치, 사고의 발생경위, 쌍방의 과실 정도, 상해의 부위와 정도, 반려견에 대한 치료과정 및 치료 정도 등 제반 사정을 참작하여 위자료 액수를 정하는데, 실무에서는 30만원에서 300만원 사이에서 정해지는 경우가 많습니다.

　피해자 측의 과실이 인정되는 경우 견주의 책임이 제한되고, 그만큼 비율적으로 재산상 손해에서 공제되는데, 목줄을 하지 않고 산책하다가 물림 사고를 당한 경우 그 책임을 50%로 제한한 사례가 있습니다.(피해자의 과실을 50%로 봄)

사안의 경우 피해견이 목줄을 한 상태에서 물림 사고가 발생한 것이므로, 피해 견주 측의 과실이 인정될 여지는 적어 보입니다.

가해 견주가 임의로 손해배상을 하지 않을 경우 부득이 소송을 제기하여 판결을 받은 후 견주의 재산에 집행하는 방법으로 변제를 받을 수 있습니다.

관련 규정

❋ **민법 제759조(동물의 점유자의 책임)** ①동물의 점유자는 그 동물이 타인에게 가한 손해를 배상할 책임이 있다. 그러나 동물의 종류와 성질에 따라 그 보관에 상당한 주의를 해태하지 아니한 때에는 그러하지 아니하다.

②점유자에 갈음하여 동물을 보관한 자도 전항의 책임이 있다.

26

주인이 풀어 둔 대형견에 의한 물림 사고

종: **요크셔테리어**

성별: **남**

나이: **13년**

🐾 **내용** : 5월 17일 오전, 충북에 위치한 낚시터를 방문했습니다. 주차장에 주차 후, 남편이 먼저 내리고 저는 3분가량 주위를 살핀 후, 6살 딸과 애견 사랑이를 차에서 내려 주었습니다. 그런데 갑자기 낚시터 주인의 시바견이 달려와 사랑이를 물고 흔들었습니다. 매우 큰 덩치의 가해견을 보고 어린 딸과 저는 겁에 질렸고, 가해견을 애견 가방으로 쫓았습니다. 그러나 이미 사랑이는 피부 창상은 물론 우측 상완골 큰결절 골절과 좌측 견갑골 탈구로, 먼저 심각한 좌측 다리를 수술한 상태입니다.

사랑이는 유기견으로 발견되어 오랜 시간 우리 가족이 사랑으로 보듬어 온 가족입니다. 그러나 가해 견주는 연락 한 통 하지 않고 미안하단 사과도 없습니다. 광견병 주사를 맞혔는지도 물었으나 그런 거 모른다고 안 맞췄다고 합니다. 왜 목줄을 하지 않았는지 여쭤보니 아침마다 오줌싸라고 풀어두신답니다.

딸은 자다가도 "사랑이 몸에 큰 구멍이 났어!"라며 여러 차례 자다 깨기를 반복하고 힘들어합니다. 저 또한, 그러한 딸아이와 아픈 사랑이를 두고 일생 생활도 어려울 만큼 지쳐있습니다.

사랑이는 한차례 수술이 더 남았으나, 버거운 치료비로 인해 조기 퇴원한 상태입니다. 사랑이의 나이에서 큰 수술을 더 받는 것도 너무 걱정스럽고, 평생 고통과 장애를 안고 살아야 하는 사랑이를 볼 때마다 너무 괴롭습니다. 저는 가해 견주에게 앞으로도 지속적인 재활과 수술이 필요한 상태지만 향후 치료비는 제가 부담할 테니 위급하게 치료받은 치료비만이라도 부담해 주시길 부탁드렸으나 완곡히 거절당했습니다.

가해 견주에게 치료비와 향후 치료비 등을 청구할 수 있는 부분과 광견병 미접종, 목줄과 입마개 미착용 등 과태료 청구를 할 수 있는 방법이 있는지 문의드립니다.

상담

1 민사책임

동물 점유자는 동물의 종류와 성질에 따라 그 보관에 상당한 주의를 해태하였음을 입증하지 않는 한, 그 동물이 타인에게 가한 손해를 배상할 책임이 있습니다.(민법 제759조 제1항) 실무에서는 반려견이 사람이나 반려견을 문 경우는 거의 예외 없이 견주의 과실을 인정하고 있으므로, 견주는 피해자나 피해 견주에게 손해배상책임을 져야 합니다.

물림 사고로 반려견이 부상을 입은 경우 견주에게 손해배상책임이 인정되는데, 손해배상의 범위에는 기왕치료비, 향후 치료비 등의 재산상 손해와 위자료가 포함됩니다.

치료비와 관련하여 일반적으로 치료를 위한 검사비용, 수술 등 치료를 위해 직접 지출한 비용은 손해배상의 범위에 포함되나 추가 수술비, 향후 치료비 등은 그 필요성과 소요 금액에 대해 다소 엄격한 입증을 요구하고 있으므로, 객관적인 자료에 의하여 입증되어야 합니다.

위자료와 관련하여 현재 법원 실무에서는 반려견이 다치거나 사망한 경우 반려견은 생명을 가진 동물이라는 점, 통상 반려견의 소유자는 보통의 물건과 달리 그 반려견과 정신적인 유대와 애정을 서로 나누는 점 등을 고려하여 정신적 손해인 위자료 배상의무를 인정하고 있습니다.

위자료는 반려견의 교환가치, 사고의 발생경위, 쌍방의 과실 정도, 상해의 부위와 정도, 반려견에 대한 치료과정 및 치료 정도 등 제반 사정을 참작하여 위자료 액수를 정하는데, 실무에서는 30만원에서 300만원 사이에서 정해지는 경우가 많습니다.

사안은 풀어 놓은 가해견이 차량에서 내린 피해견을 물었으므로, 가해 견주에게 민사상 손해배상책임이 인정되고, 치료비와 위자료 배상을 해야 합니다.

✻ 민법 제759조(동물의 점유자의 책임) ①동물의 점유자는 그 동물이 타인에게 가한 손해를 배상할 책임이 있다. 그러나 동물의 종류와 성질에 따라 그 보관에 상당한 주의를 해태하지 아니한 때에는 그러하지 아니하다.

②점유자에 갈음하여 동물을 보관한 자도 전항의 책임이 있다.

② 형사책임

현행법은 반려견을 물건으로 취급하고 있어서 반려견이 반려견을 물어 상해를 입힌 경우 재물의 효용을 해한 것을 보아 손괴죄가 문제가 됩니다. 반려견 물림 사고의 경우 고의 사고로 보기 어려워 과실범이 문제가 되는데, 손괴죄는 과실범 처벌 규정이 없어 현행형법에서는 처벌할 수가 없습니다.

사람이 반려동물에게 상해를 입혔고, 그것이 학대에 해당할 경우 동물보호법위반으로 처벌할 수 있으나, 반려동물에 의한 상해와 관련해서는 따로 처벌규정이 없습니다.

다만, '사람이나 가축에 해를 끼치는 버릇이 있는 개를 풀어놓거나 제대로 살피지 아니하여 나다니게 한' 경우에는 경범죄에 해당하여 10만원 이하의 벌금, 구류 또는 과료의 형으로 처벌될 수는 있습니다.

✻ 형법 제366조(재물손괴등) 타인의 재물, 문서 또는 전자기록 등 특수매체기록을 손괴 또는 은닉 기타 방법으로 기 효용을 해한 자는 3년 이하의 징역 또는 700만원 이하의 벌금에 처한다.

✻ 경범죄처벌법 제3조(경범죄의 종류) ①다음 각 호의 어느 하나에 해당하는 사람은 10만원 이하의 벌금, 구류 또는 과료의 형으로 처벌한다.

25.(위험한 동물의 관리 소홀) 사람이나 가축에 해를 끼치는 버릇이 있는 개나 그 밖의 동물을 함부로 풀어놓거나 제대로 살피지 아니하여 나다니게 한 사람

광견병 예방접종 등

개는 가축전염병 예방법에서 규정하는 가축에 해당하고, 광견병은 2종 가축전염병으로 지정되어 반려견은 가축전염병 예방법의 적용대상이 됩니다.

농림축산식품부장관, 시·도지사 또는 시장·군수·구청장은 가축전염병이 발생하거나 퍼지는 것을 막기 위하여 필요하다고 인정하면 농림축산식품부령으로 정하는 바에 따라 가축의 소유자 등에게 검사·주사·약물목욕·면역요법 또는 투약을 명할 수 있는데, 시·도지사 또는 시장·군수·구청장이 광견병 예방접종 실시 명령을 하였음에도 가축의 소유자 등이 예방접종을 실시하지 않은 경우에는 200만원(1회)에서 1,000만원(3회)까지의 과태료 처분을 받게 됩니다.

그러나 광견병 비발생지역으로 발생이나 확산 우려가 낮아 광견병 예방접종 명령을 내린 적이 없는 지자체가 많습니다. 서울시의 경우 보통 3개월 이상의 반려동물에 대해 반드시 매년 1회 광견병 예방접종을 받도록 권고하고 있는데, 이를 광견병 예방접종 실시 명령으로 보아야 할지 아니면 단순 권고로 보아야 할지에 대해서는 논란이 있습니다.

우리나라에서는 2014년 이후 광견병 발생 건수가 없어서 이와 관련하여 과태료 처분이 내려진 사례는 없는 것으로 보입니다.

사안의 경우 시바견 등록지 지자체에서 지자체장이 광견병 예방접종 실시 명령을 하였음에도 불구하고, 예방접종을 시행하지 않았다면 반려 견주는 200만원(1회)에서 1,000만원(3회)까지의 과태료 처분을 받게 됩니다.

맹견(도사견, 아메리칸 핏불 테리어, 아메리칸 스태퍼드셔 테리어, 스태퍼드셔 불 테리어, 로트와일러)이 아닌 경우 입마개 착용 의무는 없습니다. 외출 시 목줄을 하지 않은 경우 과태료 부과처분을 받을 수 있는데, 이 사건은 자기 영업장에 개를 풀어놓은 것이므로, 위 과태료 부과처분 대상으로 보기는 어렵습니다.

27

반려동물 간의 물림 사고와 사람 상해 처벌 여부

종: 진도 믹스견

성별: 남

나이: 3년

🐾 **내용** : 저희 강아지는 진도 믹스견이고 사고가 난 강아지는 포메라니안입니다. 산책 중 두 강아지가 대치하는 일이 있었습니다. 저는 어머니와 둘이 있었고, 상대는 실제 견주의 동생들이라는 두 분이었습니다. 둘 다 목줄을 한 상태였습니다. 잔디밭 2~3m 정도의 거리에서 서로를 마주하고 있었습니다. 저희 개는 잔디밭에 엎드려 있었고 저희 어머니도 앉아서 강아지를 잡고 있었고, 상대방은 우리를 등진 채 벤치에 앉아 대화를 나누고 있었습니다. 포메라니안은 그 뒤로 줄을 내리고 있었고 저희와 마주하게 두었습니다.

저희 개가 크니 위협이 될 수 있어 제가 그 두 강아지 사이에 끼어 저희 개를 막으며, 포메라니안에게 가라는 손짓을 취했습니다. 그와 동시에 포메라니안이 저희 쪽으로 왕왕 짖으며 달려들었고 제 손에 입질하였으며 동시에 저희 개도 포메라니안을 물고 들어 올렸습니다. 너무 놀라 주변 사람들 모두 강아지를 놓게 애를 썼고 포메라니안을 떼어놓을 수 있었습니다.

저희 개가 그 강아지를 문 것이 사실이라 사과하고 전화번호를 교환하였고, 당시에는 강아지에게 이상이 없어 보여 서로 집에 돌아갔습니다. 몇 분 지나지 않아 포메라니안 상태가 이상하다며 연락이 왔습니다. 그래서 다시 만나 상황에 관해 이야기했습니다.(당시 그 친구들은 녹음을 진행했다고 나중에 말해 주었지만, 저희는 아무런 준비도 없었습니다)

진료 후, 진료비는 어떻게 하실 거냐고 묻기에 강아지가 다쳤다면 부담하겠다고 했습니다. 저희도 물린 사실이 있으니 병원비가 나올 수 있다고 말하고 자리를 떴습니다. 그리고 저희 측은 파출소에 가서 쌍방과실이 있을 수 있다는 대답을 듣게 되었습니다.

다음 날 아침, 동물병원에서 진료를 받았고 강아지 상태는 심각한 것이 아니고 시일이 지나면 괜찮아질 것이라는 대답을 들었습니다. 그 진료비에 대해 저희가 알아보니 "쌍방과실이 인정되어서 반액 부담해 주시는 거 어떠시냐."라고 하니, "무슨 소리냐."라고 하였습니다. "저희도 사람이 물려서 상처가 나지 않았냐?"라고 하니, 상대방은 후시딘 이야기를 하였습니다.

저는 서로 진료비를 물고 끝내는 것이 깔끔한 것 같아, 의원에서 진료를 받고 파상풍 주사를 맞았습니다. 그리고 그 진료비를 청구하고자 했습니다. 그러나 상대방은 "경미한 상처 가지고 그런다."라고 말하며, "3일 후 동물병원에서 다시 와 보라고 했는데, 그때 가서 말해보자."라고 합의를 미루었습니다. 제가 "상처가 경미한 건 둘째치고 사람이 물렸는데, 기본적으로 해주셔야 할 부분이 있지 않냐. 어떻게 사람이 다친 것과 개가 다친 것을 동일 선상에 보느냐"라고 하니, 저희는 생활이 가능한 부분이고 본인의 강아지는 죽을 뻔했으며, 밥도 못 먹고 아파하고 너무 힘들어한다라고 말했습니다.

그래서 저희도 소견서와 영수증, 상처 사진을 보내드렸더니 갑자기 합의하자고 하였습니다. 하지만 상대방은 죄송하다고 하는 태도에서 '우리 애'라던가 '쪼끄마한' 이란 표현을 쓰며, "진돗개가 입마개 없이 사고 나면 법적 책임을 물 수 있다."라는 등의 자극이 될 만한 말들을 하였습니다.

저는 이 상황이 고의로 일어난 것이 아니고 전부 저희의 잘못만은 아니라고 인지하여 접근하였는데, 상대방은 전혀 자신의 과실을 인정하지 않는 것 같은 모습에, 원만한 합의를 하는 것이 좋다고 판단하면서도 많이 고민하고 있습니다.

제가 어떻게 하는 것이 바람직한지 상담 요청을 부탁드립니다. 합의한다면 절충안은 어떤 것인지, 금액과 과실의 비율이 어떻게 진행되는 것이 바람직한지 궁금합니다. 제시한 절충안에 불이행 시 제가 할 수 있는 조치와 필요한 준비, 추후 방법 등도 알고 싶습니다. 그리고 제가 그분이 합의하자는 문자를 보낸 직후 생각이 길어져 답을 며칠째 보내지 못하고 있는데, 그런 부분은 문제가 되지 않을지도 궁금합니다.

추가적으로 다음과 같이 합의를 하려고 합니다.

저는 이번 일이 진행되는 과정에서 선생님에게 자극이 되는 표현을 쓴 적도 없고 조심스럽게 다가간 부분이 많았습니다.

처음에는 같이 개를 키우는 입장에서 반려견 상처에 속상하실 점을 알고 상황에 대한 격려 차원에서 배려해 드리고 싶었고 치료비를 내드리려 했던 것입니다. 그러나 전화와 문자에서 보여주신 태도와 언행에서 선생님 강아지를 의인화하며 감싸고 안위만을 걱정하며 선생님의 과실은 인지하지 않고, 사람의 상처와 정도는 깎아내리거나 비아냥대는 투를 유지하였습니다.

그에 저는 많은 상처를 받았고 며칠 동안 정신적인 고통에 정상적인 식사는 커녕 생활하는데 지장이 있었고 선생님께 더 이상의 배려가 불필요함을 느꼈습니다.

포메라니안이 사람을 먼저 문 것도 사실이고 동시에 같이 달려든 것도 사실입니다. 보호자분께서는 그곳에 실질적으로 있지 않았으며, 실제 보지도 못한 부분을 듣고만 대응하고 계신 것도 유감을 표합니다.

- 포메라니안
  실제 보호자는 자리에 없었음, 짖으며 달려듦. 먼저 사람에게 입질했음, 자동리드줄 벤치를 등지고 앉아 목줄통제 소홀, 입마개 안 함
- 수의사가 육안으로 강아지에 이상 없다고 했지만 견주의 정밀 검사 요청에 검사를 실시했고, 큰 이상 없다는 진단을 받았으나 "강아지는 죽을 뻔했고 밥도 잘 못먹고 생활에 지장이 있다."라는 표현을 씀
- 사람이 간단한 진료를 위해 동네 의원급 병원에서 진료 받고 파상풍 주사 맞는다고 하니, 사람이 개에 물린 상황임에도 후시딘 얘기를 함
- 살짝 긁힌 정도의 상처가지고 억지부린다며 "그쪽은 밥도 잘 먹고 일상생활 할 수 있지 않냐."는 표현으로 반려견과 사람을 두고 비교함. 그러나 사람이 동물에게 물렸을 때 상해로 형사 고발 가능

관련 법률

❋ 동물보호법 제46조

2.다음 각 호의 어느 하나에 해당하는 자는 2년 이하의 징역 또는 2천만원 이하의 벌금에 처한다
- 맹견을 유기한 소유자 등
- 목줄 등 안전조치의무를 위반하여 사람의 신체를 상해에 이르게 한 자

결론적으로 제가 드리는 합의점입니다.

동물과 동물: 동물병원 비용 반액=73,400/2=36,700
동물과 사람: 의원진료비+약제비 전액=44,800+9,800=54,600
총액=91,300원

그리고 이후에 발생되는 일에는 양측 모두가 서로에게 어떤 책임도 묻지 않는다는 것까지입니다.

위 내용이 적합한지 궁금합니다.

상담

견주는 반려견이 타인의 생명, 신체, 재산에 피해를 입히지 않도록 주의할 의무가 있습니다. 상대방 견주는 귀하께서 입은 상해에 대해 민사상 손해배상책임을 부담하고, 형사상 과실치상죄의 죄책을 질 수 있으며, 귀하께서는 상대방에게 민사상 손해배상책임을 부담합니다.

피해 주체가 사람인 경우 가해 견주(상대방 견주)는 형사상 과실치상죄라는 범죄가 성립하는 반면, 피해 주체가 반려견인 경우 가해 견주(귀하)는 형사상 책임은 없고, 민사상 책임만 성립한다는 점에서 차이가 있습니다.

❊ 민법 제759조(동물의 점유자의 책임) ①동물의 점유자는 그 동물이 타인에게 가한 손해를 배상할 책임이 있다. 그러나 동물의 종류와 성질에 따라 그 보관에 상당한 주의를 해태하지 아니한 때에는 그러하지 아니하다.

②점유자에 갈음하여 동물을 보관한 자도 전항의 책임이 있다.

❊ 형법 제266조(과실치상) ①과실로 인하여 사람의 신체를 상해에 이르게 한 자는 500만원 이하의 벌금, 구류 또는 과료에 처한다.

②제1항의 죄는 피해자의 명시한 의사에 반하여 공소를 제기할 수 없다.

귀하와 상대방 견주는 공통적으로 민사책임이 성립하므로 원칙적으로 각자 상대방에게 검사비, 치료비, 약제비 등 합계액 상당의 손해배상책임을 집니다. 그러나 본 사고의 발생 또는 확대에 일방이 기여한 과실이 있다면 치료비 중 각자의 과실비율에 따라 산정한 일정액으로 손해배상액이 줄어들게 됩니다.

상대방 견주의 귀책사유부터 보면, 상대방 견주의 동생이 반려견의 목줄을 하긴 했으나 자동리드줄인데도 반려견과 등진 상태로 통제를 소홀히 하여 귀하에게 다가오게 한 점, 상대방 반려견이 먼저 짖고 귀하에게 입질을 하여 사고가 촉발된 점은 상대방의 귀책사유이고, 현행 동물보호법에서 맹견 5종(도사견, 아메리칸 핏불 테리어, 아메리칸 스태퍼드셔 테리어, 스태퍼드셔 불 테리어, 로트와일러)에 한하여 착용의무를 부과하므로 입마개 미착용은 상대방 귀책사유로 보기 어려울 것 같습니다. 다만, 상대방 반려견이 반복적으로 입질을 하여 타인에게 피해를 입힌 경우가 많음에도 입마개를 하지 않았다면 과실사유로 참작할 수 있겠지만 이러한 점은 확인이 어려우므로 고려하지 않는 것이 낫겠습니다. 또한 상대방이 필요 이상의 과잉진료를 하여 병원비를 많이 지출한 것이라면 그 병원비는 본건 사고와 상당 인과관계 있는 손해가 아니라고 볼 여지도 있습니다.

다음으로 귀하의 귀책사유는 포메라니안은 중형견으로 소형견에 비해 더 엄격한 통제를 요함에도 이를 다소 소홀히 하여 포메라니안이 상대방 반려견을 무는 것을 방지하지 못한 점 정도로 보이고, 상대방 반려견이 소형견이므로 중형견에게 물리는 경우 치명상을 입을 수 있는 우려가 있는 점이 귀하에게 불리한 사정으로 보입니다. 그러나 말씀해 주신 사고 경위를 전제로 보면 귀하의 과실비율이 상대방의 과실비율보다 높게 보이지는 않습니다.

　말씀하신 합의점을 상대방에게 제시하시고 상대방이 거부한다면, 귀하는 상대방 견주에 대한 신고 및 고소를 진행하실 수 있겠습니다. 앞서 말씀드렸다시피 상대방 견주는 사람에게 상해를 입혔으므로 형사책임(형법제266조 과실치상)은 상대방 견주에게만 부과됩니다. 과실치상죄는 반의사불벌죄이기 때문에 귀하께서 명시적으로 상대방 견주의 처벌을 원하지 않을 경우에만 상대방 견주의 형사책임은 면책됩니다. 신청서에 기재해 주신 동물보호법 제46조는 본건에 적용되지 않습니다. 포메라니안은 맹견(도사견 등 5종)에 해당하지 않고, 본건과 같이 잠시 관리를 소홀히 한 것은 유기에 해당하지 않습니다. 또한 목줄 등 안전조치의무위반은 견주가 반려견에게 목줄 자체를 아예 착용시키지 않은 경우에 적용되므로 본건에는 적용되지 않습니다.

　본건 사고와 피해를 입으신 점은 매우 유감스럽지만 두 분 다 반려견을 사랑하는 반려인이신 만큼 가급적 상호 원만히 해결하시기를 바라겠습니다.

동물병원
관련

28 동물병원으로부터 고소 당한 경우

종:	***
성별:	***
나이:	***

🐾 **내용** : 저는 3마리 강아지를 키우는 견주입니다. 2019년 1월 12일 우연히 트위터에서 한 동영상을 보았습니다. 강아지가 애견 미용사에게 학대를 당하는 영상이었고, 그 미용사가 소속된 동물병원을 알리는 영상이었습니다. 해당 동물병원은 인천 간석동에 있었고 저는 서울 송파구에 거주 중이라 그 곳에 갈 일이 전혀 없습니다. 하지만 그런 사건을 전혀 모르는 인천 지역의 견주들을 위해, 자주 가는 동물관련 카페에 해당 영상과 병원 위치를 적었습니다. 병원명은 두 글자인데 앞글자는 쓰고 뒷글자는 적지 않았습니다. 한마리라도 피해를 줄이고자 하는 마음에서 올렸고 잊고 지냈는데, 며칠 전 2019년 6월 13일 인천 지역 경찰서에서 담당 형사라며 전화가 왔습니다. 강압적인 말투로 동물병원에서 고소가 들어왔으니, 제가 사는 지역 경찰서에서 연락을 받으면 출석하라고 했습니다. 개인적으로 고소당할 이유가 없다고 생각하지만, 경찰서에서 연락이 오면 출석해서 조서를 작성해야 한다고 알고 있습니다.

해당 내용에 대해 그대로 적고 합의나 사과는 하지 않을 생각입니다. 저에게 문제되는 부분이 있을지, 어떤 준비가 필요한지에 대해 정확히 알고 싶습니다. 지인에게 역으로 동물보호법으로 고소하라는 말을 들었는데, 생각은 없지만 고소가 가능한지 궁금합니다. 트위터에 타인이 올렸던 링크된 영상은 현재 삭제된 상태이고, 제 게시글은 아직 지우지 않았습니다. 법적으로 준비가 필요하다면, 증거로 해당 영상 복원 가능성을 알아봐야 하는지도 알고 싶습니다. 동물관련 법률 문의를 해 주는 곳이 생겨 반가운 마음에 메일을 드리게 되었습니다.

상담

1 형사 책임 성립 여부

신청인께서 링크한 영상 속 미용사의 행위가 실제로 고소인 동물병원에서 발생한 일인지 아닌지에 따라 적용되는 법률 조항이 달라지게 됩니다. 실제 발생한 일이라면 정보통신망법 제70조 제1항 사실 적시 명예훼손죄가 성립할 수 있는 반면, 다른 동물병원에서 발생하는 등 사실과 다른 점이 있다면 정보통신망법 제70조 제2항 허위사실 적시 명예훼손죄, 허위사실 유포에 의한 형법 제314조의 업무방해죄가 성립될 수 있습니다.

관련 법률

※ 정보통신망 이용촉진 및 정보보호 등에 관한 법률 제70조(벌칙) ①사람을 비방할 목적으로 정보통신망을 통하여 공공연하게 사실을 드러내어 다른 사람의 명예를 훼손한 자는 3년 이하의 징역 또는 3천만원 이하의 벌금에 처한다.

②사람을 비방할 목적으로 정보통신망을 통하여 공공연하게 거짓의 사실을 드러내어 다른 사람의 명예를 훼손한 자는 7년 이하의 징역, 10년 이하의 자격정지 또는 5천만원 이하의 벌금에 처한다.

③제1항과 제2항의 죄는 피해자가 구체적으로 밝힌 의사에 반하여 공소를 제기할 수 없다.

※ 형법 제314조(업무방해) ①제313조(허위의 사실을 유포하거나 기타 위계로써)의 방법 또는 위력으로써 사람의 업무를 방해한 자는 5년 이하의 징역 또는 1천500만원 이하의 벌금에 처한다.

영상 속 미용사의 행위가 고소인 동물병원에서 실제 발생한 일이라는 전제 하에 말씀 드리겠습니다. 정보통신망법 상 명예훼손죄가 성립하려면 신청인의 행위가 다음의 요건을 충족해야 합니다.

① 명예훼손의 대상이 특정되어 있을 것, ② 공연성(전파가능성), ③ 사실(또는 허위사실)의 적시, ④ 그 적시한 사실이 사람의 사회적 평가를 저하시킬만 할 것, ⑤ 비방의 목적

신청인께서 비록 해당 동물병원명 두 글자 중 뒷글자는 적지 않으셨으나, 위치 등을 기재하여 다른 사람들이 쉽게 해당 동물병원을 알 수 있다면 특정성, 공연성,

해당 동물 병원장의 사회적 평가를 저하시킬 만한 사실의 적시 요건은 충족될 것으로 보입니다. 다만, 신청인께서 고소인에 대한 비방의 목적이 없었고, 공공의 이익을 위한 것이었다는 점이 인정된다면 명예훼손죄의 죄책을 지지 않을 가능성이 있습니다. 이에 관한 자세한 내용은 대법원 2012도10392 판결[부록1-3]을 참조하여 주시기 바랍니다.

참조 판례

❋ 대법원 2012도10392 판결[부록1-3] 발췌

'사람을 비방할 목적'이란 가해의 의사나 목적을 필요로 하는 것으로서, 사람을 비방할 목적이 있는지는 해당 적시 사실의 내용과 성질, 해당 사실의 공표가 이루어진 상대방의 범위, 그 표현의 방법 등 그 표현 자체에 관한 제반 사정을 고려함과 동시에 그 표현으로 훼손되거나 훼손될 수 있는 명예의 침해 정도 등을 비교·고려하여 결정하여야 한다.
또한 비방할 목적은 행위자의 주관적 의도의 방향에서 공공의 이익을 위한 것과는 상반되는 관계에 있으므로, 적시한 사실이 공공의 이익에 관한 것인 경우에는 특별한 사정이 없는 한 비방할 목적은 부인된다. 공공의 이익에 관한 것에는 널리 국가·사회 그 밖에 일반 다수인의 이익에 관한 것뿐만 아니라 특정한 사회집단이나 그 구성원 전체의 관심과 이익에 관한 것도 포함한다.

2 동물병원에 대한 고발 가능 여부

동물병원 미용사의 행위가 동물보호법 제8조 제2항에서 정한 동물학대에 해당할 경우 해당 미용사, 동물병원장을 고발할 수 있습니다. 고소는 범죄 피해자가 할 수 있는 반면(형사소송법 제223조), 고발은 누구든지 할 수 있기 때문입니다(형사소송법 제234조). 신청인께서 고발을 하여 경찰이 미용사, 동물병원장에 대한 수사를 개시한다면, 경찰이 해당 영상의 복원 가능성을 확인할 것입니다. 다만, 해당 영상이 미용사, 동물병원장의 범죄 혐의 입증에 유일한 증거임에도 복원이 불가능하다면 미용사, 동물병원장이 증거불충분으로 불기소처분을 받아 형사 책임이 면책될 수 있습니다. 그렇지만 미용사, 동물병원장이 불기소처분을 받는다고 하더라도 고발인이 허위의 사실을 고발한 것이 아니라면, 고발인이 무고죄의 죄책을 지지는 않습니다.

❋ **형사소송법 제223조(고소권자)** 범죄로 인한 피해자는 고소할 수 있다.

제234조(고발) ①누구든지 범죄가 있다고 사료하는 때에는 고발할 수 있다.

❋ **형법 제156조(무고)** 타인으로 하여금 형사처분 또는 징계처분을 받게 할 목적으로 공무소 또는 공무원에 대하여 허위의 사실을 신고한 자는 10년 이하의 징역 또는 1천500만원 이하의 벌금에 처한다.

❋ **동물보호법 제8조(동물학대 등의 금지)** ②누구든지 동물에 대하여 다음 각 호의 학대행위를 하여서는 아니 된다.

1.도구·약물 등 물리적·화학적 방법을 사용하여 상해를 입히는 행위. 다만, 질병의 예방이나 치료 등 농림축산식품부령으로 정하는 경우는 제외한다.

2.살아 있는 상태에서 동물의 신체를 손상하거나 체액을 채취하거나 체액을 채취하기 위한 장치를 설치하는 행위. 다만, 질병의 치료 및 동물실험 등 농림축산식품부령으로 정하는 경우는 제외한다.

3.도박·광고·오락·유흥 등의 목적으로 동물에게 상해를 입히는 행위. 다만, 민속경기 등 농림축산식품부령으로 정하는 경우는 제외한다.

3의2. 반려 목적으로 기르는 개, 고양이 등 농림축산식품부령으로 정하는 동물에게 최소한의 사육공간 제공 등 농림축산식품부령으로 정하는 사육·관리 의무를 위반하여 상해를 입히거나 질병을 유발시키는 행위

4.그 밖에 수의학적 처치의 필요, 동물로 인한 사람의 생명·신체·재산의 피해 등 농림축산식품부령으로 정하는 정당한 사유 없이 신체적 고통을 주거나 상해를 입히는 행위

제46조(벌칙) ②다음 각 호의 어느 하나에 해당하는 자는 2년 이하의 징역 또는 2천만원 이하의 벌금에 처한다.

1.제8조제1항부터 제3항까지를 위반하여 동물을 학대한 자

제46조의2(양벌규정) 법인의 대표자나 법인 또는 개인의 대리인, 사용인, 그 밖의 종업원이 그 법인 또는 개인의 업무에 관하여 제46조에 따른 위반행위를 하면 그 행위자를 벌하는 외에 그 법인 또는 개인에게도 해당 조문의 벌금형을 과한다. 다만, 법인 또는 개인이 그 위반행위를 방지하기 위하여 해당 업무에 관하여 상당한 주의와 감독을 게을리하지 아니한 경우에는 그러하지 아니하다.

29 강아지 골절 수술

종:	***
성별:	여
나이:	3~4년

내용 : 2017년 9월경 강아지(보리)가 애견 카페 테이블에서 떨어져 앞 왼쪽 다리가 골절되어 병원에 내원하였고, 병원 측에서 사선 방향으로 골절이 되어 수술이 필요하다고 말했습니다. 3kg 중소형견으로 뼈가 얇아 수술 방법이 한정적이라며 플레이트를 대는 수술을 진행했습니다.(수술 비용 : 80~90만원)

사후치료로 최소 6개월 간격으로 나사를 2~3개씩 제거하기로 하였고, 최소 2년이 걸린다고 안내를 받았습니다.

2018년도에 1차로 나사 2개를 제거했습니다.(1회 제거할 때마다 비용 : 25~30만원)
그리고 2019년 6월 15일 2차 나사 제거를 위해 방문했습니다. 수술 이후 2~3회 내원 당시 CT를 찍었지만, 사진상으로 볼 때 확연히 봐도 뼈가 붙은 것처럼 보이지 않았고, 맨눈으로 보기에도 애견의 다리가 휘어있었으며 잘 걷지 못하는 등의 행동을 보였습니다. 그러나 의사가 "플레이트로 인한 이물감 때문에 불편을 느끼는 것이고, 휘어 보이는 것이다."라고 하여 안심하였고, 플레이트를 최종 제거할 때까지 기다려보자고 생각했습니다. 의사 측은 "수술에는 문제가 없었으며, 뼈가 붙지 않은 것은 2차 골절로 인해 그렇다. 재수술을 필요로 한다."라고 말했습니다. 다만, 본인(첫 수술을 받은 병원)은 수술 진행이 어렵다며, "타의사를 소개해 주겠다. 수술비용은 120~150여만원을 예상해야 한다."라고 말했습니다. 좀 더 생각해 보고 재방문하기로 하고 귀가했습니다.

하지만 저는 잘못된 수술로 뼈가 2년째 붙지 않았다고 생각하고, 결과가 좋지 않은 상황에서 부담스러운 재수술 비용이 발생하는 것과 수술을 진행했던 의사가 책임을 회피하려는 듯한 태도가 너무 부당하다 생각됩니다.

의사의 과실이 의심되나 전문의 소견을 충분히 들어보고 말씀드리려고, 병원 측에는 억울한 심정이나 불편한 감정은 전혀 내비치지 않았습니다.

1. 재수술이 시급하여, 병원 추천이 가능한지 추가로 상담을 원합니다.

2. 혹시 어떠한 자료가 있으면 수술이 잘못되었는지 알 수 있나요?

　　또, 만약 수술이 잘못되었으면 증빙자료는 어떤 게 필요한가요?

(최초 발생 시부터 CT 사진, 반대 방향의 각도 사진 등)

상담

수의사의 의료상 과실로 인하여 적기에 적절한 치료를 받지 못해 증상이 악화되었다면 신청인께서는 민법 제750조에 따라 수의사에게 이에 대한 손해배상을 청구하실 수 있습니다. 관련하여 유사한 사안에서 수의사의 손해배상책임을 인정한 서울동부 지방법원 2009나558 판결 [부록1-4]을 첨부하오니 참고하시기 바랍니다.

관련 법률

✴ **민법 제750조(불법행위의 내용)** 고의 또는 과실로 인한 위법행위로 타인에게 손해를 가한 자는 그 손해를 배상할 책임이 있다.

저희 상담센터에서 병원 추천을 해드리기는 어렵습니다. 수술이 잘못 되었을 경우 증빙 자료는 다른 동물병원에서 최초 수술 병원에서의 처치가 적절하지 않았다는 소견서를 발급 받으신다면 가장 유력한 증빙자료가 될 수 있습니다. 다만, 다른 동물병원에서도 위의 내용을 소견서로 작성하는 것은 꺼려할 것으로 보이긴 합니다. 하지만 다른 동물병원에서 진료 중에 구두로는 그러한 의견을 밝힐 수도 있으니, 진료하실 때 대화내용을 녹음해두시는 것도 고려해보실 수 있습니다. 수술 전후 반려견의 상태 변화를 확인할 수 있는 보리의 사진이나 보행 동영상, CT 사진을 다른 동물병원에 제시하셔서 의견을 구할 수도 있을 것입니다.

30 동물병원에서 진료내역서 교부 거절

종: **믹스견**

성별: **남**

나이: **1년 6개월**

내용 : 동물병원의 서비스 질 하락으로 다니는 병원을 옮기려고 하여, 그동안의 진료내역서를 받고자 했지만 어렵다는 식의 답을 받았습니다.

병원의 거절이 법적으로 어떠한지 알고 싶습니다. 또한, 진료내역서 발급 시 일정 금액을 병원 측에 지불해야 하나요?

상담

수의사는 진료부를 갖추어 두고 진료한 사항을 기록하고 서명하여야 하는 진료부작성의무가 있고(수의사법 제13조 제1항), 직접 진료하거나 검안한 동물에 대하여 진단서, 검안서, 증명서 또는 처방전의 발급을 요구받았을 때에는 정당한 사유 없이 이를 거부하여서는 아니 되는 진단서 등의 발급의무가 있습니다.(수의사법 제12조의 2)

수의사법은 수의사에게 진료부 작성의무를 부과하고 있지만, 의료법과 달리 환자(반려 견주)에게 진료기록을 열람하게 하거나 그 사본을 교부하는 권리를 인정하고 있지 않습니다. 따라서 현행법상으로 수의사가 진료부(진료기록)을 열람, 복사해 주지 않는다고 하더라도 위법으로 보기는 어렵습니다.

사람의 경우는 진료기록 열람복사를 해 주지 않는 경우 의료법에서 처벌 규정을 두고 있으나 동물의 경우는 이와 달리 진료부 작성의무만 존재하고, 발급, 열람, 복사 의무는 부과하고 있지 않습니다. 이로 인한 중복검사로 인한 비용증가, 진료협조 어려움 등의 불편이 가중되고 있는바, 조만간 입법을 통해 시급히 보완되어야 할 사항으로 보입니다.

수의사에게 진단서, 처방전 발급의무는 있으므로 동물 소유자가 요청하는 경우 진단서, 처방전은 발급해 주어야 합니다.

수의사가 진료부 또는 검안부를 갖추어 두지 아니하거나 진료 또는 검안한 사항을 기록하지 아니하거나 거짓으로 기록한 경우, 정당한 사유 없이 진단서, 검안서, 증명서 또는 처방전의 발급을 거부한 경우에는 100만원 이하의 과태료 처분을 받게 됩니다.

관련 규정

* **수의사법 제12조(진단서 등)** ①수의사는 자기가 직접 진료하거나 검안하지 아니하고는 진단서, 검안서, 증명서 또는 처방전(「전자서명법」에 따른 전자서명이 기재된 전자문서 형태로 작성한 처방전을 포함한다. 이하 같다)을 발급하지 못하며, 「약사법」 제85조제6항에 따른 동물용 의약품(이하 "처방대상 동물용 의약품"이라 한다)을 처방·투약하지 못한다. 다만, 직접 진료하거나 검안한 수의사가 부득이한 사유로 진단서, 검안서 또는 증명서를 발급할 수 없을 때에는 같은 동물병원에 종사하는 다른 수의사가 진료부 등에 의하여 발급할 수 있다.

제13조(진료부 및 검안부) ①수의사는 진료부나 검안부를 갖추어 두고 진료하거나 검안한 사항을 기록하고 서명하여야 한다.

②제1항에 따른 진료부 또는 검안부의 기재사항, 보존기간 및 보존방법, 그 밖에 필요한 사항은 농림축산식품부령으로 정한다.

③제1항에 따른 진료부 또는 검안부는 「전자서명법」에 따른 전자서명이 기재된 전자문서로 작성·보관할 수 있다.

제41조(과태료)

②다음 각 호의 어느 하나에 해당하는 자에게는 100만원 이하의 과태료를 부과한다.

1의3. 제12조제3항을 위반하여 정당한 사유 없이 진단서, 검안서, 증명서 또는 처방전의 발급을 거부한 자

2. 제13조를 위반하여 진료부 또는 검안부를 갖추어 두지 아니하거나 진료 또는 검안한 사항을 기록하지 아니하거나 거짓으로 기록한 사람

31 동물병원에서 주사 맞은 후 반려견 사망

종: 말티즈

성별: 여

나이: 10년

내용 : 2주 전 강아지 미용 후 호흡이 거칠어졌습니다. 그래서 산책겸 병원에 가서 진료를 받고 엑스레이를 찍고 피검사를 하였습니다. 하지만 당시 혈압체크는 물론, 몸무게 또한 재지 않았습니다.

병원에서는 심장이 크다고 하여 2가지 방안을 제시하였는데, 첫 번째는 24시간 병원에 입원하는 것, 두 번째는 주사맞고 약을 처방한 뒤 경과를 지켜보자는 것이었습니다. 당연히 후자인 주사맞고 약을 처방받아 경과를 지켜보는 것을 선택하였습니다. 진통제 및 기도확장제를 투여했고, 4시간 만에 강아지가 사망했습니다. 나중에 들어보니 위 주사는 천천히 놔야하는데, 병원에서는 주사를 빠르게 놓았습니다.

추후 병원에 전화하고 찾아갔지만 적절한 사과는 커녕 핑계대기 바빴습니다. 그래서 인터넷에 이 내용을 올렸습니다. 단, 병원명은 기재하지 않았습니다. 그랬더니 얼마 전 이 병원에서 명예훼손으로 고소를 했다고 경찰서에서 전화가 왔습니다.

10년을 키운 강아지이고 믿고 맡긴 병원이었으며, 밥도 잘 먹고 간식소리만 나도 달려오던 강아지가 죽었으니 당연히 납득이 되질 않았습니다. 그래서 올린 페이스북 모임글에 대해 처벌이 가능한지요?

신청인께서 인터넷에 올린 글에서 묘사한 동물병원장의 행위가 사실 그대로라면 정보통신망법 제70조 제1항 사실 적시 명예훼손죄, 사실과 다른 점이 있다면 정보통신망법 제70조 제2항 허위사실 적시 명예훼손죄에 해당할 수 있습니다.

관련 법률

＊ 정보통신망 이용촉진 및 정보보호 등에 관한 법률 제70조(벌칙) ①사람을 비방할 목적으로 정보통신망을 통하여 공공연하게 사실을 드러내어 다른 사람의 명예를 훼손한 자는 3년 이하의 징역 또는 3천만원 이하의 벌금에 처한다.

②사람을 비방할 목적으로 정보통신망을 통하여 공공연하게 거짓의 사실을 드러내어 다른 사람의 명예를 훼손한 자는 7년 이하의 징역, 10년이하의 자격정지 또는 5천만원 이하의 벌금에 처한다.

③제1항과 제2항의 죄는 피해자가 구체적으로 밝힌 의사에 반하여 공소를 제기할 수 없다.

정보통신망법상 명예훼손죄가 성립하려면 신청인의 행위가 다음의 요건을 충족해야 합니다.

① 명예훼손의 대상이 특정되어 있을 것, ② 공연성(전파가능성), ③ 사실(또는 허위사실)의 적시, ④ 그 적시한 사실이 사람의 사회적 평가를 저하시킬만할 것, ⑤ 비방의 목적

신청인께서 비록 해당 동물병원 상호를 적지는 않으셨으나, '대형마트 안에 있는 체인점 동물병원'이라고 기재하여, 다른 사람들이 쉽게 해당동물병원을 알 수 있다면 특정성, 공연성, 해당 동물병원장의 사회적 평가를 저하시킬 만한 사실의 적시 요건은 충족될 것으로 보입니다. 다만, 신청인께서 동물병원장에 대한 비방의 목적이 없었고, 공공의 이익을 위한 것이었다는 점이 인정된다면 명예훼손죄의 죄책을 지지 않을 가능성이 있습니다. 이에 관한 자세한 내용은 대법원 2012도10392 판결 [부록1-3]을 참조하여 주시기 바랍니다.

참조 판례

✳ 대법원 2012도10392 판결[부록1-3] 발췌

'사람을 비방할 목적'이란 가해의 의사나 목적을 필요로 하는 것으로서, 사람을 비방할 목적이 있는지는 해당 적시 사실의 내용과 성질, 해당 사실의 공표가 이루어진 상대방의 범위, 그 표현의 방법 등 그 표현 자체에 관한 제반 사정을 고려함과 동시에 그 표현으로 훼손되거나 훼손될 수 있는 명예의 침해 정도 등을 비교·고려하여 결정하여야 한다. 또한 비방할 목적은 행위자의 주관적 의도의 방향에서 공공의 이익을 위한 것과는 상반되는 관계에 있으므로, 적시한 사실이 공공의 이익에 관한 것인 경우에는 특별한 사정이 없는 한 비방할 목적은 부인된다. 공공의 이익에 관한 것에는 널리 국가·사회 그 밖에 일반 다수인의 이익에 관한 것뿐만 아니라 특정한 사회집단이나 그 구성원 전체의 관심과 이익에 관한 것도 포함한다.

또한 반려견이 동물병원장의 의료상 과실로 인하여 죽음에 이르게 되었다면 신청인께서는 민법 제750조에 따라 동물병원장에게 이에 대한 손해배상을 청구하실 수 있습니다. 관련하여 유사한 사안에서 수의사의 손해배상책임을 인정한 서울동부지방법원 2009나558 판결[부록1-4]을 참조하여 주시기 바랍니다.

관련 법률

✳ 민법 제750조(불법행위의 내용) 고의 또는 과실로 인한 위법행위로 타인에게 손해를 가한 자는 그 손해를 배상할 책임이 있다.

32 한방동물병원에서 비용을 환불해 주지 않는 경우

종: **포메라니안**

성별: **남**

나이: **4년**

내용 : 반려동물 치료 관련하여 서울에 한방병원을 우연히 알게 되어 SNS로 상담을 받고 그곳에서 치료를 받게 되었습니다. 치료비는 500만원이였고, 2달 안에 완치가 가능하다고 하였으나, 결론적으로 1년 동안 치료하였음에도 외관상 아무런 호전을 보이지 못하였습니다.(치료 기간 2018.07.~2019.07.)

이에 치료를 그만하겠다고 말하였으며, 병원장 또한 치료가 안 된 것을 인정하며 호의적으로 100% 환불 진행에 동의하였습니다.

그러나 "동물병원 운영이 어렵다, 직원들 월급도 제대로 주고 있지 않다, 자신은 신용불량자이다, 임대료가 밀려 압류상태이다."라는 등의 이유로 차일피일 미루며 계속 환불이 이루어지지 않고 있습니다. 이에 직접 동물병원에 찾아가 치료비 환불 약정서를 작성하여 2019년 10월부터 월 83만원씩 환불해 주기로 약속하였으나, 이 또한 지켜지지 않고 있는 상황입니다.

따라서 법적 절차를 밟아 해결하고자 하는데 원만하게 해결할 수 있을지 상담 요청합니다. 환불 약정서를 작성하면서 녹음하였으며, 기존에 통화했던 부분도 녹취록을 가지고 있습니다.

저도 어렵게 벌어서 모은 돈을 반려동물 상태가 호전되길 바라며 기꺼이 결제하였습니다. 애초에 병원 측에서 환불에 대한 이야기가 없었더라면 저의 결정이었기에 환불 요청을 할 수 조차 없었을 것입니다. 병원 측에서 먼저 치료되지 않으면, 100% 환불이라는 마케팅 수단을 이용하여 1년 동안 치료를 받게 해놓고선 환불을 미루는 것은 잘못되었다고 생각합니다. 현재 다른 몇몇 사람들도 환불을 기다리는 상황이라고 알고 있습니다. 환불을 받을 수 있을지, 환불을 받기 위해서는 어떤 법적 조치와 절차를 거쳐야 하는지 법률 자문을 구해봅니다.

현재 우기고 우겨서 겨우 10만원 환불받은 상황입니다. 그리고 배상지급명령신 청이 법적 효력이 있다고 하는데, 해당 건만으로도 환불을 받을 수 있을지 궁금 합니다.

상담자분은 한방동물병원과 반려동물에 대해 치료계약을 체결하고, 치료비 명목 으로 500만원을 지급하였습니다. 치료계약에는 치료되지 않으면 환불하겠다는 내 용의 특약이 있었는데, 그러한 내용이 담긴 계약서가 있지는 않은 것으로 보입니 다. 다만, 서면으로 작성된 환불약정서를 통해 특약내용은 확인되고, 병원 측도 특 약의 존재를 부정하고 있지는 않아 보입니다.

치료되지 않으면 환불하겠다는 내용의 특약이 담긴 치료계약이 체결되고, 실제 치료행위를 하였음에도 동물의 상태가 호전되지 않았다면, 동물병원 측은 특약에 따라 지불한 치료비를 반환할 책임이 있습니다.

병원 측이 현실적으로 환불을 하고 있지 않고 있다면(임의로 지급을 하고 있지 않다 면), 이에 대하여 지급명령, 소송 등 법적 조치를 통하여 배상의무(집행권원)가 있음 을 확인하고, 병원 또는 병원 원장의 재산에 대하여 강제집행을 통해 현실적으로 지급을 받을 수 있습니다.

소송이 제기될 경우 병원 측에서는 현실적으로 치료에 소요된 비용을 공제하자 는 주장을 할 수도 있는데, 진료채무는 결과채무가 아닌 수단채무인 특성상 이 주 장이 받아들여져 일부 공제가 인정될 수도 있습니다.

의사의 진료채무는 질병의 치유와 같은 결과를 반드시 달성해야 할 결과채무가 아니라 환자의 치유를 위하여 선량한 관리자의 주의의무를 가지고 현재의 의학수 준에 비추어 필요하고 적절한 진료조치를 다해야 할 책무 이른바 수단채무라고 보 아야 하므로 진료의 결과를 가지고 바로 진료채무불이행사실을 추정할 수는 없습 니다.(대법원 1988. 12. 13. 선고 85다카1491 판결[부록1-5])

33 병원에서 찍은 엑스레이를 받을 수 있는 방법

종: **코리안 숏헤어**

성별: **여**

나이: **4~5년**

🐾 **내용** : 방문하기 전, 해당 병원과 도도(반려묘)의 증상에 대해 메신저로 이야기했습니다. 11월 25일 병원에 내방하여 마취 후 엑스레이 검사를 시행했고, 그 결과 구내염 중기로 전체 발치해야 한다고 들었습니다.

지인에게 소개받은 수의사와 그 외 다른 병원을 방문해서 상담을 진행했습니다.(의사 휴진으로 11월 29일 방문) 상담에서 해당 병원에 연락하면 엑스레이를 받을 수 있다고 하셔서 해당 병원 원장님에게 엑스레이를 보내 달라고 말했습니다. 하지만 원장님은 법적인 얘기를 하며 줄 이유가 없다고 거기서 다시 엑스레이를 찍으라고 하였습니다.

저는 해당 병원에서 찍었던 엑스레이를 받고 싶습니다.(치료해야 하는데, 외관상으로 볼 수 있는 부분에는 한계가 있다고 합니다. 그리고 마취를 한 지 얼마 되지 않아 다시 마취할 수 없습니다.)

상담

수의사는 진료부를 갖추어 두고 진료한 사항을 기록하고 서명하여야 하는 진료부 작성의무가 있고(수의사법 제13조 제1항), 직접 진료하거나 검안한 동물에 대하여 진단서, 검안서, 증명서 또는 처방전의 발급을 요구받았을 때에는 정당한 사유 없이 이를 거부하여서는 아니 되는 진단서 등의 발급의무가 있습니다.(수의사법 제12조 제3항)

수의사법은 수의사에게 진료부 작성의무를 부과하고 있지만, 의료법과 달리 환자(반려 견주)에게 진료기록이나 검사기록을 열람하게 하거나 그 사본을 교부하는 권리를 인정하고 있지 않습니다. 따라서 현행법상으로 수의사가 진료부(진료기록)나 영상자료를 열람, 복사해 주지 않는다고 하더라도 위법으로 보기는 어렵습니다.

사람의 경우는 진료기록 열람복사를 해 주지 않는 경우 의료법에서 처벌 규정을 두고 있으나 동물의 경우는 이와 달리 진료부 작성의무만 존재하고, 발급, 열람, 복사 의무는 부과하고 있지 않습니다. 이로 인한 중복검사 비용증가, 진료협조 어려움 등의 불편이 가중되고 있는데, 조만간 입법을 통해 시급히 보완되어야 할 사항으로 보입니다.

수의사에게 진단서, 처방전 발급의무는 있으므로 동물 소유자가 요청하는 경우 진단서, 처방전은 발급을 해 주어야 합니다. 수의사가 진료부 또는 검안부를 갖추어 두지 아니하거나 진료 또는 검안한 사항을 기록하지 아니하거나 거짓으로 기록한 경우, 정당한 사유 없이 진단서, 검안서, 증명서 또는 처방전의 발급을 거부한 경우에는 100만원 이하의 과태료 처분을 받게 됩니다.

관련 규정

※ **수의사법 제12조(진단서 등)** ③수의사는 직접 진료하거나 검안한 동물에 대한 진단서, 검안서, 증명서 또는 처방전의 발급을 요구받았을 때에는 정당한 사유 없이 이를 거부하여서는 아니 된다.<개정 2012. 2. 22.>

제13조(진료부 및 검안부) ①수의사는 진료부나 검안부를 갖추어 두고 진료하거나 검안한 사항을 기록하고 서명하여야 한다.

②제1항에 따른 진료부 또는 검안부의 기재사항, 보존기간 및 보존방법, 그 밖에 필요한 사항은 농림축산식품부령으로 정한다.<개정 2013. 3. 23.>

③제1항에 따른 진료부 또는 검안부는 「전자서명법」에 따른 전자서명이 기재된 전자문서로 작성·보관할 수 있다.

제41조(과태료)

②다음 각 호의 어느 하나에 해당하는 자에게는 100만원 이하의 과태료를 부과한다.

1의3. 제12조제3항을 위반하여 정당한 사유 없이 진단서, 검안서, 증명서 또는 처방전의 발급을 거부한 자

2.제13조를 위반하여 진료부 또는 검안부를 갖추어 두지 아니하거나 진료 또는 검안한 사항을 기록하지 아니하거나 거짓으로 기록한 사람

34 초기진단 받은 병원에서 치료를 지연하고 진료를 거부하다 사망한 경우

종: 코리안 숏헤어

성별: 남

나이: 7년

🐾 **내용 :** 지난주에 우리 아이가 기침이 심하여 춘천 동물병원에 내원했습니다. 우리 아이가 병원만 가면 사나운데, 병원 측에서 무섭다며 피검사 등 다른 검사를 진행하지 않은 채 엑스레이만 찍고 폐렴과 폐수종이라는 진단을 내렸었습니다. 그리고 무작정 이뇨제를 투여했습니다. 그 후에 아이의 상태가 급격히 나빠져 동물병원의 원장에게 입원을 요구했지만, 아이가 사나워 무섭고 자신이 없다는 이유로 거부당하였습니다. 아이 상태가 더 나빠지고 나서야 큰 병원으로 가라고 해서 다퉈야 하는 건 미루고 일단 급히 2차, 3차 병원까지 옮기게 되었습니다. 3차 방문한 동물병원에서는 수치가 그리 높지도 않은 상태여서 탈수와 전해질 등부터 잡았어야 했는데 서울 큰 병원으로 가라는 겁니다. 그래서 급히 옮기는 사이 5분 만에 우리 소중한 아이가 떠났습니다.

지금 가장 분노되는 건 처음 방문한 동물병원의 이후 반응입니다. 초기 허술한 진단과 대처를 했던 동물병원에 엑스레이를 요구했지만 돌아오는 1차 답변은 "어쩌다 보니 지웠어요. 숨기려는 건 아니고요. 근데 어디다 쓰려고요?" 2차 답변에서는 "제가 지웠어요."였고 3차 답변에서는 "자동 저장 설정이 안 돼 있었어요. 중요한 건 핸드폰으로 찍어놔요."였습니다. 녹음도 했습니다.

제가 알기로는 수의사법에 기록 보관 의무가 1년 이상 있고, 정당한 사유 없이 진료나 기록요청을 거부하면 안 되는 걸로 명시되어 있습니다.

처음 방문한 동물병원은 환자의 진료 기록을 직접 제거했으며, 포렌식 복구든 뭐든 자기는 모른다며 알아서 하라는 입장입니다.

아이는 그렇게 고통스럽게 가버렸는데, 어제 돌아온 말은 "나는 솔직히 개 진단하기 싫어."라는 말이었습니다. 녹음도 했습니다.

심장이 찢어지는 고통에 더 비수를 꽂았습니다. 제발 도와주세요.

상담

⭐1 진료지연 및 거부 관련

동물진료업을 하는 수의사가 동물의 진료를 요구받았을 때에는 정당한 사유 없이 거부하여서는 아니 되고, 이를 위반하였을 경우 500만원 이하의 과태료가 부과됩니다.

동물보호자의 입원 요구에 대해 사납다거나 무섭다거나 진단하기 싫다는 이유로 진료를 거부하고, 이로 인한 치료 지연으로 반려동물이 사망하였다면, 수의사는 민법상 불법행위 책임이 인정될 수 있고, 수의사법상 진료거부죄가 문제가 됩니다.

반려동물의 상태가 해당 동물병원의 인적, 물적 시설이 불비하여 치료할 수 있는 더 큰 병원으로 전원을 하라는 취지였다면, 진료거부죄에 해당되기는 어려우나 단순히 사납다거나 무섭다거나 진단하기 싫다는 이유로 진료를 거부한 것이라면, 진료거부죄에 해당할 수 있습니다.

수의사가 진찰·치료 등의 의료행위 과정에서 임상의학 분야에서 실천되고 있는 의료행위의 수준에서 요구되는 주의의무를 다하지 못하였다면, 진료계약 위반에 따른 채무불이행 책임 또는 불법행위 책임을 져야 하며, 동물에게 발생한 재산상, 정신적 손해를 배상해야 합니다.

수의사는 의료과실과는 달리 설명의무를 다하였다는 점을 입증하여야 하는데, 이를 입증하지 못할 경우 진료계약 위반에 따른 채무불이행 책임 또는 불법행위 책임을 져야 합니다. 다만, 진료의 결과를 가지고 바로 진료채무불이행사실을 추정할 수는 없고, 진료상 주의의무 위반에 대한 입증은 이를 주장하는 쪽에서 입증을 하여야 합니다.

동물의료사고의 경우 전문적인 의학지식이 필요하고, 입증가능성, 손해배상의 정도 등을 종합적으로 고려해야 하므로, 관련 자료를 가지고 별도의 상담을 받은 뒤 소송 등 법적 조치를 취하는 것이 필요합니다.

✦ 진료부 작성 및 보관의무 관련

수의사는 진료부를 갖추어 두고 진료한 사항을 기록하고 서명하여야 하는 진료부 작성의무가 있고(수의사법 제13조 제1항), 직접 진료하거나 검안한 동물에 대하여 진단서, 검안서, 증명서 또는 처방전의 발급을 요구받았을 때에는 정당한 사유 없이 이를 거부하여서는 아니 되는 진단서 등의 발급의무가 있습니다.(수의사법 제12조 제3항)

수의사법은 수의사에게 진료부 작성의무를 부과하고 있지만, 의료법과 달리 환자에게 진료기록이나 검사기록을 열람하게 하거나 그 사본을 교부하는 권리를 인정하고 있지 않습니다. 따라서 현행법상으로 수의사가 진료부(진료기록)나 영상자료를 열람, 복사해 주지 않는다고 하더라도 위법으로 보기는 어렵습니다.

사람의 경우는 진료기록 열람복사를 해 주지 않는 경우 의료법에서 처벌 규정을 두고 있으나 동물의 경우는 이와 달리 진료부 작성의무만 존재하고, 발급, 열람, 복사 의무는 부과하고 있지 않습니다. 이로 인한 중복검사 비용증가, 진료협조 어려움 등의 불편이 가중되고 있는데, 조만간 입법을 통해 시급히 보완되어야 할 사항으로 보입니다.

수의사에게 진단서, 처방전 발급의무는 있으므로, 동물 소유자가 요청하는 경우 진단서, 처방전은 발급을 해 주어야 합니다. 수의사가 진료부 또는 검안부를 갖추어 두지 아니하거나 진료 또는 검안한 사항을 기록하지 아니하거나 거짓으로 기록한 경우, 정당한 사유 없이 진단서, 검안서, 증명서 또는 처방전의 발급을 거부한 경우에는 100만원 이하의 과태료 처분을 받게 됩니다.

관련 규정

※ 수의사법 제11조(진료의 거부 금지) 동물진료업을 하는 수의사가 동물의 진료를 요구받았을 때에는 정당한 사유 없이 거부하여서는 아니 된다.

제41조(과태료) ①다음 각 호의 어느 하나에 해당하는 자에게는 500만원 이하의 과태료를 부과한다.

1. 제11조를 위반하여 정당한 사유 없이 동물의 진료 요구를 거부한 사람

✳ **수의사법 제12조(진단서 등)** ③수의사는 직접 진료하거나 검안한 동물에 대한 진단서, 검안서, 증명서 또는 처방전의 발급을 요구받았을 때에는 정당한 사유 없이 이를 거부하여서는 아니 된다.<개정 2012. 2. 22.>

제13조(진료부 및 검안부) ①수의사는 진료부나 검안부를 갖추어 두고 진료하거나 검안한 사항을 기록하고 서명하여야 한다.

②제1항에 따른 진료부 또는 검안부의 기재사항, 보존기간 및 보존방법, 그 밖에 필요한 사항은 농림축산식품부령으로 정한다.<개정 2013. 3. 23.>

③제1항에 따른 진료부 또는 검안부는 「전자서명법」에 따른 전자서명이 기재된 전자문서로 작성·보관할 수 있다.

제41조(과태료)

②다음 각 호의 어느 하나에 해당하는 자에게는 100만원 이하의 과태료를 부과한다.

1의3. 제12조제3항을 위반하여 정당한 사유 없이 진단서, 검안서, 증명서 또는 처방전의 발급을 거부한 자

2.제13조를 위반하여 진료부 또는 검안부를 갖추어 두지 아니하거나 진료 또는 검안한 사항을 기록하지 아니하거나 거짓으로 기록한 사람

35 스케일링으로 인한 폐렴(병원 과실 여부)

종: 요크셔테리어

성별: 남

나이: 6년

내용 : 2020년 1월 10일, 반려견(막둥이) 건강검진과 스케일링을 위해 1차 개인 동물병원에서 치료를 받았고, 피검사 결과 혈액은 모든 정상으로 확인했습니다. 그리고 오후 2시경 스케일링 치료를 시작했습니다.

4시경 막둥이가 과호흡으로 산소통에 들어간다는 연락과 심장이 안 좋은 것 같다며 엑스레이 촬영을 권유받았습니다. 엑스레이 사진 결과, 심장이 커서 과호흡이 왔다고 판정했고 이후 과호흡이 더 심해졌습니다.

집에 데려왔지만, 과호흡 증상이 너무 심해져 다시 검사받은 병원에 방문했습니다. 하지만 영업시간이 끝났다고 하여, 2차 병원으로 갔습니다.

2차 병원에서 엑스레이 재촬영을 하니, 심장 크기와 상태는 정상이었고 심장과는 무관하다는 소견을 듣게 되었습니다. 스케일링 중 기도로 염증이 들어가 폐쪽에 염증이 차서 폐렴이 왔을 확률이 매우 높으며, 폐렴으로 인한 과호흡과 염증 수치와 매우 높아져 상태가 악화되었다고 말했습니다.

1차 병원 측은 스케일링으로 인한 폐렴에 대해서는 언급하지 않은 채, 심장에 문제가 있어서 마취했으며 문제가 생겼다는 오진을 했고, 영업시간이 종료되었다며 무책임한 행동을 보였습니다.

반려견 건강을 위해 검진하고 치료받은 것인데, 오히려 건강이 악화하여 말 못하는 반려견에게 너무 미안한 마음뿐입니다. 현재 막둥이는 2020년 1월 10일부터 입원 중이며 검사와 치료를 계속하고 있습니다.

이 경우, 1차 병원에 대해 어떤 책임을 묻고 대처해야 하는지 상담 부탁드립니다.

수의사는 동물을 치료하기 위해 견주와 치료계약을 체결하는데, 이때 수의사는 동물의 치유를 위하여 선량한 관리자의 주의의무를 가지고 현재의 의학수준에 비추어 필요하고 적절한 진료조치를 다해야 할 주의의무와 침습적 치료행위 전 설명의무를 부담합니다.

그러나 수의사의 진료채무는 질병의 치유와 같은 결과를 반드시 달성해야 할 결과채무가 아니라 환자의 치유를 위하여 선량한 관리자의 주의의무를 가지고 현재의 의학수준에 비추어 필요하고 적절한 진료조치를 다해야 할 책무 이른바 수단채무라고 보아야 하므로 진료의 결과를 가지고 바로 진료채무불이행사실을 추정할 수는 없습니다.(대법원 1988. 12. 13. 선고 85다카1491 판결[부록1-5])

수의사의 진료상 주의의무를 부담하는데, 이와 관련하여 환자와 의사 사이에 정립된 판례들은 동물진료의 경우에도 그대로 유추적용될 수 있습니다.

수의사의 진료상 주의의무는 '의사가 진찰·치료 등의 의료행위를 하는 경우 사람의 생명·신체·건강을 관리하는 업무의 성질에 비추어 환자의 구체적인 증상이나 상황에 따라 위험을 방지하기 위하여 요구되는 최선의 조치를 행하여야 할 주의의무가 있고, 의사의 이와 같은 주의의무는 의료행위를 할 당시 의료기관 등 임상의학 분야에서 실천되고 있는 의료행위의 수준을 기준으로 판단'하여야 합니다.(대법원 1998. 2. 27. 선고 97다38442 판결 등)

수의사의 설명의무와 관련하여 '일반적으로 의사는 환자에게 수술 등 침습을 과하는 과정 및 그 후에 나쁜 결과 발생의 개연성이 있는 의료행위를 하는 경우 또는 사망 등의 중대한 결과 발생이 예측되는 의료행위를 하는 경우에 있어서 응급환자의 경우나 그 밖에 특단의 사정이 없는 한 진료계약상의 의무 내지 위 침습 등에 대한 승낙을 얻기 위한 전제로서 당해 환자나 그 법정대리인에게 질병의 증상, 치료방법의 내용 및 필요성, 발생이 예상되는 위험 등에 관하여 당시의 의료수준에 비추어 상당하다고 생각되는 사항을 설명하여 당해 환자가 그 필요성이나 위험성을 충분히 비교해 보고 그 의료행위를 받을 것인가의 여부를 선택할 수 있도록 할 의무가 있다 할 것'이라는 판례가 있습니다.(대법원 1995. 1. 20. 선고 94다3421 판결, 대법원 2002. 10. 25. 선고 2002다48443 판결 등)

수의사가 진찰·치료 등의 의료행위 과정에서 임상의학 분야에서 실천되고 있는 의료행위의 수준에서 요구되는 주의의무를 다하지 못하였다면, 진료계약 위반에 따른 채무불이행 책임 또는 불법행위 책임을 져야 하며, 동물(주인)에게 발생한 재산상, 정신적 손해를 배상해야 합니다.

수의사는 의료과실과는 달리 설명의무를 다하였다는 점을 입증하여야 하는데, 이를 입증하지 못할 경우 진료계약 위반에 따른 채무불이행 책임 또는 불법행위 책임을 져야 합니다.

판례는 '의사가 그 행위에 앞서 환자에게 질병의 증상, 치료나 진단방법의 내용 및 필요성과 그로 인하여 발생이 예상되는 위험성 등을 설명하여 주었더라면 환자가 스스로 자기결정권을 행사하여 그 의료행위를 받을 것인지 여부를 선택함으로써 중대한 결과의 발생을 회피할 수 있었음에도 불구하고, 의사가 설명을 하지 아니하여 그 기회를 상실하게 된 데에 따른 정신적 고통을 위자하는 것'이라는 이유로 특별한 사정이 없는 한 정신적 손해배상만 인정하고 있습니다.

사안의 경우 2차 병원에서 지적한 바와 같이 반려견의 과호흡이 심장질환이 아닌 스켈링 과정에서의 문제로 발생하였고, 그 과정에서 폐렴이 발생했을 가능성이 있습니다. 이러한 경우 1차 동물병원 측에서 폐렴을 일으킨 점, 심장질환으로 오진하면서 폐렴에 대한 대처를 지체한 점 등이 문제가 될 수 있습니다.

다만, 진료의 결과를 가지고 바로 진료채무불이행사실을 추정할 수는 없고, 수의사의 오진 및 폐렴발생의 진료상 주의의무 위반에 대한 입증은 이를 주장하는 쪽에서 입증을 하여야 합니다. 전원된 병원에서 이전 동물병원에서의 진료행위가 문제가 있다는 취지의 소견서 등 문서를 작성해 주는 경우는 극히 드물어서, 보통 소송을 제기하여 진료기록감정을 통해 진료상 주의의무 위반을 입증해야 합니다.

동물의료사고의 경우 전문적인 의학지식이 필요하고, 입증가능성, 손해배상의 정도 등을 종합적으로 고려해야 하므로, 관련 자료를 가지고 별도의 상담을 받은 뒤 소송 등 법적 조치를 취하는 것이 필요합니다.

관련 규정

＊ **민법 제390조(채무불이행과 손해배상)** 채무자가 채무의 내용에 좇은 이행을 하지 아니한 때에는 채권자는 손해배상을 청구할 수 있다. 그러나 채무자의 고의나 과실없이 이행할 수 없게 된 때에는 그러하지 아니하다.

제393조(손해배상의 범위) ①채무불이행으로 인한 손해배상은 통상의 손해를 그 한도로 한다.

②특별한 사정으로 인한 손해는 채무자가 그 사정을 알았거나 알 수 있었을 때에 한하여 배상의 책임이 있다.

제750조(불법행위의 내용) 고의 또는 과실로 인한 위법행위로 타인에게 손해를 가한 자는 그 손해를 배상할 책임이 있다.

36 디스크 수술 후 상태가 나빠졌으며, 추가 비용 지급

종: **말티즈**

성별: **남**

나이: **10년**

내용 : 충남에 거주하는 말티즈(둘리) 보호자입니다. 우리 둘리와 부모님과 가족같이 생활하고 있습니다. 둘리는 건강하고 식성도 좋으며 활발합니다.

2019년 12월 10일경 종일 움직이지도 않고 자기 집에서 나오지도 않았습니다. 이름을 부르면 어렵게 일어나 다리를 약간 절뚝거렸고, 허리 아래 부분을 만지면 아파했습니다. 그래서 A동물의료원에 갔습니다. 낯선 곳이라 당황해서 그런지 아픈 기색을 보이지 않았고, 수의사는 바닥에 내려놓으며 좀 떨어져서 불러보라고 하셨습니다. 정상적으로 활발하게 움직이는 걸 보고, 수의사도 정상 같다며 정확한 원인을 모르겠다고 하셨습니다.

병원에서 돌아온 저녁, 둘리는 방 한쪽 구석에 누워서 다리가 저린 듯 바르르 떨었습니다. 힘겹게 일어나는 둘리를 보며 동영상을 찍어 A동물의료원 수의사한테 메신저로 보냈습니다. 신경에 문제가 있는 것 같아 MRI를 찍어 봐야 할 것 같다고 하며, B병원과 C병원 두 곳을 추천하여 주셨습니다. 인터넷으로 검색해보니 후기도 좋아, 거리상 가까운 B병원에 12월 18일경 전화하여 12월 21일 예약했습니다.

2019년 12월 21일, B병원 원장님께서는 일단 초음파와 CT를 촬영하고 혈액검사 등 여러 가지 검진을 해 주셨고, 다행히 모두 정상으로 나와, MRI로 디스크인지 확인해야 한다고 했습니다. 40% 이하면 다른 방법이 있지만, 50% 이상이면 수술을 해야 하고, 수술하지 않으면 신경이 빠져, 점점 굳어져서 나중에는 방법이 없다고 하셨습니다.

14시경 MRI를 찍고 결과를 확인하니 둘리는 50% 초반이었습니다. 점점 나빠져서 걷지도 못할 거라는 말에 수술을 진행하기로 했고 중성화 수술도 함께 진행하기로 했습니다. 17시 30분경 수술은 끝났지만, 체온이 떨어져 있어 온도를 높인 후 둘리와 만날 수 있다고 했습니다. 잠시 후 허리에 붕대를 감은 둘리를 보았습니다. 원장님은 수술이 잘 되었다고 하시면서 5일 후에는 퇴원할 수 있다고 말씀해 주셨습니다. 당분간 입원을 해야 한다고 하시며, 수술 비용으로 356만 5천원을 청구했습니다. 나중에는 입원료만 내면 될 것 같다고 하였습니다. 6개월 할부로 계산하고 19시 30분경 집으로 돌아왔습니다.

하지만 5일이 지나도 병원에서 퇴원하라는 연락이 없었습니다. 매일 사진만 찍어서 줄로 배뇨했고, 밥을 제공했다고만 보내주었습니다. 2주 후에도 연락이 없어, 원장님과 통화하니 "좀 기다려 주셔야 할 것 같다."라고 하셨습니다. 어떻게 된 일인지 궁금하여 2020년 1월 4일 B병원으로 찾아갔습니다. 간호사가 둘리를 안겨주길래 바닥에 내려놔도 되냐고 물었더니 안고만 있으라고 했습니다. 소파에 내려놓으니 병원에 오기 전보다 더 다리를 못 움직이고 소파에서 다리를 질질 끌며 이동하는 모습을 보였습니다. 다리를 만져보았지만, 둘리는 감각도 못 느끼고 꼬집어도 아픈 줄 몰랐습니다. 손님들이 많아서 크게 소리도 못 쳤지만, 한순간의 실수로 둘리에게 많은 고통을 주는 것 같아서 울음이 나왔습니다. 자책감이 들었습니다. 원장님은 토요일이라서 나오지 않으셨다며 월요일에 통화하라고 했습니다. 병원에서는 말도 못 하고 "병원에서 개를 더 병신 만들어놨다."라고 전화로 따졌습니다.

2020년 1월 6일 월요일에 원장님께서 전화를 주시며, "더 기다려 봐야 할 것 같다."라고만 하셨습니다. 5일 후에는 퇴원하라고 하셨는데 어찌 된 일이냐고 재차 물어도 계속 "기다려봐야 할 것 같다."라고만 하셨습니다. 이후 병원에서는 케이지에 가둬져 있는 사진만 보내주고, 식사는 잘하고 배뇨도 줄로 하고 있다고 메신저로 보내왔습니다.

2020년 1월 11일 다시 B병원으로 찾아갔습니다. 간호사가 둘리가 있는 케이스를 알려 주며, 허리를 자주 움직이면 안 되니 안에서만 보라고 했습니다. 둘리를 안고 싶다고 하자, 멋쩍은 듯 꺼내주었습니다. 이번에도 둘리의 다리를 꼬집어 봤습니다. 다행히 미동과 함께 살짝 다리를 빼는 모습에 안도의 한숨이 나왔습니다. 진료실로 들어가 어떻게 된 일인지 물었습니다. 원장님은 "왜 그런지 이상하다."라며 고개만 갸우뚱하시고, 수술한 몇 개의 뼛조각과 수술한 허리 사진, MRI 사진, 중성화 사진만 보여주셨습니다. 수술이 잘못된 게 아닌지, 초반이면 약이나 침 등 물리치료로 해야 했지 않냐고 물었습니다. 원장님은 "시멘트에 소나무를 심으면 금방은 뽑히지만 굳으면 뽑히지도 않는다."라며 기분 나빠 하셨습니다.

계속 한풀이 하며 저번에는 다리를 꼬집어도 둘리가 몰랐는데 오늘은 다리를 좀 뺐다고 말씀드리니, 걱정하지 말라 하셨습니다. 병원비도 많이 나오지 않겠냐는 말에 감면해 준다고 하셨고, 설날 명절 전까지는 무슨 일이 있어도 걸어서 보내겠다고 약속하셨습니다. 하지만 명절이 지나도 연락도 없고, 침 치료 사진과 동영상만 찍어 보냈습니다.

연락도 없고 A동물의료원에 하소연하니, 거기서는 MRI 결과를 보지 못한 상태라 뭐라 말할 수 없고, 절대 그 병원과 인프라가 잘못 구성된 건 아니라며 재활치료에 들어간 것 같다고 하셨습니다.

2월 1일 B병원에서 원장님께 전화가 와, 말 못 하는 짐승한테 너무 고통을 주는 것 아니냐며 따졌습니다. 원장님은 다음 주 토요일에 다시 전화하겠다며 끊었지만, 2월 8일에도 연락은 없었습니다. 저는 둘리를 데려오고 싶습니다. 언제까지 기다려야 되는지도 말씀도 안해 주시니, 마냥 기다릴 수 없습니다. 밤마다 둘리 사진을 보면 억장이 무너지고 잠도 못 들어, 뒤척이고 있습니다. 오히려 정신적 피해를 요구해야 할 것 같습니다.

두 번째는 추가 비용 문제입니다.

수술 비용은 수술한 날 모두 지불해서 없을 것 같은데 추가 비용이 얼마인지도 모르는 상황에서 감면해준다는 원장님 말에 대해, 왜 원장님께서 잘못한 수술을 제가 지불해야 하는지, 신뢰가 가지 않은 원장님 말씀을 언제까지 믿어야 하는지 모르겠습니다. 추가 비용은 절대 지불하고 싶지 않습니다.

원장님의 계속된 거짓말로 더는 믿음이 가지 않습니다. 2020년 2월 13일이면 둘리가 수술한 지 54일이 됩니다. 수술을 잘못하셨다는 인정과 둘리를 원 상태로 돌려주셨으면 하고, 추가 비용 없이 둘리를 데려왔으면 합니다.

디스크가 재발하지 않는다는 보장도 없습니다. 병원에서 기다리다가 디스크가 재발하였다는 강아지도 보았습니다. 디스크 수술은 침 치료와 병행하면 늦어도 3주면 걸을 수 있다고 알고 있습니다. 이렇게 오래 기다릴 것 같았으면 대전에서 수술하지도 않았을 겁니다.

인테넷을 검색하던 중 반려동물 무료 법률상담을 해 주는 곳이 있다 하여 연락하게 되었습니다. 둘리를 데려올 방법과 병원에서 추가 비용 요구 시 어떻게 처리를 해야 하는 지 자문하고 싶습니다.

상담

먼저 아파하는 둘리와 힘든 시간을 보내고 있을 가족들께 위로의 말씀을 전합니다. B병원 원장이 수술을 제대로 하였는지, 적절한 치료를 하였는지 등은 불분명하긴 합니다. 그러나 원장 스스로 5일의 치료기간을 고지하였고, 귀하께서 말씀하신 것과 같이 통상 3주면 치료가 되는 경우라면 현재 둘리의 상황은 예외적인 경우에 해당한다고 할 것입니다. 사람이든 동물이든 수술이라는 것은 위험성이 따르고, 같은 수술을 하더라도 결과는 다르게 나타날 수 있기는 합니다. 그러나 둘리는 수술 이후에 그 이전보다 상태가 급격하게 나빠졌고 입원기간도 상당성을 초과한 것으로 보입니다. 원장은 적절한 처치를 하였다고 주장하면서 도의적으로 일부 치료비 감면 정도만 해 주려는 의사인 듯 한데, 그렇다면 귀하와 추가 비용 지급에 관해서 지급의무 발생여부 및 그 범위에 다툼을 피하기는 어려워 보입니다. 추가 비용과 관련한 권리의무관계는 귀하께서 원고로서 원장을 피고로 하여 법원에 '채무부존재 확인소송'을 제기하셔서 판단을 받으시는 것이 가장 유효한 방법입니다.

'채무부존재 확인소송'이란 권리 또는 법률관계에서 범위의 다툼이 있는 경우 존부확인에 관한 판단을 청구하는 것을 말합니다. 소 제기 시 법원에 인지대 및 송달료를 납부하셔야 하는데, 비용은 아래 산식에 따라 산정되고, 그 비용이 부담스러운 수준은 아닙니다.

인지대는 소송목적의 값(소가)에 비례하여 정해진 산식에 따라 산정합니다. 소가 1천만원 미만인 사건의 인지액 산식은 〈소가×50/10,000〉입니다. 송달료는〈당사자수 × 4,800원 × 15회분〉입니다. 다만 이후 둘리의 상태에 관한 추가 감정료가 발생할 수 있습니다.

소송에서 입증이라는 것이 결코 쉽지는 않은 과정이기는 하나, 만약 소송에서 원장의 잘못이 입증된다면 추가 비용 지급을 면하실 수 있습니다. 또한 별도의 손해배상청구로 이미 지급하신 수술비, 둘리의 향후치료비 또는 위자료 등도 지급받으실 수 있습니다.

과잉진료 및 의료사고로 인한 쇼크사

종: **닥스훈트**

성별: **여**

나이: **8년**

내용 : 외출 후 집에 왔는데 반려견(원두)가 반 봉지 정도 남아있는 초코송이 과자를 조금 먹었습니다. 병원에 전화하고 방문하니, 엑스레이를 보는 등의 조치 없이 구토 유발 주사를 놔주었고, 강아지가 토를 해야 하는데 안 했습니다.

그러니까 또 약을 먹여야 한다고 말해서 알약일 것으로 생각했습니다. 그런데 호스 같은 걸 가져오고 무슨 약인지에 대한 설명도 없이 주입했습니다. 위험하다는 말이나 쇼크에 대한 설명을 해 주셨다면 애초에 그 약을 주입하지도 않았을 것입니다.

약을 넣는 도중, 갑자기 멀쩡하던 강아지에게 쇼크가 와서 거품을 물고 숨을 안 쉬는데, 담당 선생님은 당황하더니 원장 선생님을 불렀습니다. 나중에 오신 원장 선생님이라는 분은 호흡이 돌아왔다면서 진료실을 나갔다가 다시 들어왔다가 또, 담배 피우러 가고 하셨습니다.

그러다 원두의 상태가 갑자기 나빠졌고 죽었습니다. 꼭 토를 해야 하냐는 제 물음에, 담당 선생님은 집에서 걱정하기보다는 간단하게 구토만 시키면 된다고 하더니 저희 강아지를 죽였습니다.

저희 지역에서 많은 사람이 이용하는 병원인데, 이렇게 간단한 치료조차 하지 못하는 병원을 어느 누가 믿고 갈까요. 의료사고, 과잉진료에 관련해서 많은 사례를 찾아보았지만, 저희같이 어처구니없는 사례는 없었습니다.

저는 아직도 원두가 고통스러워하던 모습이 눈에 선하고 어떻게 해야 할지도 모르겠습니다. 내 목숨보다 사랑했던 가족이고 전부였는데, "어떻게 보상해 주면 좋겠냐."고 묻길래 "살려내는 것밖에 바라는 게 없는데 무슨 보상이냐."라고 하였습니다. 그러니 "어쩔 수 없는 일이 일어났고 자기도 이런 상황이 처음이라

오히려 본인도 힘들다."라고 말했습니다.

그러면서 "같은 종 강아지를 새로 분양해달라고 하시면 해 주겠다." 이런 말까지 하는데, 아무리 동물이 물건 취급받는다고는 하지만 동물병원에서 오랫동안 진료하시는 분이, 죽은 저희 강아지를 앞에 놓고 할 말은 아니지 않나요?

저와 가족은 일상생활이 전혀 안 되고 준비도 안 되어 있는 상태에서 보냈기 때문에 정말 매일매일 죄책감과 죽고 싶다는 생각을 수십번씩 합니다.

상담

갑작스럽게 원두를 떠나보내신 충격과 슬픔에 위로의 말씀을 드리고 싶습니다.

법률적인 책임소재 규명에 있어서 수의사의 치료행위에 잘못이 있었고 그로 인하여 원두가 사망에 이른 것을 밝히는 것은 간단하지 않은 문제이기는 합니다.

그러나 원두가 동물병원에 갈 당시 심각한 상태가 아니었음에도 수의사의 치료행위 중 갑작스러운 상태 악화와 나아가 그 자리에서 사망에까지 이른 정황상, 수의사의 과실이 있었을 것이라는 의심이 강하게 듭니다. 게다가 수의사가 아무런 설명도 없이 임의로 치료행위를 강행한 것은 통상의 주의의무, 고지의무를 위반한 것으로 볼 수도 있습니다.

그러나 대단히 유감스럽게도 현행법상 수의사의 진료상 과실이 인정된다고 하더라도, 그에 대한 책임은 금전배상 외에 피해를 전보받을 수 있는 방법이 없다는 한계가 있습니다. 불법행위로 인한 손해배상책임의 범위는 원칙적으로 재산상손해액, 예외적으로 정신적손해액(위자료)까지입니다. 또한 현재까지의 법원 판례는 반려견의 사망 등에 대한 손해배상액을 사회 일반적인 법감정에 비하여 매우 적게 인정하고 있습니다. 따라서 이와 유사한 사례에서 피해자들은 민사 손해배상청구소송을 하더라도 적정한 피해구제를 받지 못하고 실익도 없어 대부분 포기하게 되는 것이 안타까운 현실입니다.

38 수의사의 치료행위 중 상태 악화와 결과지 미배부

종:	**믹스견**
성별:	**여**
나이:	**1년 6개월**

🐾 **내용 :** 아이가 힘이 없고 숨을 가쁘게 쉬고 가끔 토하여 병원에 내원하였습니다. 저는 일 때문에 늦게 도착했고 먼저 수액을 맞추고 구토 억제제도 투여했다고 했습니다. 혈액 검사를 마친 후, 아이를 봤는데 넥카라에 토 자국이 있기에 토한 것 같다고 하였습니다. 그랬더니 "토를 할 수도 있어요."라고 대수롭지 않게 이야기했습니다. 제가 찾아보기에는 폐수종인 것 같아, "혹시 폐수종은 아닐까요?"라고 물었습니다. 수의사가 혈액 검사 결과를 보고 "폐수종이면 검사 결과가 이렇게 나올 리가 없다."라고 말을 하기에 그럼 아닌 거구나 생각했습니다. 저는 폐수종이 혈액 검사 결과로 나오는 줄 알았습니다.

나중에 초음파 검사 후 위랑 장을 찍어보니 물이 찼다며, 토를 한 게 당연하다고 대답하고 끝났습니다. 그래서 제가 "그럼 아까 구토억제제 넣었잖아요. 그럼 안 되는 거 아니에요?"하고 물으니 "괜찮다."라는 답변만 받았습니다. 이후, 장 운동약을 넣어 빼야 한다고 하길래 잘 부탁한다고 하고 기다렸습니다. 그리고 수의사가 24시 병원에 꼭 가라고 말했고, 결과지를 주지 않은 채 퇴근했습니다.

수액밖에 답이 없다고 하니 일단 수액을 맞추었고, 시간이 지나도 결과지가 오지 않아 수의사의 퇴근 전 전화했습니다. 병원이 문 닫는 시간보다 수의사가 일찍 퇴근하였고, 종일 검사한 결과지가 있어야 24시 병원에서 지금까지 한 검사를 반복하지 않을 것 같아 계속 전화했습니다. 그때 아이의 경련이 시작됐고, '으어어어어' 하는 소리와 함께 몸을 뒤틀며 고통스러워했습니다. 그리고는 피를 토하고 심정지가 왔습니다. 미세하게 심장이 뛰고 있다는 엄마의 말씀에, 결과지는 뒤로 하고 24시 병원에 달려가 해 주실 수 있는 건 다 해달라고 울며

절규했지만 아이는 떠난 뒤였습니다.

그 후 한참이 지나도 결과지를 보내주지 않아 찾아갔더니, 그제야 "검사는 24시 가서도 다시 해야 한다."라는 소리를 하더군요.(본인이 까먹고 퇴근했으니 그걸 모면하기 위한 거겠죠.)

제가 저녁에 한 검사 결과를 찍으려고 해도 어차피 보내줄 건데 왜 찍냐고 막던 수의사는 사전에 24시 병원 가면 검사를 처음부터 다시 해야 한다는 사실을 알면서 하지 않아도 되는 검사들을 시켰고, 하지 말라는 검사까지 다 넣어서 했습니다. 그걸 미리 고지하고 아이가 다른 병원에서 빠른 처치를 받을 수 있도록 해야 하는 것 아닌가요? 그렇게 말하고는 본인이 서비스로 해준 것도 있으니 퉁치랍니다. 그리고 다 죽어가는 애를 자기네에게 떠넘겼다고 하더군요.

아픈 아이들을 많이 봤는데, 저희 아이 수치가 그 아이들보다 낮았고 저희 아이보다 번 수치가 거의 2배 정도 높은 아이들도 지금까지 잘 살아있습니다.

"뒤통수를 쳤다, 돈이 그렇게 있으신 분이 검사 하나 더 했다고 전화로 따지냐, 자기가 왜 미안해야 하냐."라는 소리를 들었습니다. 그리고 제 SNS와 강사모 아이디를 다 뒤져, 일주일 안에 글을 지우지 않으면 고소하겠다고 협박했습니다.

그렇게 죽었다는 게 이해되지 않아 찾다 보니 나온 게 폐수종입니다. 폐수종은 이뇨제와 강심제로 치료했다면, 아이는 살아있을 수 있습니다. 제가 폐수종인지 물었을 때 그럴 리가 없다가 아니라 엑스레이나 다른 걸 더해보자고 했다면 아이가 괜찮아졌을 수 있습니다. 그리고 폐수종이나 물이 찼을 때, 아이에게 수액은 치명적이라고 알고 있습니다. 하지만 수의사는 계속 췌장염에만 집중해 제가 심장이 어떠냐고 물었을 때 "1분에 30회 이상이 안 좋은 건데, 30회가 되지 않는다며 멀쩡하다."라고 하였습니다.

심장이 멀쩡하던 아이가 심정지로 갔는데, 단지 신부전과 췌장염이 있는 아이가 죽을 상황인가요? 혈액검사로 아이가 폐수종인지 알 수 있나요? 위랑 장에 물이 찼는데 장운동 약을 넣어줘야 한다고 했습니다. 물을 빼기 위해서는 이뇨제를 넣는 게 맞지 않나요. 아이에게 구토 억제제를 투여하고 물이 찼는데 어떡하냐고 하니 괜찮고, 심장도 멀쩡하다고 했습니다. 물이 찬 아이에게 수액밖에 답이 없다며 수액만 계속 고집했는데, 물이 찬 아이에게 수액은 안 좋지 않나요?

아이가 간지 오늘 49일째 되는 날입니다. 부디 정확한 소견 부탁드립니다. 매번 가던 병원이라고 그래도 믿고 그 병원을 데리고 간 것을 후회하고 자책합니다.

자신들에게는 돈으로만 보였던 그 아이가 하늘나라에서 제 세상이었던 속이 깊고 겁이 많았던 녀석이 억울해하지 않도록 답변 부탁드립니다.

상담

갑작스럽게 반려견을 떠나보내신 충격과 슬픔에 위로의 말씀을 드리고 싶습니다.

법률적인 책임소재 규명에 있어서 수의사의 치료행위에 잘못이 있었고 그로 인하여 반려견이 사망에 이른 것을 밝히는 것은 간단하지 않은 문제이기는 합니다. 그러나 반려견이 동물병원에 갈 당시 심각한 상태가 아니었음에도 수의사의 치료행위 중 갑작스러운 상태 악화와 나아가 사망에까지 이른 정황상, 수의사의 과실이 있었을 것이라는 의심이 강하게 듭니다. 게다가 수의사가 충분한 설명을 하지 않은 점, 과잉진료를 한 것으로도 보이는 점, 결과지 교부와 관련된 잘못 등에 비추어 통상의 주의의무를 위반한 것으로 볼 수도 있습니다.

하지만 대단히 유감스럽게도 현행법상 수의사의 진료상 과실이 인정된다고 하더라도, 그에 대한 책임은 금전배상 외에 피해를 전보 받을 수 있는 방법이 없다는 한계가 있습니다. 불법행위로 인한 손해배상책임의 범위는 원칙적으로 재산상손해액, 예외적으로 정신적 손해액(위자료)까지 입니다. 또한 현재까지의 법원 판례는 반려견의 사망 등에 대한 손해배상액을 사회 일반적인 법 감정에 비하여 매우 적게 인정하고 있습니다. 따라서 이와 유사한 사례에서 피해자들은 민사 손해배상청구소송을 하더라도 적정한 피해구제를 받지 못하고 실익도 없어 대부분 포기하게 되는 것이 안타까운 현실입니다.

39 의료사고 여부, 동물병원과 치료비 분쟁

종: 말라뮤트

성별: 여

나이: 11년

🐾 **내용** : 2020년 4월 7일 교통사고를 당한 반려견(짱구)을 위해 수소문하여 수술이 가능한 병원을 찾았습니다. 짱구 상태를 정밀검사한 후 수술비와 수술 후 약 3일의 입원비를 포함한 견적으로 5백만원(엉덩이 및 다리뼈 골절상태)을 제시받았지만, 애정으로 치료를 결심했습니다.

4월 8일 저녁, 수술을 집도하여 잘 마쳤다고 통보받았으나, 1주일 정도 더 입원해야 퇴원할 수 있다고 통보받았습니다. 1주일 후, 내원하니 혼자 직립할 수 없는 상태라 각종 치료를 더 받아야 한다며 추가 비용을 요구했습니다.(입원비보다 저렴한 호텔 비용으로 1일 5만원 정도 요구) 이에 처음 금액인 5백만원에 퇴원할 수 있도록 요청했으나 추가 비용을 주장했습니다. 2~3일 지난 후, 갑자기 재수술 동의를 요구하는 전화가 왔고 짱구에게 도움이 되도록 무상으로 추가 재수술을 하겠다고 말했습니다. 재수술 비용과 애초에 요구했던 추가 비용(1일 5만원)도 받지 않고 재수술하고, 1주일 정도 후에 퇴원할 수 있게 한다고 하여 짱구 재수술에 화는 났지만 어쩔 수 없이 동의했습니다.

재수술 후 1주일이 지난 후에도 직립이 불가능했고 걷지도 못해, 수술이 잘못되었다는 생각이 들 수밖에 없었습니다.

재수술 2주 후 호전되지 않은 상태였으나, 퇴원해서 직접 케어하거나 추가 비용(1일 5만원)을 내거나 결정하라고 하였습니다. 짱구 상태는 여전히 직립 불가(대소변 받아야 하는 상황 여전)였기에 황당했고, 보호자도 짱구 상태를 호전시키기 위해 노력을 해야 한다는 말을 들으니, 5백만원 들여 수술시킬 생각한 게 후회되었습니다. 애초에 안락사를 선택했었어야 했다는 생각까지 들었습니다.

처음 수술 결정 후, 계약금의 일부라도 지불해야 수술이 가능하다고 해서 2백만원을 송금했고, 퇴원 시 잔금을 주는 조건이었는데 병원은 재수술 후 잔금과 추가 비용을 요구했습니다. 그 과정에서 감정싸움으로 번졌고 처음 응대했던 원장은 빠지고 자기가 집도의라며 대표원장이 응대자로 바뀌었습니다. "수술이 잘 되었고 짱구가 극복을 못 하는 걸 잘 치료해 주려고 하는데, 돈 가지고 문제 일으킨다."라며 법적 조치를 취하겠다고 큰소리쳐 어이가 없었습니다.

원장 교체 후 추가 비용에 대해 재차 물으니 "기대하기를 2주 정도 후에는 퇴원할 수 있지 않을까." 한다고 해서, 최대한 언제 정도면 퇴원 가능할지 재차 물으니 "4주 정도면 충분하지 않을까 기대한다."라며, "그래도 안 되면 그건 신의 영역이다."라고 말했습니다. 자신 없다는 소리로 들렸습니다.

2주 후에도 4주 후에도 연락이 없어, 내원해보니 여전히 직립도 걸음도 안 되는 상태였고, 혼자 서서 걷기라도 했으면 하는 희망으로 내원했으나 역시 기대일 뿐이었습니다.

차라리 짱구를 안락사시키는 게 옳다고 생각해, 안락사 방법을 문의했으나 당 병원은 안락사시키지 않는 게 원칙이라며, 병원비 정산 후 안락사시키든지 하라고 말했습니다.

짱구가 볼모가 된 느낌이고 어찌해야 할지 답답합니다.

일반적인 개는 수술 후 3일 정도면 뛰어서도 퇴원한다고 합니다. 하지만 짱구는 나이가 있고 몸무게도 많이 나가 일반적인 개와 다를 수 있다는 병원 주장이 황당합니다. 모든 부분을 고려해서 수술 견적을 잡고 집도한 건 아닌가 하는 생각도 듭니다.

보호자의 입장은 짱구가 뛰지는 못해도 최소한 걸어 나갈 수 있겠다는 희망에, 수술을 결정한 건데 이런 지경이 된 것이 어떻게 정상적일까요.

1차 수술이 잘못되어, 2차 재수술을 한 것이 의료사고라는 생각이 들며, 골든타임을 놓친 게 아닐까 하는 의심이 드는 게 사실입니다. 의료사고를 언급했더니 직접 증명해보라 하여 황당합니다.

상담

본 사안에서 동물병원 원장이 수술을 제대로 하였는지, 적절한 치료를 하였는지 등은 불분명하긴 합니다. 그러나 원장 스스로 최초에 3일 정도 입원 치료기간을 고지하였음에도 4주 이상 회복이 되지 않는다면 예외적인 경우에 해당한다고 할 것입니다. 사람이든 동물이든 수술이라는 것은 위험성이 따르고, 같은 수술을 하더라도 결과는 다르게 나타날 수 있기는 합니다. 그러나 짱구는 수술 이후 상태가 전혀 호전되지 않은 것으로 보이고, 입원기간도 상당성을 초과한 것으로 보입니다. 다만, 의료사고의 입증은 굉장히 까다로운 측면이 있습니다. 동물병원 측에서 추가치료비를 계속해서 요구하고 있으므로, 귀하와 추가치료비 지급에 관해서 지급의무 발생 여부 및 그 범위에 다툼을 피하기는 어려워 보입니다.

추가치료비와 관련한 권리의무관계는 귀하께서 원고로서 원장을 피고로 하여 법원에 '채무부존재 확인소송'을 제기하셔서 판단을 받으시는 것이 가장 유효한 방법입니다. '채무부존재 확인소송'이란 권리 또는 법률관계에서 범위의 다툼이 있는 경우 존부확인에 관한 판단을 청구하는 것을 말합니다. 소 제기 시 법원에 인지대 및 송달료를 납부하셔야 하는데, 비용은 아래 산식에 따라 산정되고, 그 비용이 부담스러운 수준은 아닙니다.

인지대는 소송목적의 값(소가)에 비례하여 정해진 산식에 따라 산정합니다. 소가 1천만원 미만인 사건의 인지액 산식은 〈소가×50/10,000〉이고, 송달료는 〈당사자 수 × 4,800원 × 15회분〉입니다. 다만 이후 짱구의 상태에 관한 추가 감정료가 발생할 수 있습니다.

소송에서 입증이라는 것이 결코 쉽지는 않은 과정이기는 하나, 만약 소송에서 원장의 잘못이 입증된다면 추가치료비 지급을 면하실 수 있습니다. 또한 별도의 손해배상청구로 이미 지급하신 수술비, 짱구의 향후치료비 또는 위자료 등도 지급받으실 수도 있습니다.

반려견의 수술 후 건강 악화, 오진

종: 코커스패니얼

성별: 남

나이: 10년

내용 : 제가 자식처럼 10년 동안 키우던 강아지가 5월 25일 무지개다리를 건넜습니다. 췌장염 이력을 알면서도 여러 번의 마취를 하며 수술을 강행했고, 이상이 생겨 다시 입원시켜 검사하였습니다. 간 수치가 높다는 사실은 간과하고 다른 검사만 진행하여 오진했습니다. 오진으로 인해 손해배상(양쪽 병원비만 약 400만원)을 청구하려 합니다. 아이 상태가 너무 안 좋아졌고 결국 억울하게 죽게 되었습니다.

상담

갑작스럽게 반려견을 떠나보내신 충격과 슬픔에 위로의 말씀을 드리고 싶습니다.

법률적인 책임소재 규명에 있어서 수의사의 치료행위에 잘못이 있었고 그로 인하여 반려견이 사망에 이른 것을 밝히는 것은 간단하지 않은 문제이기는 합니다.

그러나 귀하께서 원장이 아닌 집도의의 수술을 중지 요청하였음에도 수술이 이루어진 점, 원장이 반려견이 췌장염을 앓았을 당시 마취를 하면 안된다고 한 사실이 있어 귀하께서 수차례 재확인을 하였는데, 원장은 귀하에게 괜찮다고 한 점, 수술 후 반려견의 급격한 건강 악화와 발병, 혈뇨를 방광염이라고 오진한 점 등 반려견이 사망에까지 이른 정황상, 수의사의 과실이 있었을 것이라는 의심이 강하게 듭니다.

유감스럽게도 현행법상 수의사의 진료상 과실이 인정된다고 하더라도, 그에 대한 책임은 금전배상 외에 피해를 전보 받을 수 있는 방법이 없다는 한계가 있습니다. 불법행위로 인한 손해배상책임의 범위는 재산상손해액(수술비 등 치료비 및 반려견의 분양대금)과 정신적손해액(위자료)까지입니다. 또한 현재까지의 법원 판례는 반려견의 사망 등에 대한 손해배상액을 사회 일반적인 법감정에 비하여 매우 적게 인정하고 있습니다. 따라서 이와 유사한 사례에서 피해자들은 민사 손해배상청구소송을 하더라도 적정한 피해구제를 받지 못하고 실익도 없어 대부분 포기하게 되는 것이 안타까운 현실입니다.

41 주치의가 실험적으로 처방한, 강아지와 맞지 않는 약으로 인한 사망

종: 요크셔테리어

성별: 여

나이: 8년

내용 : 반려견(티나)는 L.A 2011년 7월 29일생이며, 2016년 한국으로 넘어왔습니다. 2015년 뇌수막염이 발병했고, 미국에서는 간질로 Levetriacetam을 하루 3번 1년간 투약했으며, 한 달에 2번 발작이 있었습니다. 한국으로 들어와서 갑자기 몇 시간 만에 발작이 3번 왔고, 응급실로 입원한 후 MRI 소견이 뇌수막염이었습니다. 스테로이드를 처방받았고, 근 4년간 스테로이드를 최대한 낮추기 위해 최소한의 스테로이드를 유지하고 있었습니다. 서울에서 용인으로 이사와 병원을 바꿨고 한국에 들어와 병원을 20번 옮겼습니다. 왜냐하면 방문한 병원 80%의 수의사들은 협박 아닌 협박으로 상담 때마다 자신의 안전을 우선에 두었으며, "이 아이는 어차피 죽을 아이니 언제 죽어도 우리는 잘못이 없다."라는 입장을 보였기 때문입니다. 수의사와 합의해 최대한 아이에게 부담 가지 않는 스테로이드와 약물 처치가 가능한 병원을 골랐고, 그나마 4년간 유지가 되고 있었습니다. 하지만 마지막 동물병원에서는 "스테로이드를 쓰지 않는다. 우리는 대학병원 교수가 만든 처방을 쓴다."라고 했습니다. 스테로이드에 예민했던 저는, 처음 티나가 병을 확인했을 때 "Levetriacetam이 신약이고 잘 듣다."라고 하여 사용했고 괜찮았던 기억이 있어, 그 약을 처방해달라고 했습니다. 그런데 갈수록 아이의 발병 주기가 불규칙적으로 바뀌었으며 상태도 악화했습니다. 배가 검게 변하고 눈 한쪽에 경련이 생겼으며, 한쪽 눈알이 풀렸고, 경련도 3일에 한 번, 1주일에 한 번, 이틀에 한 번 등 일정하지 않았습니다. 상담을 위해 병원에 전화해도 원장님은 항상 바쁘셨고 몇 시간 뒤에 전화를 주셔서 제대로 물어보지도 못했습니다.

11일 티나가 2시간 동안 3번의 발작 증세를 보여, 곧바로 병원에 응급상태를 알렸고 내원하겠다고 하였습니다. 하지만 수술 중이니 3시간 뒤에 오라고 하여, 전화 달라고 했고 4시간 뒤에 전화가 왔습니다. 전화를 받은 당시에 인근에 있는 이전 병원 응급실에 있었습니다. 아이에게 약이 듣질 않는다고 말하니, 주치의 원장은 "그러면 기존에 쓰던 약물을 쓰세요."라고 답했습니다. 저는 할 말을 잃었고, 당시 응급실에 계시던 이전 주치의 원장님도 그 이야기에 어이없다는 듯이 고개를 돌리셨습니다. 일단 응급실에 24시간 돌봐줄 인력이 없어 다른 동물병원으로 옮겼으나, 11일 오후 3시 40분부터 시작된 발작은 12일 오전 5시 10분까지 약 13시간 동안 멈추지 않았습니다. 결국, 티나는 무지개다리를 건넜습니다.

고의적인 의도로 실험적 처방을 해서 아이를 죽게 한 수의사와 동물병원을 고소하고 싶습니다. 가능하다면, 수의사의 면허를 정지시키고 싶습니다.

상담

우선 갑작스럽게 티나를 떠나보내신 충격과 슬픔에 위로의 말씀을 드립니다. 법률적인 책임소재 규명에 있어서 수의사의 진료행위에 고의적인 잘못이 있었고 그로 인하여 티나가 사망에 이른 것을 밝히는 것은 매우 어렵습니다.

동물보호법 제8조 제1항 제4호에서 누구든지 정당한 사유 없이 동물을 죽음에 이르게 하는 행위를 하여서는 아니 된다고 정하고 있으나, 같은 조항에서 수의학적 처치의 필요를 정당한 사유로 규정하고 있습니다. 즉, 수의사의 진료행위가 수의학적 처치의 필요가 없음에도 시행됐다거나, 수의학적 처치의 필요는 있으나 잘못된 진료행위를 하였음이 입증되어야 해당 수의사에게 책임을 물을 수 있을 것입니다.

관련 법률

✷ **동물보호법 제8조(동물학대 등의 금지)** ①누구든지 동물에 대하여 다음 각 호의 행위를 하여서는 아니 된다.<개정 2013. 3. 23., 2013. 4. 5., 2017. 3.21.>
1.목을 매다는 등의 잔인한 방법으로 죽음에 이르게 하는 행위
2.노상 등 공개된 장소에서 죽이거나 같은 종류의 다른 동물이 보는 앞에서 죽음에 이르게 하는 행위

3.고의로 사료 또는 물을 주지 아니하는 행위로 인하여 동물을 죽음에 이르게 하는 행위

4.그 밖에 수의학적 처치의 필요, 동물로 인한 사람의 생명·신체·재산의 피해 등 농림축산식품부령으로 정하는 정당한 사유 없이 죽음에 이르게 하는 행위

제46조(벌칙) ①제13조제2항 또는 제13조의2제1항을 위반하여 사람을 사망에 이르게 한 자는 3년 이하의 징역 또는 3천만원 이하의 벌금에 처한다.<신설 2018. 3. 20.>

②다음 각 호의 어느 하나에 해당하는 자는 2년 이하의 징역 또는 2천만원 이하의 벌금에 처한다.<개정 2017. 3. 21., 2018. 3. 20.>

1.제8조제1항부터 제3항까지를 위반하여 동물을 학대한 자

....

유감스럽게도 현행법상 수의사의 진료상 잘못이 인정된다고 하더라도, 그에 대한 책임은 금전배상 외에 피해를 전보 받을 수 있는 방법이없다는 한계가 있습니다. 불법행위로 인한 손해배상책임의 범위는 재산상손해액(치료비 및 티나의 분양대금)과 정신적손해액(위자료)까지입니다. 또한 현재까지의 법원 판례는 반려견의 사망 등에 대한 손해배상액을 사회 일반적인 법 감정에 비하여 매우 적게 인정하고 있습니다. 따라서 이와 유사한 사례에서 피해자들은 민사 손해배상청구소송을 하더라도 적정한 피해구제를 받지 못하고 실익도 없어 대부분 포기하게 되는것이 안타까운 현실입니다.

42 반려견 의료사고 시, 병원을 상대로 대처 방법

종: 푸들

성별: 남

나이: 7년

🐾 **내용** : 2020년 7월 1일 오전 10시경, A동물병원에 반려견(도담이)의 슬개골 탈구 수술과 치석 제거를 위하여 내원했습니다. 수술 시작 시각은 모르겠으나, 12시 경 수술이 종료되었다고 합니다. 12시경 아이가 위급하다는 전화를 받고 병원 에 방문했습니다. 원장님은 "마취회복 단계에서 아이가 힘을 주어 폐에 출혈이 발생하였다."라고 말했습니다. 도담이는 12시부터 19시까지 힘겨운 사투를 벌 였고, 끝내 하늘나라로 갔습니다.

저는 의료 지식이 없는 일반인으로 다리 수술을 하는데, 왜 폐에 출혈이 발생했 는지 도무지 이해되지 않습니다. 앞으로 병원에 어떻게 대응해야 할지 몰라, 이 렇게 반려동물 법률상담센터에 문의하게 되었습니다.

아침에 저와 함께 활기찬 모습으로 병원에 내원하였습니다. 하지만 작은 박스 에 담긴 싸늘한 주검이 되어 저희 부부 곁으로 돌아왔습니다. 정말 자식처럼 키 워왔던 강아지입니다.

상담

갑작스럽게 도담이를 떠나보내신 충격과 슬픔에 위로의 말씀을 드리고 싶습니다.

반려견 의료사고의 법률적인 책임소재 규명에 있어서 수의사의 치료행위에 잘못 이 있었고 그로 인하여 도담이가 사망에 이른 것을 밝히는 것은 간단하지 않은 문 제이기는 합니다. 사람과 달리 현행법에서 수의사의 설명의무를 규정하고 있지 않 을 뿐만 아니라, 이미 사망한 반려견의 사망원인을 부검 등의 방법으로 밝히는 것

절차도 마련되어 있지 않기 때문입니다. 귀하께서 다른 동물병원에 의료사고인지 여부에 관한 감정을 의뢰하신다고 해도 수의과적으로 가능한 사안인지, 동물병원들에서 의뢰하신 감정을 맡을지 여부도 불분명하고 가능성도 높지 않을 것으로 보이기도 합니다. 민사소송을 진행하신다면 법원을 통해 제3의 동물병원에 감정촉탁을 하실 수도 있으나, 이미 도담이가 사망한 이후라 차트를 통한 감정밖에 이루어질 수 없다면 실효성이 매우 낮은 감정이라 의미가 없게 됩니다.

현재 수의사가 도담이의 사망에 대해 어떤 태도를 취하는지 알 수 없으나, 수의사는 도담이의 수술비를 청구하는 반면 귀하께서는 도담이가 사망한 상황에 수술비까지 지급할 의사는 없으시다면, 수술비와 관련한 권리의무관계는 귀하께서 원고로서 수의사를 피고로 하여 법원에 '채무부존재 확인소송'을 제기하셔서 판단을 받으시는 방법이 있습니다.

'채무부존재 확인소송'이란 권리 또는 법률관계에서 범위의 다툼이 있는 경우 존부확인에 관한 판단을 법원에 청구하는 것을 말합니다. 이 소송에서 피고인 수의사는 자신이 수술비를 청구할 권리가 있음을 입증해야 합니다.

귀하께서 도담이의 사망에 수의사의 과실이 있을 것이라는 심증이 강하게 들고 그에 대해 책임을 묻고 싶으시다면 '손해배상청구소송'을 제기하시는 방법도 있습니다. 유감스럽게도 현행법상 수의사의 진료상 과실이 인정된다고 하더라도, 그에 대한 책임은 금전배상 외에 피해를 전보 받을 수 있는 방법이 없다는 한계가 있습니다. 불법행위로 인한 손해 배상책임의 범위는 재산상손해액(수술비 등 치료비 및 도담이의 분양대금)과 정신적 손해액(위자료)까지입니다. 다만, 소송에서 귀하께서 수의사의 고의 또는 과실로 인하여 도담이가 사망에 이르렀음을 입증해야 하는데 이는 매우 어려운 일입니다. 또한 현재까지의 법원 판례는 반려견의 사망 등에 대한 손해배상액을 사회 일반적인 법감정에 비하여 매우 적게 인정하고 있습니다. 따라서 이와 유사한 사례에서 피해자들은 민사 손해 배상청구소송을 하더라도 적정한 피해구제를 받지 못하고 실익도 없어 대부분 포기하게 되는 것이 안타까운 현실입니다.

분양
관련

43 분양받은 개의 선천성 질환과 병원비

종: 화이트 포메라니안

성별: 남

나이: 3개월

내용 : 3개월된 포메라니안(블랑이)을 분양받고, 데려온 지 하루 이틀 지난 후부터 잦은 기침을 하여(동영상 있음), 분양해 준 사람에게 문의하니 그럴 수 있다고 하여 그냥 지내왔습니다. 그러던 중 블랑이가 낙상해 병원에 방문했습니다. 의사는 치료 후, "이 아이의 심장에 문제가 있는 것 같다. 다른 병원을 가든 정밀검진을 필요로 한다."라고 했습니다. 낙상 치료를 받은 곳과 다른, 집 앞 병원에 예방접종을 하러 갔을 때도, "심장에 문제가 있는 것 같다."라며 검진을 권유했습니다. 위 두 병원과 다른 병원에서 예방 접종할 때도 역시 같은 이야기를 들어, 총 3곳의 병원에서 심장 이상에 관련한 진료를 권유받았습니다.

분양자에게 물어본 결과, "10개월까지 기다려봐라. 성견이 되면 괜찮을 거다. 지금은 장기가 너무 작아서 그렇다."라는 답변만 받았습니다.

하지만 이틀 전, 중성화 수술을 위해 방문한 3번째 병원에서 정밀검진을 권유하여, 심장 초음파를 진행했습니다. 그 결과, PDA(Patent Ductus Arteriosus, 동맥관 개존증)라는 선천적인 심장이상증으로 확인되어, 빨리 수술해야 한다는 확진을 받았습니다.

다시 분양자에게 위 내용을 전하니, "일단 2주 동안 데리고 가서 중성화를 시키겠다."라고 말했습니다. 하지만 병원에서는 지금 중성화가 중요한 게 아니라고 하였습니다. 분양자는 계속 "데리고 가보겠다."라고만 우기는 중입니다. 이후, 다른 병원에서도 PDA를 선천적인 질병으로 확진하고 정밀검진을 진행한다면 병원비(발생하는 수술비가 최소 200~400만원)를 청구하겠다고 하니, 그는 "내가 데리고 있을 때는 문제 없었다. 수술시키지 말아라. 안 시켜도 된다."라고 주장합니다. 하지만 건강검진표나 예방접종 했던 기록이 아예 없고, 병원에서는 수술을 최대한 빨리하는 게 좋고, 수술하지 않으면 1~2년 이내에 죽을 수 있다고 합니다.

법적으로 고소를 한다면 저희가 승소할 수 있을까요? 이분은 현재 애완견 피해 보상 규정 개정안만 운운하고 있습니다. 이 PDA란 병이 태어났을 때부터 선천적으로 가지는 것인데, 어떻게 하면 좋을까요? 분양 금액은 계좌이체로 진행하였습니다.

상담

신청인께서는 법원에 민사소송을 제기하시거나, 한국소비자원을 통하여 분양받은 자로부터 피해에 대한 보상을 받으실 수 있을 것으로 보입니다. 보상의 범위는 지출하신 병원비, 향후 지출하시게 될 수술비, 치료비 합계액 상당입니다. 블랑이에게 선천적인 질병이 있는 것은 민법상 '매매의 목적물에 하자가 있는 때'에 해당하기 때문에 매도인(분양받은 자)에게 하자담보책임이 있는 것이고, 매도인은 하자있는 목적물을 인도함으로써 매수인(신청인)에게 발생한 손해를 배상하여야 합니다.

관련 법률

* **민법 제580조(매도인의 하자담보책임)** ①매매의 목적물에 하자가 있는 때에는 제575조 제1항의 규정을 준용한다. 그러나 매수인이 하자있는 것을 알았거나 과실로 인하여 이를 알지 못한 때에는 그러하지 아니하다.

제575조(제한물권있는 경우와 매도인의 담보책임) ①매매의 목적물이 지상권, 지역권, 전세권, 질권 또는 유치권의 목적이 된 경우에 매수인이 이를 알지 못한 때에는 이로 인하여 계약의 목적을 달성할 수 없는 경우에 한하여 매수인은 계약을 해제할 수 있다. 기타의 경우에는 손해배상만을 청구할 수 있다.

44 강아지 분양 허위 매물 및 거래 유도, 질병 및 불공정 거래로 계약 취소 건

종:	***
성별:	***
나이:	***

🐾 **내용** : 인터넷 카페의 강아지 분양업체에서 예쁜 강아지를 20만원에 분양한다고 하여, 저희 가족은 두 번의 통화 후 분양을 결심하였습니다. 부푼 마음에 방문했더니 기존에 보았던 강아지는 있지도 않았고, 관리비 및 예방접종 비용 50만원이 따라붙는 시스템으로 실제 분양가는 80만원이었습니다. 아들 생일 선물로 약속을 하여 방문한 터라 저희 부부는 마음에는 없었지만, 아들을 봐서 구매하게 되었습니다.

집에 돌아왔는데 강아지는 계속 기운이 없었고 아침에 쇼크(이상행동)를 보여, 죽는 줄 알고 분양업체에 다시 돌려주게 되었습니다. 저희는 환불을 요구했지만, 업체 쪽에서는 "다른 견으로 교환을 받거나 강아지 안 키우실거면 관리비 50만원만 환불받으라."라고 제시를 합니다. 저희는 "다른 30만원 강아지로 교환을 받은 후, 50만원 관리는 여기서 받지 않고 병원에서 받겠다."라고 말했습니다. 하지만 분양업체 측은 오히려 화를 내며, "애견 값은 80만원이라 절대 안된다."라고 합니다.

처음부터 저희가 찾던 강아지는 없다고 말했거나 80만원이라고 표기 및 통화상으로도 말씀해 주셨다면, 저희는 그곳에 가지 않았을 것이고 이런저런 낭패는 보지 않았을 것입니다. 이는 잘못 표시한 광고, 사실 은폐, 허위매물 등록에 해당하는 듯합니다. 업체 쪽은 계약서 성립만 주장하는데 저희는 불공정 거래로 취소를 요청하는 바, 현재 분쟁 중입니다.

🐾 1. 간판 상호와 카드 상호, 계약서 상 상호가 다 다릅니다. 법적 문제에 대해 알고 싶습니다.

2. 강아지 접종 및 의료행위(관리비 포함)는 차 안, 업체 쪽에서 공공연히 이뤄지고 있는데 면허 및 장소는 법적으로 문제가 되지는 않는지 알고 싶습니다.

상담

1 해당 분양업체는 동물보호관리시스템(www.animal.go.kr)에서 동물판매업 등록업체로 확인됩니다. 간판과 상호의 불일치를 옥외광고물관리법령 및 서울시 중구 조례에서 규제하고 있지는 않습니다.

카드영수증의 주소와 해당업체의 주소가 불일치한 경우는 국세청 및 여신금융협회에 신고가 가능합니다. 주소가 불일치하는 경우는 신용카드 위장가맹점, 즉 자기 명의가 아닌 다른 가맹점 명의로 신용카드 매출전표를 발행한 업소에 해당할 수 있고, 그 경우 신고대상입니다.

그 외 거래 당시 분양업체가 동물보호법 및 동법 시행규칙 [별표10]의 영업자 준수사항 중 준수하지 않은 사항이 있다면, 구청에 민원을 제기하셔서 [별표11]에 따른 행정처분을 받게 하실 수도 있습니다.

2 분양업체가 접종 및 의료행위를 하는 것은 수의사법 위반에 해당하여 2년 이하의 징역 또는 2천만원 이하의 벌금에 처할 수 있으므로, 경찰서에 분양업자를 고발하여 처벌받게 하실 수 있습니다.

관련 법률

※ 수의사법 제10조(무면허 진료행위의 금지) 수의사가 아니면 동물을 진료할 수 없다. 다만, 「수산생물질병 관리법」 제37조의2에 따라 수산질병관리사 면허를 받은 사람이 같은 법에 따라 수산생물을 진료하는 경우와 그 밖에 대통령령으로 정하는 진료는 예외로 한다.

제39조(벌칙) ①다음 각 호의 어느 하나에 해당하는 사람은 2년 이하의 징역 또는 2천만원 이하의 벌금에 처하거나 이를 병과할 수 있다.<개정 2013. 7. 30., 2016. 12. 27.>

1.제6조제2항을 위반하여 수의사 면허증을 다른 사람에게 대여한 사람

2.제10조를 위반하여 동물을 진료한 사람

45

애견 분양 사기 및 미수채권 소멸 신청

종: 비숑 프리제

성별: 남

나이: 6개월

🐾 **내용** : 반려견을 분양받고자 인터넷을 검색하던 중, 애견 무료 분양 사이트에 미니 비숑 프리제가 있는 곳을 알게 되어 연락했고 분양을 받았습니다.(정확한 사이트 이름은 기억이 나지 않습니다.)

2019년 3월 24일 강아지 샵을 방문해 미니 비숑 프리제를 분양받았습니다.(키우면서 확인한 것은 생일이 샵에서 알려준 것보다 한 달 가량 빨랐으며, 미니 비숑이 아닌 일반적인 믹스 비숑으로 확인됐습니다.)

처음에는 무료라고 알고 있었지만, 사이트에 올라온 사진에 30~35만원 정도의 가격이 책정된 것을 보고 방문했습니다. 샵에서 안내해 준 내용은 "원래 무료이지만 강아지가 잘 자라고 있다는 것을 확인해야 하니 '책임준비금'을 예치해야 한다. 이후에 강아지가 일정 기간 잘 크고 있으면 '책임준비금'은 환불해 준다."라고 안내를 받았습니다. 책임준비금을 환불받기 위해서는 3개월간 운영 사이트에 강아지의 성장 사진을 날마다 올려야 한다는 등의 조건이 많아, '책임준비금'은 환불받지 않기로 했습니다. 기존에 사진만 일정 기간 올리고 3개월 후 강아지와 방문해 확인만 하면 되는 것으로 알고 왔습니다. 업체에서는 여러 가지 설명을 해 주었지만 '책임준비금'을 돌려받을 것이 아니라 세심하게 듣지는 못하고 작성한 서류를 가지고 돌아왔습니다.

강아지를 분양받고 3개월간 적응하는 단계라 정신 없이 지내다, 6월 24일 애견 샵이라고 하는 곳에서 '미수금 소멸' 신청을 하라는 문자를 받았습니다. '첨부된 약정서 10가지 조건을 모두 충족하지 않으면 분양 미수금 30만원을 내야 한다.'라는 내용이었습니다. 제가 분양을 받을 때는 모든 것이 샵에서 진행되는 건 줄 알았는 데, 그곳은 애견 분양만 대행하는 곳이고 '미수금 소멸' 관련 담당은 다른 곳이었습니다. 전달받은 것은 고객센터 전화번호와 약정서 하단에 적혀있는 메일 주소가 전부입니다. 고객센터 주소 등은 알 수도 없고, 이후 애견샵은 전화도 받지 않습니다.

주의 깊게 확인해야 하는 내용은 정해진 기안에 미수금을 완납하지 않으면 익월부터 2% 가산금이 발생하거나 반려견을 반납해야 한다는 내용입니다.

🐾 참고하시면 좋을 것 같아 제가 업체 법무팀이라고 하는 곳에 보낸 메일 내용과 답변서를 보냅니다.

지난 2019년 3월 24일 서울 강아지 샵에서 비숑을 분양받은 보호자입니다. 강아지를 분양받아 키우면서 돌보랴 서로 적응하느라 정신없이 지내다 어제 미수채권 약정서 사항을 전달받았네요. 분양받을 때 설명은 잠깐 들었지만 까맣게 잊고 있다 문자를 받고 당황했습니다.

일단 10가지 해당 항목에 해당하는 사항이 별로 없더라구요.

1. 강아지는 건강하게 잘 지내고 있습니다.

2. 종합백신 자가 접종으로 마친 상태입니다.(얼마 전에 중성화 수술도 마쳤습니다. 혈액검사에 대해 문의하니 수컷이라 혈당검사만 실시했다고 하십니다.)

3. 마이크로칩은 삽입하지 않았습니다.

4. 강아지를 처음 분양받은 것은 저이며, 현재도 제가 잘 돌보고 있습니다.

5. 요일을 정해 주시면 반려견과 분양처에 방문할 의사가 있습니다.

6. 외상 및 학대 흔적 없습니다.(사랑으로 가족으로 여기며 잘 키우고 있습니다.)

7. 심리상태 양호합니다.(활달한 성격에 씩씩하게 잘 지내며 사람을 잘 따르는 귀여운 아이입니다.)

8. 영양 상태는 양호하며 종합검진은 답변서를 받은 후 결정해 진행할 계획입니다.(분양해서 물품이나 병원 방문 등 비용이 많이 들어간 상태입니다.)

9. 카페에는 78일 정도 사진을 올린 것으로 알고 있습니다.

10. 약 6개월 된 비숑으로 4.5kg 정도입니다.(입양할 때 2개월 정도 됐다고 전달받았는데, 병원 및 애견샵에서 1개월 정도 생일이 더 빠른 것 같다고 합니다. 그리고 미니비숑이라고 해서 입양했는데, 미니는 아닌 것 같네요.)

애견 분양 약관 파일 첨부합니다. 내용 확인하시고 빠른 답변 부탁드립니다.

상담

신청인께서 분양 당시 약정서의 조건들 전부에 관하여 설명을 듣고, 이에 대해 동의를 하셨으며, 미수채권 약정서를 교부받았고, 이에 서명 날인하셨다면 미수채권 약정서 상의 '약정(=계약)'이 성립하게 되어 미수금 지급 책임이 발생합니다.

반면, 위 약정 성립의 요건이 충족되지 않았다면, 분양업체 측에서 신청인께 일방적으로 미수채권 약정서를 보낸 것만으로는 분양업체와 신청인 사이에 미수채권에 관한 약정이 성립되지 않습니다.

만약 분양업체가 분양 과정에 동물보호법령에서 정한 영업자 준수사항 중, 준수하지 않은 사항이 있을 경우, 구청에 신고하여 분양업체가 행정처분을 받게 하실 수도 있습니다.

❋ **동물보호법 제36조(영업자 등의 준수사항)** 영업자(법인인 경우에는 그 대표자를 포함한다)와 그 종사자는 다음 각 호에 관하여 농림축산식품부령으로 정하는 사항을 지켜야 한다. <개정 2013. 3. 23., 2017. 3. 21.>

1. 동물의 사육·관리에 관한 사항

2. 동물의 생산등록, 동물의 반입·반출 기록의 작성·보관에 관한 사항

3. 동물의 판매가능 월령, 건강상태 등 판매에 관한 사항

4. 동물 사체의 적정한 처리에 관한 사항

5. 영업시설 운영기준에 관한 사항

6. 영업 종사자의 교육에 관한 사항

7. 그 밖에 동물의 보호와 공중위생상의 위해 방지를 위하여 필요한 사항

❋ **동물보호법시행규칙 시행규칙 제43조(영업자의 준수사항)** 영업자(법인인 경우에는 그 대표자를 포함한다)와 그 종사자의 준수사항은 별표10과 같다.<개정 2018. 3. 22.>

분양 관련

46

무책임한 수분양인을 처벌할 수 있는 법률

종: **골든리트리버**

성별: **남**

나이: **5년**

🐾 **내용 :** 2017년 개인적인 사정으로 키우던 강아지를 더는 키우기 힘들게 되었습니다. 평소 강아지를 좋아하는 지인이 키워보고 싶다고 하여, 12월 1일부터 한 달 동안 강아지가 잘 적응하고 잘 지내는지 보고 입양 절차를 진행하기로 하였습니다. 강아지를 보내면서 적응을 못하면 다시 데려오겠다고 명함을 주면서 연락을 요청했습니다.

그후, 강아지를 보기 위해 지인 집에 방문했으나, 강아지가 없었습니다. 지인에게 물어보니 강아지가 적응하지 못해 과수원을 하는 다른 지인에게 보냈다고 합니다.

지인은 환경도 좋고 과수원 주인이 강아지를 좋아하니 지켜보고, 강아지가 잘 적응하면 그분과 입양에 관해 얘기해 보라고 하여 그렇게 하기로 했습니다. 그래도 저는 과수원 주인이 알고 지내던 사람이 아니라서, 강아지가 있는 과수원에 직접 방문했습니다. 강아지가 지내는 장소 및 주변 환경을 확인하고, 괜찮다고 판단하여 강아지는 그곳에서 생활하게 되었습니다.

저는 올해 4월까지 주기적으로 강아지를 보기 위해, 사료 및 간식을 사서 강아지가 있는 과수원을 방문했습니다.(방문 시 강아지를 인수한 사람은 보지 못함)

2019년 9월 7일 강아지를 보기 위해 방문하였으나, 강아지가 없는 것을 확인했습니다. 과수원 주인에게 강아지의 행방을 물어보니, 처음에는 안락사를 시켰다고 말했습니다.(녹취 있음) 저는 "해당 강아지는 인식칩이 있어 수의사가 안락사할 경우, 견주에게 연락이 오는데 아무런 연락을 받지 못하였다."라고 말했습니다. 그러자 과수원 주인은 도축장에 6월에 보냈다고 말을 바꿨습니다.

제가 확인하니 도축장에서도 반려견을 도축할 때 인식칩을 먼저 확인한 후에

도축이 가능하다고 합니다.

저는 강아지가 어떻게 되었는지 정확히 알고 싶습니다. 경찰에 신고하여 처벌받게 하고 싶습니다. 방법 및 관련 법과 절차 등을 문의합니다.

상담

1 입양 계약 위반 관련

지인에게 강아지를 입양해 준 행위가 적응을 조건으로 하였다면, 그 내용 안에 제3자에게 추가 입양을 하는 것은 배제된 것으로 해석될 수 있고, 지인이 이 조건에 위배하여 다른 견주에게 강아지를 입양한 것이라면, 계약 위반의 책임을 질 가능성이 있습니다.

다만, 그러한 조건에 따라 입양해 준 사실을 입증할 자료가 있어야 합니다. 그러한 조건이 있다는 사실을 입증하기 어렵다면, 입양 계약으로 강아지의 소유권 자체를 양도한 것으로 볼 수 있기 때문에 지인에게 계약 위반 책임을 묻지 못할 수도 있습니다.

2 반려견 사망 관련

동물보호법은 동물에 대한 학대행위를 금지하면서 그 행위 유형을 넓혀가고 있고, 이에 대한 처벌도 강화하고 있습니다.

동물보호법에 따라 누구든지 '수의학적 처치의 필요, 동물로 인한 사람의 생명·신체·재산의 피해 등 농림축산식품부령으로 정하는 정당한 사유 없이 죽음에 이르게 하는 행위'를 하여서는 아니 되고, 이를 위반한 경우 2년 이하의 징역 또는 2천만원 이하의 벌금에 처해집니다.

위 규정에서 말하는 농림축산식품부령으로 정하는 정당한 사유가 없는 경우란 '사람의 생명·신체에 대한 직접적 위협이나 재산상의 피해를 방지하기 위하여 다른 방법이 있음에도 불구하고 동물을 죽음에 이르게 하는 행위'를 말합니다.

사안의 경우 입양자가 반려견을 안락사 시키거나 도축장으로 보내 죽음에 이르게 한 것으로 보이는데, 그러한 경우 정당한 사유 없이 반려견을 죽음에 이르게 하는 행위로 볼 수 있어 입양자는 동물보호법 위반으로 처벌될 수 있습니다.

❋ **동물보호법 제8조(동물학대 등의 금지)** ①누구든지 동물에 대하여 다음 각 호의 행위를 하여
서는 아니 된다.

1.목을 매다는 등의 잔인한 방법으로 죽음에 이르게 하는 행위

2.노상 등 공개된 장소에서 죽이거나 같은 종류의 다른 동물이 보는 앞에서 죽음에 이르게
하는 행위

3.고의로 사료 또는 물을 주지 아니하는 행위로 인하여 동물을 죽음에 이르게 하는 행위

4.그 밖에 수의학적 처치의 필요, 동물로 인한 사람의 생명·신체·재산의 피해 등 농림축산
식품부령으로 정하는 정당한 사유 없이 죽음에 이르게 하는 행위

❋ **동물보호법 시행령 제4조(학대행위의 금지)** ①법제8조제1항제4호에서 "농림축산식품부
령으로 정하는 정당한 사유 없이 죽음에 이르게 하는 행위"란 다음 각 호의 어느 하나를
말한다.

1.사람의 생명·신체에 대한 직접적 위협이나 재산상의 피해를 방지하기 위하여 다른 방법
이 있음에도 불구하고 동물을 죽음에 이르게 하는 행위

2.동물의 습성 및 생태환경 등 부득이한 사유가 없음에도 불구하고 해당 동물을 다른 동물
의 먹이로 사용하는 경우

강아지 분양 후, 계약 해지

종: 이탈리아 그레이하운드

성별: 여

나이: 8개월

내용 : 9월 29일, 예전 회사 동료 집에서 강아지를 데리고 왔습니다.(분양 계약서를 따로 작성 안 함) 강아지 분양 비용으로 20만원을 이야기했으나, 5만원만 주고 나머지는 다음에 주기로 했습니다. 8개월이 된 강아지는 너무 산만하고 하울링을 하여 집에서 키우기 힘들어, 데리고 왔던 집으로 보내려고 하였으나 예전 회사 동료와 연락이 되지 않았습니다. 전화, 문자 다 보내봤지만, 받지도 않고 답장도 없습니다. 강아지를 데리고 가기 싫어 연락을 피하는 것 같습니다.

10월 3일, 강아지를 원래 데리고 왔던 집으로 돌려보내려고 합니다.

연락이 안 될 경우, 집 앞에 놓고 와도 되는지, 그럴 경우 추후 법적인 문제가 없는지, 계속 연락이 안 될 경우 어떻게 해야 하는지 궁금합니다.

상담

분양 시 계약서를 작성하지 않아도 계약은 성립됩니다. 강아지의 법적 지위는 동산인데 원칙적으로 동산에 관한 소유권의 양도는 그 동산을 인도하면 효력이 생깁니다. 귀하와 예전 회사 동료 사이에 분양대금 잔금을 지급하기까지 강아지의 소유권이 예전 회사 동료에게 있다는 특약을 한 바 없다면, 귀하께서 강아지를 데리고 올 때 강아지의 소유권은 귀하에게 귀속된 것으로 보아야 할 것입니다. 귀하께서 예전 회사 동료와 협의 없이 강아지를 예전 회사 동료의 집 문 앞에 놓고 갈 경우 이는 동물보호법에서 금지하는 '유기'에 해당하고, 동물유기는 과태료 부과대상입니다.

❋ 동물보호법 제8조(동물학대 등의 금지)

④소유자 등은 동물을 유기하여서는 아니 된다.

제47조(과태료) ①다음 각 호의 어느 하나에 해당하는 자에게는 300만원 이하의 과태료를 부과한다.<신설 2017. 3. 21., 2018. 3. 20.>

1.제8조제4항을 위반하여 동물을 유기한 소유자 등

48 입양자 민사소송

종:	**코리안 숏헤어**
성별:	**여**
나이:	**3년**

내용 : 구내염 걸린 길고양이를 구조하고 치료해, 5월 입양을 보냈습니다. 입양 후, 입양자가 연락을 잘 받지 않았고, 7월에 연락해서 고양이가 잘 지내고 있다고 했습니다. 연락을 차단하다가 9월에 연락해서는 아이가 남편 집에 잘 있다고 말했습니다.(거짓말) 그 뒤로 계속 연락이 되지 않아, 집에 찾아갔습니다. 없는 척하더니, 나중에야 아이를 입양한 후 얼마 지나지 않아 잃어버렸다고 문자를 보내왔습니다. 그 뒤로 입양자는 번호를 바꾸고 연락을 받지 않습니다.

입양 계약서에 명시된 사항을 어겨 아이의 소유권이 원 보호자인 저에게 있는 상황에서 아이를 잃어버리고 이렇게 연락 두절할 때, 민사소송 가능할까요?

분양 관련

상담

신청인과 상대방이 체결한 계약에 따라 고양이의 소유권은 신청인께 귀속될 수 있습니다. 민사소송을 통해 소유권을 확인받을 수도 있기는 하지만 안타깝게도 실익은 적을 것으로 보입니다. 민법 제394조는 손해배상의 방법으로 금전배상의 원칙을 규정하고 있습니다.

관련 법률

＊ **민법 제394조(손해배상의 방법)** 다른 의사표시가 없으면 손해는 금전으로 배상한다.

상대방이 계약상 의무를 위반한 행위에 대해서 책임을 물을 경우 그 책임은 결국 금전배상에 의하게 되는데, 그렇다면 손해배상액은 통상 그 매매(입양) 목적물의 가액, 즉 입양금액으로 볼 수 있습니다. 그래서 입양금이 없는 경우 손해배상을 받을 수 없거나, 있다고 하더라도 소송에 드는 시간과 수고, 비용 등을 고려하면 실익이 매우 적습니다. 향후 유사한 사안이 발생할 경우 이러한 불합리를 예방하고 상대방에게 무거운 책임감을 느끼도록 하기 위해서는 계약서에 '위약금(손해배상액의 예정)은 금 ○○원으로 한다.' 등의 조항을 두는 것을 고려해 보시는 것이 좋을 듯합니다.

분양과 계약 위반

종: 화이트 푸들

성별: 남

나이: 2년

🐾 **내용 :** 저는 애니멀 커뮤니케이터로 활동하고 있습니다.

2년 전 저희 강아지가 새끼 5마리를 낳아, 믿을 만한 분에게 보냈습니다. 그런데 한 마리(모찌)가 전 주인의 부주의로 감전사고를 당해, 나머지 강아지들을 다시 저의 품으로 데리고 왔습니다. 하지만 현재 제가 키우는 강아지도 3마리이고, 여러 집안일로 인해 다시 재분양을 보내게 되었습니다. 재분양인 만큼 더 믿고 확실하게 관리해 주실 수 있는 분을 알아봤습니다. 그러던 중 인상도 좋고 이미 갈색 강아지를 키우고 계시는 분이 나타났습니다. 무엇보다 현재 강아지를 키우고 계신 분이었기 믿고 보냈습니다. 이때 계약서를 쓰지 않았습니다. 처음 분양이라 제가 실수했습니다.

대신, 분양 글을 올릴 때, '① 저와 연락이 될 것, ② 다시 재분양하실 분들은 문의하지 말 것(말 그대로 재판매)'이라고 공지했습니다.

분양자를 믿었고 처음에는 연락도 잘 되었기에 계속 연락하는 게 예의가 아닌 것 같아, 연락은 1년에 한두 번 정도밖에 안 했습니다. 가끔 분양자의 메신저 프로필 사진에 기존에 키우시던 갈색 강아지와 모찌(분양 보낸 강아지)가 같이 올라와 잘 지내는 것 같아 안심했습니다. 종종 프로필 사진을 봤는데, 어느 날부턴가 모찌는 보이지 않고 원래 키우던 갈색 강아지 사진만 올라오는 겁니다. 그래서 연락을 드렸는데, 그때부터 전화도 받지 않고 메신저도 읽지 않더군요. 이게 작년부터 최근까지 이어져 왔습니다.

그러던 중 1~2주일 전쯤, 연락이 닿았습니다. 그분은 자신 없는 듯한 목소리로 "제가 사정이 있어서 모찌를 친척 집에 보냈어요. 미리 말씀드리지 못해서 죄송해요."라고 말했습니다. 몹시 화가 났지만 일단 전화를 끊었고, 이후 잘 지내고 있는지 사진과 동영상을 요청했지만 묵묵부답이었습니다. 며칠 후에야 받은 사진과 동영상에서는 허름한 집에 사는 모찌를 볼 수 있었습니다. 좋은 집에 분양보내고 싶다는 마음은 모든 보호자가 같을 것입니다. 모찌를 데리고 오고 싶은마음이 매우 컸지만, 연락도 잘되지 않는 보호자에게서 데리고 오는 것이 힘들것으로 생각해 며칠간 고민했습니다.

예전에 찍었던 영상일 수도 있을 것 같고 모찌를 데리고 오고 싶어, 문자로 "연락 부탁드립니다."라고 보냈습니다. 역시나 전화는 1주일 내내 단 한 통도 오지않았습니다.(참고로 이분의 메신저 프로필 사진을 보면 셀카 사진이 많습니다. 절대 핸드폰을 안 보는 분이 아닙니다.)

긴 장문의 문자와 메신저를 보냈고 전화를 계속 보내니, 저를 차단했습니다. 지인을 통해 문자와 메신저를 대신 전송해 달라고 부탁했고, "모찌 죽이셨나요?"라는 강한 문구도 적어 보내보았습니다. 그제야 전화가 왔습니다. 분양자(딸)의어머니가 전화하셨습니다. "한번 분양 보냈으면 내 강아지지 왜 네가 신경을 쓰냐."며 고함을 질렀고 저도 여기서 고함을 질렀습니다. 서로 고함을 지르던 중어머님의 말씀에서 "모찌를 친척 집이 아닌, 전혀 모르는 곳에 보냈다."라는 실수(거짓말)를 포착했습니다. 왜 거짓말을 했는지 물어보니 얼버무렸고, 저에게말 한마디 없이 '다른 집에 분양 보낸 것'에 대해 전혀 사과하지 않았으며, 아직까지 모찌를 데리고 있는 분의 연락처도 알려주고 있지 않습니다.

추가로, 어머님은 "왜 나한테 연락을 안 했냐."라고 따지시는데, 저는 어머님연락처를 받은 적이 없습니다. 현재 상황은 저를 협박죄로 고소하겠다고 합니다.(이 점은 사건의 본질과 관계없어 생략, 혹시나 필요하다면 말씀드리겠습니다.)

모녀는 모찌를 돌려줄 마음도 없고, 이미 잘 지내는 모찌를 다시 데려가는 게모찌를 위한 일인지 생각해 보라는 입장입니다. "이미 잘 지낸다."라는 건 본인들 생각이죠. 한번 상처받은 아이를 재파양했다는 사실에 너무도 화가 납니다. 이후로도 연락이 되지 않았고, 다시 딸과 통화가 됐습니다. 모찌를 돌려달라고하자, 딸은 실실 웃으면서 "법대로 하세요."라고 말했습니다. 한번 파양됐던 모찌를 재파양시키는 건 아니지 않냐는 저의 물음에, "그쪽이 무슨 상관이에요. 한번 보냈으면 내꺼지 왜 자꾸 시비를 거나요? 당신도 모찌 버린 거 아니에요? 왜 또 분양을 보내요? 당신도 돈 벌려고 그랬던 거 아니에요?"라고 답했습니다.

하도 연락이 안 되어 "여태까지 모찌 힘들게 하셨던 비용 다 받아내겠습니다." 라고 도발 문자를 보낸 것에 대해, 모찌로 장사했다는 이상한 생각을 하더군요. 계속 실실 웃으면서 말하는데 너무 화가 납니다.

계약서를 쓰지 않았지만 이렇게 제가 주장할 수 있는 건, 앞서 말씀드렸듯이 분양 글에 조건을 달았기 때문입니다. 분양 당시 어머님과 딸한테도 "모찌 잘 있는지 서로 연락하고 지내자."라고 말씀을 드렸고 수긍하셨습니다. 이건 어머님과 통화 당시 유도 질문을 통해 녹음해 놓았습니다. 이 사람들은 계속 잠수할 예정이라고 합니다. 너무도 화가 납니다. 저는 모찌를 데려오고 싶습니다.

상담

무상으로 강아지를 입양해 준 행위는 민법상 증여로 평가할 수 있습니다. 증여의 의사로 수분양자에게 강아지를 인도하였으므로 강아지에 대한 소유권은 수분양자에게 귀속한다고 할 수 있습니다.

입양 당시 특약을 부가하였다면 상대방은 그러한 특약을 지켜야 할 의무가 있으나, 그러한 특약의 존재는 이를 주장하는 쪽에서 입증을 해야 합니다.

사안의 경우 지속적 연락과 재분양을 금지하는 내용의 특약이 존재하고 특약의 존재에 대한 입증이 가능하다고 하더라도 강아지가 이미 제3자에게 재분양이 된 상태라면 강아지를 재분양 받은(소유권을 승계 취득한) 제3자에게 대항할 수 없으므로 강아지 반환청구는 어려워 보입니다.

다만, 강아지를 분양 받은 사람에게 분양계약 위반을 이유로 손해배상을 청구할 수는 있어 보이나 앞서 언급한 것처럼 특약의 존재가 입증되어야 합니다.

관련 규정

＊ **민법 제390조(채무불이행과 손해배상)** 채무자가 채무의 내용에 좇은 이행을 하지 아니한 때에는 채권자는 손해배상을 청구할 수 있다. 그러나 채무자의 고의나 과실없이 이행할 수 없게 된 때에는 그러하지 아니하다.

50 소액민사재판의 조정기일 출석여부 및 최단시간 끝낼 수 있는 방법

종: 푸들

성별: 여

나이: 8개월

🐾 **내용** : 강아지를 분양받은 지 만 3일 만에 파보 바이러스에 걸려 장기간 입원 치료를 진행하였습니다. 분양 시에 작성한 계약서 상에도 기재되어 있듯 '15일 이내에 질병이 발생이 되면, 치료비를 지급하여야 한다.'라는 내용이 있음에도, 침묵으로 묵인했습니다. 이에, 소액소송을 진행하여 본인이 승소하였지만 항소하였습니다. 항소답변서까지 제출하였으나, 법원에서 조정기일을 통보해 왔습니다. 저는 원금을 그대로 다 받고 싶습니다. 조정기일에 출석하여 조정을 거부하면 되는지, 어떻게 해야 유리한지를 모르겠습니다.

상담

민사조정법 제6조에 따른 조정회부결정에 대한 불복절차는 없습니다. 따라서 조정을 원하지 않는 소송당사자는 '조정절차에 대한 의견'을 제출하여, 조정이 아닌 재판을 원한다는 의견을 낼 수는 있지만, 그로써 바로 다시 재판으로 진행되는 경우는 사실상 드물다고 할 것입니다. 조정기일이 지정된다면 조정기일에는 반드시 출석하실 것을 권합니다. 만약 당사자가 출석하지 않으면 조정기일을 한 번 더 지정하므로 절차가 길어지게 됩니다. 조정기일에 출석하여 조정(임의조정)을 원하지 않는다는 입장을 분명히 피력하시고, 조정을 갈음하는 결정(강제조정)도 원하지 않는다고 하시면 조정불성립으로 종결되어 다시 재판으로 진행됩니다. 임의조정은 당사자가 합의하여 그 자리에서 종결되는 것으로 확정판결과 동일한 효력이 있어 추후 마음이 바뀌어도 불복방법이 없고, 강제조정은 2주 이내에 이의신청을 하면 다시 소송절차로 진행되는 차이가 있습니다. 결론적으로 절차를 가장 빠르게 종결시키는 방법은 상담신청인께서 조정기일에 출석하여 조정의사가 없으므로 판결을 구한다는 점을 조정위원님께 말씀드리는 것입니다.

관련 법률

✳ **민사조정법 제6조(조정 회부)** 수소법원은 필요하다고 인정하면 항소심 판결 선고 전까지 소송이 계속 중인 사건을 결정으로 조정에 회부할 수 있다.

제26조(조정을 하지 아니하는 결정) ①조정담당판사는 사건이 그 성질상 조정을 하기에 적당하지 아니하다고 인정하거나 당사자가 부당한 목적으로 조정신청을 한 것임을 인정하는 경우에는 조정을 하지 아니하는 결정으로 사건을 종결시킬 수 있다.
②제1항에 따른 결정에 대하여는 불복의 신청을 하지 못한다.

제27조(조정의 불성립) 조정담당판사는 다음 각 호의 어느 하나에 해당하는 경우 제30조에 따른 결정을 하지 아니할 때에는 조정이 성립되지 아니한 것으로 사건을 종결시켜야 한다.
1.당사자 사이에 합의가 성립되지 아니하는 경우
2.성립된 합의의 내용이 적당하지 아니하다고 인정하는 경우

제30조(조정을 갈음하는 결정) 조정담당판사는 합의가 성립되지 아니한 사건 또는 당사자 사이에 성립된 합의의 내용이 적당하지 아니하다고 인정한 사건에 관하여 상당한 이유가 없으면 직권으로 당사자의 이익이나 그 밖의 모든 사정을 고려하여 신청인의 신청 취지에 반하지 아니하는 한도에서 사건의 공평한 해결을 위한 결정을 하여야 한다.

✳ **민사조정규칙 제4조(소송절차와의 관계)** ①조정의 신청이 있는 사건에 관하여 소송이 계속된 때에는, 수소법원은 결정으로 조정이 종료될 때까지 소송절차를 중지할 수 있다.
②법 제6조의 규정에 의하여 소송사건이 조정에 회부된 때에는 그 절차가 종료될 때까지 소송절차는 중지된다.
③소송이 계속중인 사건을 법 제6조의 규정에 의하여 조정에 회부한 경우, 조정이 성립하거나 조정에 갈음하는 결정이 확정된 때에는 소의 취하가 있는 것으로 본다.
④제3항의 규정에 의하여 소가 취하된 것으로 보는 경우 조정담당판사는 그 취지를 수소법원에 지체없이 통지하여야 한다. 다만, 법 제7조제3항의 규정에 의하여 수소법원이 스스로 조정한 경우에는 그러하지 아니하다.
⑤법 제6조의 규정에 의하여 조정에 회부된 사건의 조정기일에 당사자 쌍방 또는 일방이 출석하지 아니한 경우 조정담당판사는 상당하다고 인정하는 때에는 법 제30조의 규정에 의하여 조정에 갈음하는 결정을 할 수 있다. 당사자가 출석하지 아니하여 조정기일을 2회이상 진행하지 못한 경우 조정에 갈음하는 결정을 하지 아니하는 때에는 조정절차를 종결하고 사건을 수소법원에 다시 회부하여야 한다.
⑥제1항의 결정에 대하여는 불복하지 못한다.

51 반려동물 분양책임에 관한 손해배상

종: 스핑크스 고양이

성별: 여

나이: 4개월

🐾 **내용** : 11월 2일 강릉의 한 가정집(이하 A로 칭함)에서 스핑크스 고양이(탕가)를 분양받았습니다. 그곳에는 부모 고양이와 3마리의 고양이가 함께 있었고, A는 정식으로 허가를 받아 분양하고 있다고 말했습니다. 저는 그중 한 마리를 선택해 데리고 가기로 하였고, 분양비 120만원을 지불하며 분양계약서를 요청하였습니다. A는 계약서를 어디에 뒀는지 모르겠다며 메신저를 이용해 필요한 부분만 명시하자고 하였고, 그 부분에 저 또한 동의하여 "변심으로 파양은 안되세요ㅠㅠ 2주 이내에 사고가 아닌 건강에 문제가 있을 시 분양비는 전액 환불 해드리고, 고양이는 다시 보내주시면 됩니다. 2주 후 문제는 책임져 드리지 않아요! 이렇게 계약하면 될 것 같아요."라는 내용으로 계약을 한 후 저의 거주지인 서울로 데리고 왔습니다.

제가 데리고 온 탕가는 유독 잠이 많았습니다. 원래 둔하고 잠이 많은 아이였다고 A가 말하였고, 아직 태어난 지 4개월도 되지 않은 아기 고양이였기에 저는 이 부분을 크게 문제 삼지 않았습니다.

문제는 서울로 온 지 5일이 지나고 11월 7일 2차 접종을 한 후부터 발생했습니다. 그 이후로 탕가가 잠을 자는 시간이 더 늘어났고, 식욕부진과 활력 저하의 증상을 보이기 시작했으며 피부발진이 나타났습니다. 병원을 재방문해 피부병과 관련된 검사를 시행하였으나 특별한 원인은 밝혀지지 않았습니다. 식욕부진, 활력 저하 등의 증상은 접종으로 인한 일시적일 수 있으니, 좀 더 경과를 지켜보자는 주치의의 소견에 우선 집으로 돌아와 탕가를 돌보았습니다. 하지만 증상은 나아질 기미를 보이지 않았고 A에게 탕가가 잘 먹지 않고 잠만 잔다는 사실 등을 알렸으나 "접종을 하면 비실거릴 수 있다."라는 말을 해왔습니다. 탕가는 더 말라갔고 눈에는 심할 정도로 눈곱이 끼기 시작했습니다. 계속 두고 볼 수 없어 병원에 데리고 가니, 급격한 체중 감소와 심한 눈병, 피부발진, 복수가 찬 듯한 배를 보고 각종 검사를 진행했습니다. 검사 결과, 고양이 전염성 복막염(FIP)이 강하게 의심이 된다는 의사의 소견과 저체온 및 탈수증상을 보여, 탕가를 입원시킨 후 치료를 시작하였습니다.

탕가의 증상은 14일 이전부터 계속 나타나고 있었고, 그에 대한 진료는 이미 시작했으며 상태가 심각해 입원한 시점이 18일째 되던 날입니다. 이 사실을 A에게도 알렸으나 이미 14일이 지났고, 그 이전부터 진료를 받았더라도 본인에게 알리지 않았다는 이유로 "책임은 절대 질 수 없다."라는 태도를 보였습니다. 경제적 어려움이 있었지만, 생명이라 생각하고 물건으로 취급하지 않았기에 A에게 환불과 반품을 호소하지 않았으며, 제발 탕가를 살릴 수 있게 일정 부분이라도 책임을 져달라고 했습니다. 하지만 A는 "14일이 지났다."라는 말만 하며 이성적으로 하시라는 대답을 해왔습니다. 그렇게 병원비는 쌓여서 탕가는 저에게 온 지 22일째 되던 날 사망하게 되었습니다.

고양이에게는 너무나 치명적인 이 질병은 가지고 있던 바이러스가 스트레스(다묘, 이사, 접종 등)를 받을 때 발병된다고 합니다. A가 이런 부분을 사전에 알고 대처했다면, 분양하지 않았어야 했고 탕가가 살 수 있었을 것입니다. 행여 모르고 분양했다고 하더라도 적절하게 책임졌더라면, 제가 이렇게 물질적, 정신적인 피해를 보지 않았을 것입니다.

사랑으로 데리고 온 고양이였고 제가 할 수 있는 모든 최선을 다했습니다. 탕가가 살아있을 당시, 물건으로 취급하고 어떠한 책임도 지지 않으려 했던 A에게 법적인 책임을 묻고자 합니다.

상담

신청인께서는 분양자를 상대로 손해배상청구를 하여 병원비, 분양대금 등을 받으실 권리가 있습니다. 본 사안에서 고양이에게 치명적인 질병이 있었으므로, 민법 제580조 '매도인의 하자담보책임' 조항이 적용될 수 있습니다. 매도인(=분양자)은 하자(=질병) 있는 매매 목적물(=고양이)을 매수인(=신청인)에게 매도함으로써, 매수인에게 발생한 손해(병원비, 분양대금 등)를 배상할 책임이 있습니다. 신청인과 분양자 사이에 약정한 2주 이내에 고양이에게 질병 증상이 나타나 진단 및 치료를 진행하였으므로, "2주가 지났으므로 책임이 없다."는 분양자의 주장은 타당하지 않습니다.

관련 법률

* **민법 제580조(매도인의 하자담보책임)** ①매매의 목적물에 하자가 있는 때에는 제575조 제1항의 규정을 준용한다. 그러나 매수인이 하자있는 것을 알았거나 과실로 인하여 이를 알지 못한 때에는 그러하지 아니하다.

제575조(제한물권있는 경우와 매도인의 담보책임) ①매매의 목적물이 지상권, 지역권, 전세권, 질권 또는 유치권의 목적이 된 경우에 매수인이 이를 알지 못한 때에는 이로 인하여 계약의 목적을 달성할 수 없는 경우에 한하여 매수인은 계약을 해제할 수 있다. 기타의 경우에는 손해배상만을 청구할 수 있다.

52 분양 후, 발작 증세로 인한 청구

종: 도베르만

성별: 여

나이: 5개월

내용 : 2019년 8월 18일, 도베르만 암컷 강아지(젬)를 분양받았습니다. 저는 2019년 7월 18일, 27일, 8월 18일에 걸쳐, 분양금 명목으로 총 470만원을 지불했습니다.(계약서는 작성하지 않았습니다.)

젬은 2019년 12월 1일 오전 6시 20분경 발생한 첫 발작 증세로 인하여 내원하게 되었고, 총 비용 2,148,800원에 이르는 검사 결과(혈액 검사, POBGEN™ Canine Neurology Pathogens Test 및 미생물 검사), 선천성 공뇌증으로 확진되었습니다. 젬은 공뇌증과 관련한 신경 증상이 발현된 견으로 경련 관리를 위한 항경련제 복용이 필요합니다. 추후 증상에 따라 뇌수두증에 준한 처치가 추가 진행될 가능성이 있습니다.(현재 매달 약값 16만 5천원 / 몸무게 및 추후 증상에 따라 꾸준한 복용량 증량과 병원 조치에 따른 추가 비용 발생 / 도베르만 평균 수명 10~13년)

이에 따른 모든 영수증과 검사자료, 소견서는 확보해 놓은 상태입니다.

위 상황으로 강아지 분양 업체에 이야기를 해 봤지만, 판매자는 금전적으로 한 푼도 줄 수 없다는 입장입니다.

이 경우 제가 내용증명을 보낼 때 청구할 수 있는 법적 청구액이 궁금합니다. 또한, 소송까지 진행하게 될 때 청구 금액이 달라지는지, 혹시 달라진다면 소송 시 청구 금액은 어떻게 되는지 문의드립니다.

> **상담**

반려견의 법적 지위는 '물건'에 해당하므로 반려동물의 분양의 법적 성격은 '매매

계약'에 해당합니다. 매매계약의 매도인(판매자)은 민법상 하자담보책임을 집니다. 하자담보책임이란 매도인은 매수인에게 하자가 없는 매매 목적물을 판매할 의무를 뜻합니다. 매도인이 매수인에게 하자 있는 매매 목적물을 판매하였다면, 매수인은 계약을 해제하거나 매수인에게 손해배상을 청구할 권리가 있습니다.

본 사안에서 젬에게 선천적 질병이 있으므로, 민법 제580조 '매도인의 하자담보책임' 조항이 적용됩니다. 매도인은 매수인인 신청인께 건강상 질병이 없는 반려견을 판매할 의무가 있음에도 이를 위반하였으므로, 이로 인해 신청인께 발생한 재산상 손해를 배상할 책임이 있습니다.

신청인께서 매도인에게 청구할 수 있는 법적 청구액은 이미 지출한 검사비, 치료비, 약값 등과 향후치료비 추정액 등 합계액입니다. 내용증명은 금전 지급을 최고하는 것 외에 법적인 구속력은 없습니다. 매도인의 태도로 보아 매도인이 신청인의 내용증명에 응하여 자발적으로 신청인께 청구액을 지급할 가능성은 거의 없을 것으로 보입니다. 또한 향후치료비 추정액 산정에 관해서도 사실상, 법률상 쟁점이 되기 때문에 소송이 불가피한 사안으로 판단됩니다. 소송으로 진행하게 될 때 청구금액 원금이 달라지지는 않습니다만, 청구액에 대한 지연손해금 범위가 달라집니다. 신청인께서 소송을 통해 받으실 수 있는 지연손해금 범위는 매도인이 민사 소장을 받은 다음날부터 판결 선고일까지는 연 5%(매도인이 사업자가 아닌 개인일 경우 민법상 법정이율 적용) 또는 6%(매도인이 사업자일 경우 상법상 법정이율 적용), 판결 선고일 다음날부터 매도인이 신청인께 판결에서 선고한 금액을 전액 지급하는 날까지는 연 12%(소송촉진 등에 관한 특례법상 이율 적용)의 각 비율로 계산한 금액입니다.

민법 제582조는 권리행사기간을 매수인이 매매 목적물에 하자 있음을 안 날로부터 6개월 이내에 권리를 행사하여야 한다고 정하고 있고, 그 이후에는 권리를 행사하실 수 없으므로 권리행사기간을 넘기지 않도록 유의하시기 바랍니다.

관련 법률

❋ **민법 제580조(매도인의 하자담보책임)** ①매매의 목적물에 하자가 있는 때에는 제575조 제1항의 규정을 준용한다. 그러나 매수인이 하자있는 것을 알았거나 과실로 인하여 이를 알지 못한 때에는 그러하지 아니하다.

제575조(제한물권있는 경우와 매도인의 담보책임) ①매매의 목적물이 지상권, 지역권, 전세권, 질권 또는 유치권의 목적이 된 경우에 매수인이 이를 알지 못한 때에는 이로 인하여 계약의 목적을 달성할 수 없는 경우에 한하여 매수인은 계약을 해제할 수 있다. 기타의 경우에는 손해배상만을 청구할 수 있다.

제582조(전2조의 권리행사기간) 전2조에 의한 권리는 매수인이 그 사실을 안 날로부터 6월 내에 행사하여야 한다.

분양 관련

53 피의자에 대한 법률 처리 가능 여부

종: 코리안 숏헤어

성별: 여

나이: 1개월

🐾 **내용** : 얼마 전, 인터넷 A 카페에 "길고양이가 저희 집 앞에 새끼를 낳았어요."
라는 글을 올렸습니다. 글 제목 그대로 집 앞에 길고양이 부부가 다섯 마리의
고양이를 낳았어요. 정말 기특하고 귀여워서 글을 올리니 많은 분들이 "겨울에
는 고양이의 면역력이 떨어지는 시기이니 임시보호 후에 입양 보내는 것이 좋
겠다."라고 조언해 주셨습니다.

따뜻한 집을 만들어 줘야겠다고만 생각하고 있었는데, 구조하는 것이 정답이라
는 말에 고민이 되었습니다. 집이 좀 작고, 이미 두 마리의 고양이를 키우고 있
었습니다. 특히 저희 첫째, 둘째가 많이 아팠던 기억이 떠올라 두렵기도 했습
니다.

그러던 중에 "지역이 가까우면 입양하고 싶다."라는 댓글이 달렸고, 바로 쪽지
가 왔어요. 본인이 키우는 고양이를 위해 둘째를 입양하고 싶다는 문자를 주고
받으며, 자기 고양이 사진을 보내주기도 하고, 길고양이 아이들의 사정을 이것
저것 묻는 등 정말 따뜻한 사람처럼 보였습니다.

12월 18일 수요일, 입양 보내기로 결정하고 새끼 고양이를 임시보호하기로 했
습니다. 그런데 길고양이 어미 녀석이 한 아이만을 남겨두고 다른 곳으로 이동
해 버렸습니다. 입양하려던 사람이 처음 관심 갖던 아이가 아니었지만, 털 색은
상관없다며 약속대로 수요일에 보자고 했습니다.

입양 당일 아침에 핸드폰을 잃어버렸다며 동생 핸드폰으로 연락해 왔고, 방문
해 입양계약서를 작성하고 아이를 데리고 떠났습니다. 집에 가는 동안에도 사
진이나 동영상을 찍어 보내며, "아이가 참 개냥이다. 귀엽다."라고 하기에 안심
했습니다. 그런데 한참 문자를 하다가 어느 순간부터 답장이 없기에 '핸드폰 잃

어버려서 동생 것을 빌린다더니 다시 돌려준 건가?'라는 생각이 들어 다시 연락해 보지는 않았습니다. 그리고 며칠 뒤, 핸드폰을 새로 개통했겠지 싶어서 아이는 잘 지내고 있냐고 문자를 했는데, 또 답장이 없는 겁니다. 조금 불안했지만, 사정이 있겠거니 하고 참았습니다.

또 며칠 뒤 동생 핸드폰 번호로도 문자를 넣었지만, 역시나 연락이 없었습니다. 그때부터 뭔가 불안해 남편이 그 사람 아이디어를 검색했더니 두 개의 글을 발견했습니다.

첫째, 인터넷 B 카페에 본인 집 근처에서 유기된 고양이를 입양 보낸다는 내용이었습니다. 이 글은 분양 게시물이 금지된 카페에 올린 글이라 누군가 신고해서 캡처한 이미지만 남아 있어 원본을 보지는 못했습니다. 하지만 이 글을 게시한 시점이 입양간 지 겨우 이틀 뒤였기에 뭔가 잘못됐다는 직감이 들었습니다.

두 번째, 한국고양이보호협회에 올라온 글이었습니다. 턱시도 아깽이를 분양한다는 내용이었는데, 사진을 보니 저에게 보냈던 그 사진 그대로 게시물에 올리고, 자기가 퇴근길에 발견한 턱시도 아깽이를 임시보호하다 입양시키는 거라고 썼더군요. 사진을 보자마자 정말 피가 거꾸로 솟았습니다. 게시자 이름이 입양계약서에 썼던 것과도 다르고, 핸드폰 번호는 동생 핸드폰이라고 했던 그 번호였습니다.

상습범이고 내가 철저히 당했다는 사실을 그때 깨달았습니다.

저와 남편은 증거를 수집하기 시작했습니다.

우선, 저희 집 주차장 CCTV에서 부양인 차 번호를 선명하게 따냈습니다. 그리고 분양인이 입양계약서를 작성할 때, 찍은 동영상에서 얼굴 이미지를 캡처했습니다.(홈 CCTV가 있는데, 요즘 세상이 워낙 흉흉하니 남편이 일하는 도중에 카메라를 통해 지켜보고 동영상도 촬영해 뒀어요. 일면식 없는 남성이 집안에 들어오니 불안해서요. 이게 이렇게나 도움이 될 줄이야!)

차 번호와 얼굴 사진을 동생 번호라고 하던 핸드폰에 보내며 "연락 기다리겠습니다."라고 하니, 또 다른 제3의 번호로 전화가 걸려오더군요. "내가 다 알아보고 전화하는 거다. 일 크게 만들고 싶지 않으니 아이만 다시 돌려달라."라고 말했습니다. 그랬더니 본인이 고양이를 데리고 가니 와이프가 반대해서 다시 입양보내려고 한다는 겁니다. "본인이 책임질 수 없으면, 원 보호자에게 돌려주는 게 맞으니 돌려달라."라고 했습니다. 그랬더니 고양이를 창고에 뒀더니 도망갔다는 말만 반복합니다. 더 이상의 대화가 무의미해 통화를 끝내고 저와 남편은 이 일을 묵과하지 않기로 했습니다.

동물자유연대 측에 문의했더니 입양 사기로 부당 이득을 취득한 사실로 경찰 고발이 가능하다고 했습니다. 최대한 신속하고 효율적인 마무리를 위해서는 유사 사례 수집이 중요하다고 하시기에 여러분의 도움을 얻고자 이렇게 긴 글을 통해 호소합니다.

혹시 본인이나 본인 주변에서 일어난 일은 아닌지, 만약 조금이라도 의심되는 부분이 있다면, 연락 부탁드립니다.

🐾 문의사항

① 법률적으로 처리가 가능한지?
② 가능하다면 어떤 법에 근거하여 고발이 가능한지?
③ 법률적 처리를 위해 어떠한 과정을 밟으면 되는지?

🐾 상호로 서명한 계약서가 존재하며, 계약서 내에는 '원 보호자에게 연락 의무 및 파양 시 다시 원 보호자에게 고양이를 돌려준다'라는 내용이 명기되어 있으며, '이를 어길 시 민형사상 책임과 재판까지 진행할 수 있다'라는 내용이 명기되어 있습니다.

상담

사기죄는 사람을 기망하여 재물의 교부를 받거나 재산상의 이익을 취득하는 것을 구성 요건으로 하는 범죄입니다. 상대방이 고양이 입양 당시 고양이를 키울 의사가 없었으면서, 신청인을 기망하여 고양이(재물)의 교부를 받았다면 사기죄가 성립할 수도 있습니다. 다만, 고양이 입양은 민법상 매매에 해당하는 계약인데, 매매는 매도인의 매매 목적물 인도의무 이행과 매수인의 대금지급의무 이행으로 완결하여, 매수인은 매매 목적물의 소유권을 취득합니다. 매수인이 매매 목적물의 소유권을 유효하게 취득한 후 제3자에게 다시 매도하는 것은 적법합니다.

상대방이 입양 계약 시 신청인을 기망하여, 신청인께서 고양이를 인도하는 처분

행위를 한 점을 중점적으로 입증하셔야 할 것입니다.

가까운 경찰서에 사기죄로 고소하시고 형사절차를 진행하시면 됩니다. 고소는 특별한 양식을 요하지 않으므로 구두로 또는 고소장 제출로 하실 수 있습니다. 경찰서에 고소가 접수되면 보통 경찰서에 1회 출석하셔서 진술을 하시고 이후는 경찰이 피고소인 인적사항, 소재 탐지 등 수사를 진행하고, 검찰에 송치합니다.

관련 법률

❋ **형법 제347조(사기)** ①사람을 기망하여 재물의 교부를 받거나 재산상의 이익을 취득한 자는 10년 이하의 징역 또는 2천만원 이하의 벌금에 처한다.

②전항의 방법으로 제삼자로 하여금 재물의 교부를 받게 하거나 재산상의 이익을 취득하게 한 때에도 전항의 형과 같다.

54 입양 절차와 관련된 소유권 분쟁

> **종:** 믹스견
> **성별:** 남
> **나이:** 3개월

🐾 **내용 :** A씨는 유기 반려동물을 구조하고 보호하는 활동가이며, B씨는 반려동물 임시보호 등을 해 온 개인입니다.

A씨가 강아지들을 보호소에서 구조하여 SNS에 임시보호 글을 올렸고, B씨가 그 글을 보고 A씨에게 연락해 강아지 3마리를 임시보호하였습니다. 이 과정에서 A씨는 '치료비 지원 등의 목적'으로 B씨를 명의자로 하는 분양확인서를 대리 작성했습니다.

B씨가 임시보호 중인 강아지들의 건강 상태가 좋지 않아 격리조치가 필요하여 3마리 중 1마리를 임시보호소로 보내기로 A, B씨 간 협의가 이루어졌습니다.

A씨는 강아지 1마리를 임시보호와 관련 글을 SNS에 게시했고, 본인은 그 글을 보고 A씨에게 임시보호를 신청했습니다.(서류 작성 안 함) B씨가 강아지를 데리고 있어서 A씨는 본인과 B씨를 연결해 주었습니다. 본인은 B씨에게서 직접 강아지를 데려왔습니다.(서류 작성 안 함)

애초에 강아지를 한 달만 임시보호한다고 하였으나, 입양 의사가 생겨 A, B씨 모두에게 입양 의사를 알렸습니다. A씨는 본인이 보호 활동가라는 이유를 들며 자신에게 정식으로 입양 절차를 밟으라고 했고, 그렇지 않을 시 법적 대응도 가능하다고 말했습니다. 한편, B씨는 강아지들을 본인 명의로 데려왔기 때문에 자신에게 입양 절차를 밟으라고 하며, 그렇지 않을 시 A씨를 절도죄로 신고하겠다고 합니다.

본인은 어느 쪽에 입양신청을 해야 할지, A씨가 주장하는 법적 대응도 가능한 건지 궁금합니다.

A와 B 사이에 약정한 '임시보호'의 법적 성격에 따라 신청인께서 입양절차를 진행할 상대방이 결정됩니다. B가 강아지를 임시보호한 것이 민법 제693조의 임치, 즉 A가 B에게 강아지(물건)의 보관을 위탁하고 B가 이를 승낙하여 보관을 맡은 것이라면, 신청인께서 입양절차를 진행할 당사자는 A입니다.

관련 조문

* 「민법」**제693조(임치의 의의)** 임치는 당사자 일방이 상대방에 대하여 금전이나 유가증권 기타 물건의 보관을 위탁하고 상대방이 이를 승낙함으로써 효력이 생긴다.

제694조(수치인의 임치물사용금지) 수치인은 임치인의 동의없이 임치물을 사용하지 못한다.

제695조(무상수치인의 주의의무) 보수없이 임치를 받은 자는 임치물을 자기재산과 동일한 주의로 보관하여야 한다.

제696조(수치인의 통지의무) 임치물에 대한 권리를 주장하는 제삼자가 수치인에 대하여 소를 제기하거나 압류한 때에는 수치인은 지체없이 임치인에게 이를 통지하여야 한다.

제697조(임치물의 성질, 하자로 인한 임치인의 손해배상의무) 임치인은 임치물의 성질 또는 하자로 인하여 생긴 손해를 수치인에게 배상하여야 한다. 그러나 수치인이 그 성질 또는 하자를 안 때에는 그러하지 아니하다.

제698조(기간의 약정있는 임치의 해지) 임치기간의 약정이 있는 때에는 수치인은 부득이한 사유없이 그 기간만료 전에 계약을 해지하지 못한다. 그러나 임치인은 언제든지 계약을 해지할 수 있다.

제699조(기간의 약정없는 임치의 해지) 임치기간의 약정이 없는 때에는 각 당사자는 언제든지 계약을 해지할 수 있다.

그러나 A와 B 사이에 민법 제554조의 증여 또는 민법 제563조의 매매가 있었다고 판단된다면, 신청인께서 입양절차를 진행할 당사자는 B입니다. 분양확인서 내용이 'A가 B에게 무상으로 강아지의 소유권을 이전한다'는 것이면 증여에 해당하고, B가 강아지의 현소유자가 됩니다. 분양확인서 내용이 'B가 A에게 분양대금을 지급하고, A가 B에게 강아지의 소유권을 이전한다'는 것이면 매매에 해당하고, 역시 B가 강아지의 현소유자가 됩니다.

분양 관련

✻ **민법 제554조(증여의 의의)** 증여는 당사자 일방이 무상으로 재산을 상대방에 수여하는 의사를 표시하고 상대방이 이를 승낙함으로써 그 효력이 생긴다.

제563조(매매의 의의) 매매는 당사자 일방이 재산권을 상대방에게 이전 할 것을 약정하고 상대방이 그 대금을 지급할 것을 약정함으로써 그 효력이 생긴다.

만약, A B가 서로 일치된 의사로 실질은 임시보호이지만 편의상 명의만 B로 분양확인서를 작성하였다면, 여전히 강아지의 소유권은 A에게 있고 B에게로 강아지의 소유권이 이전되지 않습니다. A와 B가 일종의 허위 분양계약의 외관을 꾸민 것이라면 이는 민법 제108조 제1항의 통정한 허위의 의사표시에 해당하여 무효이기 때문입니다. 그러나 제108조 제2항에서 A, B는 통정허위표시임을 몰랐던 제3자(신청인)에게 위 분양계약의 무효를 주장할 수 없다고 정하고 있습니다.

✻ **민법 제108조(통정한 허위의 의사표시)** ①상대방과 통정한 허위의 의사표시는 무효로 한다.

②전항의 의사표시의 무효는 선의의 제삼자에게 대항하지 못한다.

고양이 분양 사기

종: 노르웨이숲 고양이

성별: 남

나이: 1~2개월

🐾 **내용:** 2020년 4월 23일, A 펫샵에서 200만원 분양가를 주고 계약서를 작성한 뒤, 고양이를 받았습니다. 집으로 돌아와 4시간 뒤, 고양이 꼬리가 골절된 것 같은 모습을 발견했습니다. 담당자에게 휴대폰 전화로 꼬리 설명을 하니 "아직 새끼 고양이라 꼬리가 그럴 수 있다. 하지만 성묘가 되면 정상적으로 된다."라는 말도 안되는 답변을 했습니다.

24일, 하루가 지나고 할 수 없이 고양이 분양 취소 요청을 했습니다. 근데 A 사장은 "분양 취소는 안 된다."라고 말했고, 제가 계약서 이야기를 꺼내자 바로 고소를 말했습니다.

A 펫샵은 매년 문제가 생기면, 사업자 명의와 상호를 바꾼다는 것을 피해자분을 통해 알게 되었습니다.

일단 고양이에게 질병이 있는지를 확인한 검사에서는 이상이 없다고 판정받았습니다.

상담

공정거래위원회고시 소비자분쟁해결기준에 의하면 반려묘 구입 후 15일 이내 질병이 발생한 경우, 판매업소(사업자)가 제반비용을 부담하여 회복시켜 소비자에게 인도하여야 합니다. 다만, 업소 책임 하의 회복기간이 30일을 경과하거나 판매업소 관리 중 폐사 시에는 동종의 반려묘로 교환해 주거나 구입가를 환급해 줘야 합니다. 골절도 질병에 해당한다고 할 수 있으므로 귀하께서는 A에 조치를 요구하실 수 있습니다.

✳ **소비자분쟁해결기준 제1조(목적)** 이 고시는 소비자기본법 제16조 제2항과 같은 법 시행령 제8조 제3항의 규정에 의해 일반적 소비자분쟁해결기준에 따라 품목별 소비자분쟁해결기준을 정함으로써 소비자와 사업자(이하 "분쟁당사자"라 한다)간에 발생한 분쟁이 원활하게 해결될 수 있도록 구체적인 합의 또는 권고의 기준을 제시하는데 그 목적이 있다.

한편, 판매업소가 동물보호법 제36조 제3호, 동물보호법 시행규칙 제43조, 별표 10에서 정한 영업자 준수사항을 위반하였다면, 귀하께서는 구청에 민원을 제기하셔서, 동물보호법 제38조 제1항 제6호, 동물보호법 시행규칙 제45조 제1항, 별표11에 의한 영업정지 등 처분을 요청하실 수도 있습니다.

✳ **동물보호법 제36조(영업자 등의 준수사항)** 영업자(법인인 경우에는 그 대표자를 포함한다)와 그 종사자는 다음 각 호에 관하여 농림축산식품부령으로 정하는 사항을 지켜야 한다. <개정 2013. 3. 23., 2017. 3. 21.>
3.동물의 판매가능 월령, 건강상태 등 판매에 관한 사항 제38조(등록 또는 허가 취소 등) ①시장·군수·구청장은 영업자가 다음 각 호의 어느 하나에 해당할 경우에는 농림축산식품부령으로 정하는 바에 따라 그 등록 또는 허가를 취소하거나 6개월 이내의 기간을 정하여 그 영업의 전부 또는 일부의 정지를 명할 수 있다. 다만, 제1호에 해당하는 경우에는 등록 또는 허가를 취소하여야 한다.<개정 2013. 3. 23., 2017.3.21.>
6.제36조에 따른 준수사항을 지키지 아니한 경우
✳ **동물보호법 시행규칙 제43조(영업자의 준수사항)** 영업자(법인인 경우에는 그 대표자를 포함한다)와 그 종사자의 준수사항은 별표10과 같다.<개정 2018. 3. 22.>
✳ **별표10 제45조(행정처분의 기준)** ①법 제38조에 따른 영업자에 대한 등록 또는 허가의 취소, 영업의 전부 또는 일부의 정지에 관한 행정처분기준은 별표11과 같다.<개정 2018. 3. 22.>

56 주인이 있음에도 불구하고 재입양된 반려동물의 소유권

종: 믹스 페르시안

성별: 여

나이: 5년

내용 : 저희 가정에서 애지중지 사랑으로 키우던 반려묘(페리)에 관한 이야기입니다.

지난 1월, 실수로 인하여 페리가 집 밖으로 가출하는 일이 발생하였고, 저희 가족들은 매일매일 포기하지 않고 찾았으나 찾을 수 없었습니다. 근데 최근 6월 중순경 A 보호센터에서 페리가 구조 후 입양되었다는 게시글을 발견하고, 입양자분께 답례를 드리고 페리를 다시 데려오려고 했습니다. 소통을 요청하였으나 데리고 가는 것은 물론이고 공고 기간이 지난 후에 입양하였기 때문에 제가 이전 주인이지만, 법적 소유권이 본인에게 있다며 모든 간섭 등을 금지한다고 완곡하게 거부했습니다. 저희는 페리가 잘 지내고 있는지만이라도 알고 싶었으나, 단 한 장의 사진조차 보내주려고 하지 않으셨고 이 모든 대화 시도 또한 A 보호센터의 관계자에 의해 주고받은 내용입니다.

휴대폰 번호 등의 개인정보를 유출하는 게 꺼림직하다 하셔서 관리자를 통해 사진이라도 달라고 말했지만, "한 번 더 접촉을 시도하면 고소하겠다."라는 답변을 받았습니다.

저희는 아이를 진짜 잘 키우고 있는 것인지, 나쁜 의도로 데려간 것은 아닌지 매우 의심이 드는 상태입니다. 또한, 페리는 이전에도 유기묘 생활을 하다가 저희 가정으로 오게 된 것인데, TNR(중성화 수술)이 된 상태였습니다.

중성화 고양이는 시에서 구조할 수 없는 것으로 알고 있습니다. 그런데 이 법을 위배하고 주인이 있는 고양이를 구조하여 재입양하고 데려오는 것은 물론, 사진 한 장 받을 수 없는 것이 너무 억울하고 화가 납니다. 또, 페리가 자궁에 문제가 있어서 큰 수술을 앞두고 있었는데 현재 재입양하신 분은 그 사실을 알려고 하지 않습니다. 만약, 수술하게 된다 해도 경제적으로 부담하고 책임지실 의향이 있는지 또한 미지수입니다.

저희는 페리의 모든 것을 책임질 의향이 있고, 법적 또는 어떠한 절차를 밟더라도 페리를 꼭 데려오고 싶습니다. 어머니가 반려묘를 정말 가족처럼 생각하여 매일 밤잠도 못 주무시고 울고 계십니다. 꼭 좋은 쪽으로 도움받고 싶습니다.

🐾 만약 데려올 수 없다면, 동물 보호소 측에 의뢰하여 해당 입양자와 접촉할 수 있도록 건의 부탁드립니다.

상담

지방자치단체장은 유실동물을 보호하고 있는 경우에는 소유자 등이 보호조치 사실을 알 수 있도록 대통령령으로 정하는 바에 따라 지체 없이 7일 이상 그 사실을 공고하여야 하고, 공고한 날부터 10일이 지나도 동물의 소유자 등을 알 수 없는 경우에는 유실동물의 소유권을 취득합니다.

지방자치단체장은 동물보호센터를 직접 설치·운영하거나 기준에 맞는 기관이나 단체를 동물보호센터로 지정하여 구호·보호 조치 등을 하게 할 수 있습니다.

유실동물을 보호하고 있는 동물보호센터에서 그 사실을 공고하여 소유권을 취득한 뒤 유실동물을 입양하였다면, 입양자는 유실동물에 대한 소유권을 지방자치단체장으로부터 승계취득하였다고 볼 수 있으므로, 지방자치단체장의 소유권 취득 이후에 동물보호센터나 입양자에게 소유자임을 주장하더라도 이를 반환받기는 어려워 보입니다.

동산의 유실물에 대하여 '유실자는 유실한 날로부터 2년 내에 그 물건의 반환을 청구할 수 있다'는 규정(민법 제250조)이 있기는 하나, 동물보호법 규정은 민법에 대한 특별규정으로 해석되어 반려동물의 유실의 경우에는 적용되기 어려워 보입니다.

관련 규정

❋ **동물보호법 제20조(동물의 소유권 취득)** 시·도와 시·군·구가 동물의 소유권을 취득할 수 있는 경우는 다음 각 호와 같다.<개정 2013. 4. 5., 2017. 3. 21.>

1.「유실물법」제12조 및 「민법」제253조에도 불구하고 제17조에 따라 공고한 날부터 10일이 지나도 동물의 소유자 등을 알 수 없는 경우

2.제14조제1항제3호에 해당하는 동물의 소유자가 그 동물의 소유권을 포기한 경우

3.제14조제1항제3호에 해당하는 동물의 소유자가 제19조제2항에 따른 보호비용의 납부기한이 종료된 날부터 10일이 지나도 보호비용을 납부하지 아니한 경우

4.동물의 소유자를 확인한 날부터 10일이 지나도 정당한 사유 없이 동물의 소유자와 연락이 되지 아니하거나 소유자가 반환받을 의사를 표시하지 아니한 경우

제17조(공고) 시·도지사와 시장·군수·구청장은 제14조제1항제1호 및 제2호에 따른 동물을 보호하고 있는 경우에는 소유자 등이 보호조치 사실을 알 수 있도록 대통령령으로 정하는 바에 따라 지체 없이 7일 이상 그 사실을 공고하여야 한다.

❋ **민법 제250조(도품, 유실물에 대한 특례)** 전조의 경우에 그 동산이 도품이나 유실물인 때에는 피해자 또는 유실자는 도난 또는 유실한 날로부터 2년 내에 그 물건의 반환을 청구할 수 있다. 그러나 도품이나 유실물이 금전인 때에는 그러하지 아니하다.

제253조(유실물의 소유권취득) 유실물은 법률에 정한 바에 의하여 공고한 후 6개월 내에 그 소유자가 권리를 주장하지 아니하면 습득자가 그 소유권을 취득한다.

동물 이용 시설
관련

57 펫시터 과실에 의한 반려견 분실

종: 래브라도 리트리버

성별: 여

나이: 1년 미만

🐾 **내용** : 펫시터들의 과실로 대형견 두 마리가 실종되어 보호소에서 찾았습니다. 토요일 7시 45분까지 개들을 보호하기로 계약한 상황에서 7시 10분경 유기견 신고접수가 되었습니다. 이는 명백한 직무유기로 이에 따른 합의 절차를 밟고 싶습니다.

상담

1 민사책임

펫시터는 임치 또는 위임계약에 따라 선량한 관리자의 주의의무를 가지고 사무를 처리해야 하는데, 이를 위반하였다면 임치 또는 위임계약에 따른 보수청구권을 주장할 수 없습니다. 또한 주의의무위반에 따른 채무불이행으로 손해를 입혔다면, 임치인 또는 위임인에게 손해배상책임을 집니다.

손해배상의 범위는 반려견이 다치거나 부상을 입은 경우 치료비 등의 재산상 손해와 위자료가 포함됩니다.

사안의 경우 펫시터가 선량한 관리자의 주의의무를 위반한 과실로 보호견을 잃어버렸으므로, 펫시터는 반려 견주에게 임치 또는 위임계약에 따른 보수청구권을 주장할 수 없고, 채무불이행으로 인한 손해배상책임을 집니다.

다만, 잃어버린 반려견을 찾았고, 반려견이 다치거나 부상을 입은 것이 아니라면, 추가적인 손해는 없다고 볼 수 있어 보수지급의무만 면제되는 것으로 보아야 합니다.

⭐ 형사책임

　과실로 보호견을 잃어버렸다면, 동물보호법 및 형법 상 범죄행위에는 해당하지 않아 형사처벌의 대상이 되기는 어렵습니다.

관련 규정

❋ **민법 제680조(위임의 의의)** 위임은 당사자 일방이 상대방에 대하여 사무의 처리를 위탁하고 상대방이 이를 승낙함으로써 그 효력이 생긴다.

제681조(수임인의 선관의무) 수임인은 위임의 본지에 따라 선량한 관리자의 주의로써 위임사무를 처리하여야 한다.

제686조(수임인의 보수청구권) ①수임인은 특별한 약정이 없으면 위임인에 대하여 보수를 청구하지 못한다.

②수임인이 보수를 받을 경우에는 위임사무를 완료한 후가 아니면 이를 청구하지 못한다. 그러나 기간으로 보수를 정한 때에는 그 기간이 경과한 후에 이를 청구할 수 있다.

③수임인이 위임사무를 처리하는 중에 수임인의 책임없는 사유로 인하여 위임이 종료된 때에는 수임인은 이미 처리한 사무의 비율에 따른 보수를 청구할 수 있다.

제693조(임치의 의의) 임치는 당사자 일방이 상대방에 대하여 금전이나 유가증권 기타 물건의 보관을 위탁하고 상대방이 이를 승낙함으로써 효력이 생긴다.

제695조(무상수치인의 주의의무) 보수없이 임치를 받은 자는 임치물을 자기재산과 동일한 주의로 보관하여야 한다.

제701조(준용규정) 제682조, 제684조 내지 제687조 및 제688조제1항, 제2항의 규정은 임치에 준용한다.

동물 이용 시설 관련

애견전문호텔 부주의로 애견 사망: 형사 또는 민사 처벌, 공개 사과문 요청

종: **치와와**

성별: **여**

나이: **140일**

내용 : 7월 13일 해외여행으로 인해 A 애견전문호텔에 18일까지 맡겼습니다. 그런데 16일 오후 6시 20분에 애견전문호텔에서 강아지를 떨어뜨려 강아지가 사망했습니다.

견주는 호텔로 CCTV 확인요청을 하였으나, 호텔 측에서는 6일 오전 11시부터 CCTV 전원을 꺼두었고 당일 오후 8시에 다시 CCTV 전원을 켜서, 사건 당시 상황을 정확히 견주가 확인하지 못합니다.

호텔 사장과 강아지를 떨어뜨린 직원과는 통화했습니다. 통화 시 내용을 녹취했고, 녹취 전에 녹취되고 있다고 안내했습니다.

애견전문호텔 측 입장 : 강아지가 답답해 보여 밥을 먹는 다른 방이 있어, 그 방으로 옮겨 밥을 먹인 후 다시 강아지가 지내는 방으로 옮기던 중 떨어뜨렸다. 떨어뜨린 직후 5분 동안 심장 마사지를 시행했으나 심장이 뛰지 않아 5분 만에 동물병원 도착했다. 병원에 도착 후, 심장을 뛰게 하는 주사를 놓으려 하였으나 놓을 수 없는 상황이었다.

견주 입장 : 애견전문호텔에 강아지를 맡길 때, 어리니 호텔 방안에만 놔두길 요청했다. 그러나 업체 측에서 임의로 강아지를 호텔 밖으로 꺼냈고, 업체가 형사 처벌받길 원한다. 형사 처벌이 안 되면 민사 처벌받길 원한다. 그리고 SNS나 소셜 매체에 업체의 공개 사과문을 등록하고 싶다. 견주는 애견전문호텔 측이 최대한 처벌을 받길 원한다.

1 민사책임

애견호텔은 임치 또는 위임계약에 따라 선량한 관리자의 주의의무를 가지고 사무를 처리해야 하는데, 이를 위반하였다면 임치 또는 위임계약에 따른 보수청구권을 주장할 수 없습니다. 또한 주의의무위반에 따른 채무불이행으로 손해를 입혔다면, 임치인 또는 위임인에게 손해배상책임을 집니다.

반려동물이 사망한 경우 손해배상의 범위는 교환가치 상당의 재산상 손해와 위자료가 포함됩니다. 위자료와 관련하여 현재 법원 실무에서는 반려견이 사망한 경우 반려견은 생명을 가진 동물이라는 점, 통상 반려견의 소유자는 보통의 물건과 달리 그 반려견과 정신적인 유대와 애정을 서로 나누는 점 등을 고려하여 정신적 손해인 위자료 배상의무를 인정하고 있습니다.

위자료는 반려견의 교환가치, 사고의 발생경위, 쌍방의 과실 정도, 상해의 부위와 정도, 반려견에 대한 치료과정 및 치료 정도 등 제반 사정을 참작하여 위자료 액수를 정하는데, 실무에서는 30만원에서 300만원 사이에서 정해지는 경우가 많습니다.

사안의 경우 애견호텔 측이 선량한 관리자의 주의의무를 위반한 과실로 반려동물을 건강하게 잘 보존할 업무상 주의의무를 위반하였으므로, 애견호텔 측은 반려견주에게 임치 또는 위임계약에 따른 보수청구권을 주장할 수 없고, 채무불이행 또는 불법행위로 인한 손해배상책임을 져야 합니다.

2 형사책임

반려동물은 민사적으로는 물건(민법 제98조)으로 취급되고 있습니다. 따라서 애견호텔 측에게 반려동물을 건강하게 잘 보존할 업무상 주의의무를 위반한 잘못이 인정되더라도 현행법상 과실손괴죄에 대한 처벌 규정은 없으므로 형법적 처벌은 어렵고, 동물보호법상의 학대행위로 보기도 어려워 여러모로 형사처벌은 어렵습니다.

③ 공개사과문

채무불이행 또는 불법행위에 의한 손해를 배상하는 경우 손해배상은 금전배상으로 하는 것을 원칙으로 하고 있어서 원상회복이나 공개사과는 법적으로 강제할 수 없습니다. 애견호텔 측에서 공개 사과를 수용하여 임의로 게재하는 것은 가능하나 이를 하지 않는다고 하여 법적으로 강제하기는 어렵습니다.

관련 규정

❋ **민법 제390조(채무불이행과 손해배상)** 채무자가 채무의 내용에 좋은 이행을 하지 아니한 때에는 채권자는 손해배상을 청구할 수 있다. 그러나 채무자의 고의나 과실없이 이행할 수 없게 된 때에는 그러하지 아니하다.

제394조(손해배상의 방법) 다른 의사표시가 없으면 손해는 금전으로 배상한다.

제680조(위임의 의의) 위임은 당사자 일방이 상대방에 대하여 사무의 처리를 위탁하고 상대방이 이를 승낙함으로써 그 효력이 생긴다.

제681조(수임인의 선관의무) 수임인은 위임의 본지에 따라 선량한 관리자의 주의로써 위임사무를 처리하여야 한다.

제686조(수임인의 보수청구권) ②수임인이 보수를 받을 경우에는 위임사무를 완료한 후가 아니면 이를 청구하지 못한다. 그러나 기간으로 보수를 정한 때에는 그 기간이 경과한 후에 이를 청구할 수 있다.

제693조(임치의 의의) 임치는 당사자 일방이 상대방에 대하여 금전이나 유가증권 기타 물건의 보관을 위탁하고 상대방이 이를 승낙함으로써 효력이 생긴다.

제695조(무상수치인의 주의의무) 보수없이 임치를 받은 자는 임치물을 자기재산과 동일한 주의로 보관하여야 한다.

제701조(준용규정) 제682조, 제684조 내지 제687조 및 제688조제1항, 제2항의 규정은 임치에 준용한다.

59 호텔링 맡긴 토끼가 사망 후 책임 및 보상

종: 토끼

성별: 여

나이: 3년

내용 : 인터넷에서 호텔링을 해준다는 글을 보고 전화로 문의하여 7월 26일부터 8월 4일까지, 총 10일간 맡겼습니다. 하루에 8천원으로, 총 8만원을 카드 선불로 지불했습니다. 맡기는 날, 별다른 동의서는 없었습니다. 이면지에 이름과 2개의 연락처를 적으며 무슨 일이 생길 경우 꼭 연락달라고 말했고, 사장은 잘 맡아준다고 약속했습니다.

1차 방문 8월 4일에 딸 혼자 찾으러 가니 토끼가 보이지 않았고, 사장은 어제 (9일 차) 매장에 왔을 때 이미 죽어있었다고 말했습니다. 사체는 여름이라 알아서 처리했다면서 쓰러져 있는 사진을 보여주었습니다. "사망 원인은 잘 모르겠다."라고 하며, 케이지에서 탈출하여 매장 내에 비닐 등을 뜯고 죽은 것 같다고 추측해 말했습니다. 어떤 케이지인지 직접 보여주진 않았으나, 이전에 다른 토끼도 그 케이지에서 탈출한 적이 있다는 말을 했습니다. 연락처는 잃어버렸는데 찾을 방법이 없어서 미리 연락을 못했다고 말했습니다. 딸이 혼자라 당황해서 울고 있으니 죄송하다며, 새로 분양받을 생각이면 연락해 달라 하고 내보냈고, 보상 얘기는 없었습니다.

2차 방문 잠시 후 가족들이 모두 방문해서 사망 경위와 보상에 대해 구체적으로 물었습니다. 그러자 원래 동물병원도 치료하다가 죽으면 책임지지 않는다며 자기들은 책임질 의무가 없다고 합니다. 그러나 이 경우는 처음에 맡길 때 '동의서'도 쓰지 않았으니 호텔링비에서 50%는 돌려줄 수 있다고 했습니다. 하지만 맡길 당시에는 '동의서'라는 게 있는지도 몰랐고, 사장도 한마디 하지 않았습니다.

호텔링 동물 관리, 사망 경위, 연락처 분실부터 사체 처리까지 매장에 100% 문제가 있다고 생각하는데, 사장의 뻔뻔한 태도에 황당합니다. 수상한 것이 한두 개가 아닌데, 이 경우에 저희가 매장에 책임을 물을 수 있을까요? 그리고 어떤 식으로 보상을 받을 수 있는지 궁금하고, 사장이 한 말이 이 상황에서도 합당한 것인지 궁금합니다. 참고로 CCTV 유무는 확인하지 못했습니다.

상담

1 민사책임

호텔 측은 임치 또는 위임계약에 따라 선량한 관리자의 주의의무를 가지고 사무를 처리해야 하는데, 이를 위반하였다면 임치 또는 위임계약에 따른 보수청구권을 주장할 수 없습니다. 또한 주의의무위반에 따른 채무불이행으로 손해를 입혔다면, 임치인 또는 위임인에게 손해배상책임을 집니다.

반려동물이 사망한 경우 손해배상의 범위는 교환가치 상당의 재산상 손해와 위자료가 포함됩니다. 위자료와 관련하여 현재 법원 실무에서는 반려동물이 사망한 경우 반려동물은 생명을 가진 동물이라는 점, 통상 반려동물의 소유자는 보통의 물건과 달리 그 반려동물과 정신적인 유대와 애정을 서로 나누는 점 등을 고려하여 정신적 손해인 위자료 배상의무를 인정하고 있습니다.

위자료는 반려동물의 교환가치, 사고의 발생경위, 쌍방의 과실 정도, 상해의 부위와 정도, 반려동물에 대한 치료과정 및 치료 정도 등 제반 사정을 참작하여 위자료 액수를 정하는데, 실무에서는 반려견의 경우 30만원에서 300만원 사이에서 정해지는 경우가 많습니다.

사안의 경우 호텔 측이 자신들의 관리와 무관한 사유로 반려동물이 사망하였음을 입증하지 못하는 한, 반려동물을 건강하게 잘 보존할 업무상 주의의무를 위반한 과실이 인정될 것이므로 호텔 측은 토끼 주인에게 임치 또는 위임계약에 따른 보수청구권이 없고, 채무불이행 또는 불법행위로 인한 손해배상책임을 져야 합니다.

② 형사책임

반려동물은 민사적으로는 물건(민법 제98조)으로 취급되고 있는데, 호텔 측에게 반려동물을 건강하게 잘 보존할 업무상 주의의무를 위반한 잘못이 인정되더라도 현행법상 과실손괴죄에 대한 처벌 규정은 없어 형법적 처벌은 어렵고, 동물보호법 상의 학대행위로 보기도 어려워 여러모로 형사처벌은 어렵습니다.

관련 규정

＊민법 제390조(채무불이행과 손해배상) 채무자가 채무의 내용에 좇은 이행을 하지 아니한 때에는 채권자는 손해배상을 청구할 수 있다. 그러나 채무자의 고의나 과실없이 이행할 수 없게 된 때에는 그러하지 아니하다.

제680조(위임의 의의) 위임은 당사자 일방이 상대방에 대하여 사무의 처리를 위탁하고 상대 방이 이를 승낙함으로써 그 효력이 생긴다.

제681조(수임인의 선관의무) 수임인은 위임의 본지에 따라 선량한 관리자의 주의로써 위임 사무를 처리하여야 한다.

제686조(수임인의 보수청구권) ②수임인이 보수를 받을 경우에는 위임사무를 완료한 후가 아니면 이를 청구하지 못한다. 그러나 기간으로 보수를 정한 때에는 그 기간이 경과한 후에 이를 청구할 수 있다.

제693조(임치의 의의) 임치는 당사자 일방이 상대방에 대하여 금전이나 유가증권 기타 물건 의 보관을 위탁하고 상대방이 이를 승낙함으로써 효력이 생긴다.

제695조(무상수치인의 주의의무) 보수없이 임치를 받은 자는 임치물을 자기재산과 동일한 주의로 보관하여야 한다.

제701조(준용규정) 제682조, 제684조 내지 제687조 및 제688조제1항, 제2항의 규정은 임 치에 준용한다.

동물 이용 시설 관련

60 미용 사고 시, 의료 비용 보상

종: **포메라니안**

성별: **여**

나이: **1년**

내용 : 애견 미용을 맡겼는데, 미용사가 반려견(여름이)을 목욕 시키던 중 여름이가 미끄러졌습니다. 고관절 탈구, 슬개골 탈구로 수술을 하게 되어, 비용으로 200만원이 나왔습니다. 수의사가 원래 양쪽 다리가 살짝 안 좋았다고 말했고, 미용사는 그 이유를 들먹이며 병원비 전액을 못주겠다고 합니다. 어제까지 잘 뛰어놀던 아이가 미용으로 다쳐 수술하게 되었고 너무 속상합니다. 다리가 안 좋았어도 잘 다녔고 지금 당장 수술을 안 해도 되는 부분이었습니다. 이런 경우 저희는 미용사에게 얼마를 청구받을 수 있나요?

상담

1 민사책임

미용사의 미용계약은 위임유사계약으로 볼 수 있으므로, 위임에 관한 규정이 유추적용 될 수 있습니다. 미용사는 위임에 따라 선량한 관리자의 주의의무를 가지고 사무를 처리해야 하는데, 이를 위반하였다면 위임계약에 따른 보수청구권을 주장할 수 없습니다. 또한 선량한 관리자의 주의의무를 위반하여 손해를 입혔다면, 위임인에게 채무불이행 또는 불법행위에 의한 손해배상책임을 집니다.

사안의 경우 미용사가 선량한 관리자의 주의의무를 위반한 과실로 반려견에게 부상을 입혔으므로, 미용사는 반려 견주에게 위임계약에 따른 보수청구권을 주장할 수 없고, 채무불이행 또는 불법행위로 인한 손해배상책임을 집니다.

반려동물이 부상을 입은 경우 손해배상의 범위는 반려견이 다치거나 부상을 입은 경우 치료비 등의 재산상 손해와 위자료가 포함됩니다.

위자료는 반려견의 교환가치, 사고의 발생경위, 쌍방의 과실 정도, 상해의 부위와 정도, 반려견에 대한 치료과정 및 치료 정도 등 제반 사정을 참작하여 위자료 액수를 정하는데, 실무에서는 부상의 정도에 따라 30만원에서 300만원 사이에서 정해지는 경우가 많습니다.

사안의 경우 고관절 탈구, 슬개골 탈구로 수술을 하였고 이로 인한 치료비로 200만원이 소요되었다면, 전액 배상하여야 하고 소정의 위자료도 배상해야 할 것으로 보입니다. 원칙적으로 사고 이전에 기왕증이 있는 경우 그 비율만큼 책임이 제한되어 배상액에서 공제되어야 하나, 이에 대한 입증책임은 기왕증을 주장하는 쪽에 있습니다.

2 형사책임

반려동물은 민사적으로는 물건(민법 제98조)으로 취급되어 미용사에게 반려동물을 건강하게 잘 보존할 업무상 주의의무를 위반한 잘못이 인정되더라도 현행법상 과실손괴죄에 대한 처벌 규정이 없는 상황에서 형법적 처벌은 어렵고, 동물보호법상의 학대행위로 보기도 어려워 여러모로 형사처벌은 어렵습니다.

관련 규정

※ **민법 제390조(채무불이행과 손해배상)** 채무자가 채무의 내용에 좇은 이행을 하지 아니한 때에는 채권자는 손해배상을 청구할 수 있다. 그러나 채무자의 고의나 과실없이 이행할 수 없게 된 때에는 그러하지 아니하다.

제680조(위임의 의의) 위임은 당사자 일방이 상대방에 대하여 사무의 처리를 위탁하고 상대방이 이를 승낙함으로써 그 효력이 생긴다.

제681조(수임인의 선관의무) 수임인은 위임의 본지에 따라 선량한 관리자의 주의로써 위임사무를 처리하여야 한다.

제686조(수임인의 보수청구권)②수임인이 보수를 받을 경우에는 위임사무를 완료한 후가 아니면 이를 청구하지 못한다. 그러나 기간으로 보수를 정한 때에는 그 기간이 경과한 후에 이를 청구할 수 있다.

강아지 관련 사고

61 목줄 미착용의 상대방 개가 우리 강아지를 위협해 발로 찬 경우, 상대 견주가 치료비 요구

종: 닥스훈트

성별: 여

나이: 1년 3개월

내용 : 산책 중에 일어난 일입니다. 풀어둔 푸들이 저희 강아지에게 다가왔습니다. 으르렁거림에 저희 닥스훈트는 배를 보이는 행동을 취했습니다. 저희 강아지 목에 상대 강아지가 입질했습니다. 저는 그 강아지를 발로 걷어 차버렸습니다. 강아지와 닥스훈트 두 마리의 리드 줄을 잡고 있었고 똥 봉투마저 들고 있는 상황에 두 손이 자유롭지 못했고, 물릴 때는 손을 들이대는 게 아니라고 알고 있습니다. 제가 할 수 있는 방어책이었고 큰 사고로 이어질 수 있는 일을 막았다고 생각합니다.

상대 견주는 "개가 아파서 엑스레이 찍고 진통제를 받아왔다. 추후 지켜보고 초음파, 피검사까지 할 생각이다."라고 하며, 치료비의 절반을 요구합니다.

저는 이 부분에 동의할 수가 없습니다. 가장 무책임한 행동이 목줄을 풀어두는 것이 아닌가요? 목줄을 푼 행동은 그 뒤 일어날 수 있는 모든 일에 대한 책임을 지겠다는 것 아닌가요? 목줄 미착용 상태의 개가 나타나 위협하고 무는 행동을 보일 때 가만히 지켜만 보고 있을 견주는 없을 것으로 생각합니다. 짧은 소견에 부족함이 많아, 이렇게 조언을 얻고자 도움을 청합니다

상담

동물보호법에 의하면 반려견의 견주는 월령 3개월 이상의 반려견을 동반하고 외출할 때에는 목줄 또는 가슴줄을 하거나 이동장치를 사용하여야 합니다. 상대방이 푸들에게 목줄을 하지 않은 상태였다면 이는 동물보호법 위반으로 과태료 부과대상입니다.

* **동물보호법 제13조(등록대상동물의 관리 등)** ②소유자 등은 등록대상동물을 동반하고 외출할 때에는 농림축산식품부령으로 정하는 바에 따라 목줄 등 안전조치를 하여야 하며, 배설물(소변의 경우에는 공동주택의 엘리베이터·계단 등 건물 내부의 공용공간 및 평상·의자 등 사람이 눕거나 앉을 수 있는 기구 위의 것으로 한정한다)이 생겼을 때에는 즉시 수거하여야 한다.

제47조(과태료) ③다음 각 호의 어느 하나에 해당하는 자에게는 50만원 이하의 과태료를 부과한다.

4.제13조제2항을 위반하여 안전조치를 하지 아니하거나 배설물을 수거하지 아니한 소유자 등

* **동물보호법 시행령 [별표]** 과태료의 부과기준 과태료 금액 : 1차 위반 20만 원 / 2차 위반 30만 원 / 3차 이상 위반 50만 원

또한 민법 제759조에 의하면 반려견의 견주는 공공장소에서 반려견에게 목줄을 묶어 타인 또는 타인의 반려견에게 위해를 가하지 않도록 할 주의의무가 있습니다. 견주가 자신의 반려견에게 목줄을 하지 않아 신청인의 반려견에게 입질을 하도록 방치한 것은 주의의무를 위반한 것이므로 민법 제759조의 불법행위책임이 성립할 여지가 있습니다만, 입질만으로 구체적 손해, 즉 물어서 상처가 나는 등의 결과 발생은 하지 않았다면 상대방의 책임이 인정되지 않을 가능성도 배제할 수 없습니다.

관련 법률

* **민법 제759조(동물의 점유자의 책임)** ①동물의 점유자는 그 동물이 타인에게 가한 손해를 배상할 책임이 있다. 그러나 동물의 종류와 성질에 따라 그 보관에 상당한 주의를 해태하지 아니한 때에는 그러하지 아니하다.

한편, 신청인께서 타인의 반려견을 발로 찬 행위는 상대방 반려견의 입질과 별개로 민, 형사상 책임이 발생하게 됩니다.

강아지 관련 사고

❋ **민법 제750조(불법행위의 내용)** 고의 또는 과실로 인한 위법행위로 타인에게 손해를 가한 자는 그 손해를 배상할 책임이 있다.

❋ **형법 제366조(재물손괴등)** 타인의 재물, 문서 또는 전자기록 등 특수매체기록을 손괴 또는 은닉 기타 방법으로 기 효용을 해한 자는 3년 이하의 징역 또는 700만원 이하의 벌금에 처한다.

그러나 신청인께서는 먼저 공격을 해오는 상대방의 반려견으로부터 자신의 반려견을 방어하기 위해 상대방의 반려견을 발로 찬 것으로서, 민법 제761조의 요건을 갖추는 경우 신청인의 손해배상책임이 면책될 가능성도 있습니다.

❋ **민법 제761조(정당방위, 긴급피난)** ①타인의 불법행위에 대하여 자기 또는 제삼자의 이익을 방위하기 위하여 부득이 타인에게 손해를 가한 자는 배상할 책임이 없다. 그러나 피해자는 불법행위에 대하여 손해의 배상을 청구할 수 있다.
②전항의 규정은 급박한 위난을 피하기 위하여 부득이 타인에게 손해를 가한 경우에 준용한다.

또한 자동차사고에서 피해자와 가해자의 손해배상책임을 과실비율에 따라 분담하는 것처럼, 본 사안과 같은 경우에도 상대방이 사고 상황을 유발한 책임이 있다면 이는 과실상계사유가 되어 신청인의 손해배상책임이 면책, 감경될 수 있습니다. 상대방은 반려견에 목줄을 하지 않고, 신청인께서는 목줄을 하고 계셨기 때문에 상대방의 치료비 요구에 항변할 사유가 있다고 보입니다.

62 동물학대, 재산손괴죄 유무

종: ***

성별: ***

나이: ***

내용 : 10년 전부터 길고양이를 위해 사비로 밥그릇, 물그릇, 사료를 구매하여 다른 사람들에게 피해가 가지 않도록 길가 화단에 놓아 먹이를 제공해 왔습니다. 3개월 전부터 누군가 먹이와 물을 놓아둔 그릇에 흙을 담아주어 고양이들이 먹이와 물을 먹을 수 없게 되었습니다. 이런 행동이 동물 학대에 해당이 되는지와 재산손괴죄가 성립하는지 문의드립니다.

상담

먹이와 물을 놓아둔 그릇에 흙을 담아두는 행위가 동물보호법 제8조에서 금지하는 '고의로 사료 또는 물을 주지 아니하는 행위로 인하여 동물을 죽음에 이르게 하는 행위' 또는 '수의학적 처치의 필요, 동물로 인한 사람의 생명·신체·재산의 피해 등 농림축산식품부령으로 정하는 정당한 사유 없이 신체적 고통을 주는 행위'에 해당한다면 동물학대에 해당할 것이나, 상담 신청해 주신 내용만으로 이를 판단하기는 다소 어려워 보입니다. 재물손괴죄의 성립이 물과 먹이 그릇에 대해서인지, 길고양이들에 대해 문의하신 것인지 분명하나, '타인의 재물에 대한 기 효용 침해'라는 재물손괴죄의 구성요건을 충족하지는 못하는 것으로 보입니다.

✳ **동물보호법 제8조(동물학대 등의 금지)** ①누구든지 동물에 대하여 다음 각 호의 행위를 하여서는 아니 된다.<개정 2013. 3. 23., 2013. 4. 5., 2017. 3. 21.>

1.목을 매다는 등의 잔인한 방법으로 죽음에 이르게 하는 행위

2.노상 등 공개된 장소에서 죽이거나 같은 종류의 다른 동물이 보는 앞에서 죽음에 이르게 하는 행위

3.고의로 사료 또는 물을 주지 아니하는 행위로 인하여 동물을 죽음에 이르게 하는 행위

4.그 밖에 수의학적 처치의 필요, 동물로 인한 사람의 생명·신체·재산의 피해 등 농림축산식품부령으로 정하는 정당한 사유 없이 죽음에 이르게 하는 행위

②누구든지 동물에 대하여 다음 각 호의 학대행위를 하여서는 아니 된다. <개정 2013. 3. 23., 2017. 3. 21., 2018. 3. 20., 2020. 2. 11.>

1.도구·약물 등 물리적·화학적 방법을 사용하여 상해를 입히는 행위. 다만, 질병의 예방이나 치료 등 농림축산식품부령으로 정하는 경우는 제외한다.

2.살아 있는 상태에서 동물의 신체를 손상하거나 체액을 채취하거나 체액을 채취하기 위한 장치를 설치하는 행위. 다만, 질병의 치료 및 동물실험 등 농림축산식품부령으로 정하는 경우는 제외한다.

3.도박·광고·오락·유흥 등의 목적으로 동물에게 상해를 입히는 행위. 다만, 민속경기 등 농림축산식품부령으로 정하는 경우는 제외한다.

3의2.반려동물에게 최소한의 사육공간 제공 등 농림축산식품부령으로 정하는 사육·관리 의무를 위반하여 상해를 입히거나 질병을 유발시키는 행위

4.그 밖에 수의학적 처치의 필요, 동물로 인한 사람의 생명·신체·재산의 피해 등 농림축산식품부령으로 정하는 정당한 사유 없이 신체적 고통을 주거나 상해를 입히는 행위

③누구든지 다음 각 호에 해당하는 동물에 대하여 포획하여 판매하거나 죽이는 행위, 판매하거나 죽일 목적으로 포획하는 행위 또는 다음 각 호에 해당하는 동물임을 알면서도 알선·구매하는 행위를 하여서는 아니 된다.<개정 2017. 3. 21.>

1.유실·유기동물

2.피학대 동물 중 소유자를 알 수 없는 동물

④소유자 등은 동물을 유기(遺棄)하여서는 아니 된다.

⑤누구든지 다음 각 호의 행위를 하여서는 아니 된다.<개정 2017. 3. 21., 2019. 8. 27.>

1.제1항부터 제3항까지에 해당하는 행위를 촬영한 사진 또는 영상물을 판매·전시·전달·상영하거나 인터넷에 게재하는 행위. 다만, 동물보호 의식을 고양시키기 위한 목적이 표시된 홍보 활동 등 농림축산식품부령으로 정하는 경우에는 그러하지 아니하다.

2.도박을 목적으로 동물을 이용하는 행위 또는 동물을 이용하는 도박을 행할 목적으로 광

고·선전하는 행위. 다만, 「사행산업통합감독위원회법」 제2조제1호에 따른 사행산업은 제외한다.

3.도박·시합·복권·오락·유흥·광고 등의 상이나 경품으로 동물을 제공하는 행위

4.영리를 목적으로 동물을 대여하는 행위. 다만, 「장애인복지법」 제40조에 따른 장애인 보조견의 대여 등 농림축산식품부령으로 정하는 경우는 제외한다.

✳ **형법 제366조(재물손괴등)** 타인의 재물, 문서 또는 전자기록 등 특수매체기록을 손괴 또는 은닉 기타 방법으로 기 효용을 해한 자는 3년 이하의 징역 또는 700만원 이하의 벌금에 처한다

63 반려견 죽임 당함. 죽임 증거 입증. 피의자 법정 구속과 처벌 가능 여부

종: 푸들

성별: 남

나이: 6년

🐾 **내용** : 사건의 내용은 현장에 있던 저희 어머니의 진술과 피의자의 진술을 토대로 정리하였습니다.

저희 어머니와 평소 사이가 나쁜 피의자가 2019년 9월 14일 토요일 오전 11시경, 농사용 트랙터를 운전해서 어머니 집 앞을 지나가고 있었습니다. 피의자 밭이 어머니 집 바로 옆이기 때문에 하루에도 여러 번 지나다닙니다. 피의자가 지나다닐 때마다 반려견(까미)은 쫓아가서 짖었습니다. 이날도 까미는 똑같이 행동했고, 그 순간 까미가 깨갱거리며 비명을 질렀습니다. 집 안쪽 밭에서 일하시던 어머니는 그 소리에 달려갔습니다. 까미는 집 앞 입구 풀밭에 누워서 움직이지 않았고, 2~3m 떨어진 곳(입구 바로 앞)에서 트랙터에 앉아 있는 피의자가 까미와 어머니를 멍하니 바라보고 있었습니다. 어머니는 까미를 보자마자 피의자에게 "왜 강아지를 치고 지나가냐."라고 외치며 오열하였습니다. 어머니가 까미를 안으려 하자, 본인을 또 헤친다고 생각했는지 이빨을 드러내며 물려고 하였습니다. 어머니가 "까미야, 엄마야." 하자마자 까미는 미동을 하지 않았고, 어머니는 까미를 안아 집 안 바닥에 눕혔습니다. 이때(오전 11시 30분경) 제가 영상통화를 걸었고, 바닥에 누워서 미동하지 않는 까미를 보았습니다. 어머니는 까미가 죽을 것 같다고 말씀하셨습니다.

어머니는 곧바로 시내에 있는 24시간 동물병원에 찾아갔지만, 동물병원 원장은 "외부의 인위적인 압력에 의해서 오른쪽 뒷다리에 찰과상이 있고, 복강 내 출혈이 의심되어 쇼크사 가능성이 있다."라는 소견을 주었습니다. 검진 결과, 일반적인 강아지보다 심장 크기가 훨씬 작아진 상태였는데, 출혈이 많아 나타난 현상이라고 합니다. 까미는 결국, 사건 발생 4시간 만에 죽었습니다.

저희는 피의자를 형사 고발하려고 신고했지만, 심증만 있고 물증이 없어 민사 소송으로 해야 한다고 전해 들었습니다.

어머니가 피의자를 의심하는 것은 농업용 트랙터가 아무리 빨리 달려도 시속 10km가 안되므로, 평소에 까미가 피의자가 지나다닐 때마다 짖어서 보복성으로 까미를 일부러 쳤을 수도 있다는 점입니다. 트랙터 후미에 달린 스크류를 순간 작동시켜, 사고 전 트랙터 뒷바퀴를 쫓아가는 까미에게 일부러 기계적 외압을 가했고, 그로 인해 뒷바퀴에 깔렸거나 스크류에 말려서 트랙터로부터 2~3m 떨어진 풀밭에 나가떨어졌다고 의심했습니다. 까미가 육체적으로 건강한 강아지이므로 평소처럼 트랙터 뒷바퀴를 따라가며 짖을 때, 사각지대에 있는 스크류를 일부러 작동시켜 까미의 오른쪽 다리 부분을 친 것으로 보입니다. 또, 동네 이웃 주민이 피의자가 당시에 술을 마신 상태였다고 말했고, 사고 당시 어머니가 왜 강아지를 치고 갔냐고 물었을 때, 피의자는 트랙터 소리 때문에 강아지가 있는지 몰랐다고 했습니다. 하지만 사고 당시 까미가 비명을 지를 때, 피의자는 트랙터를 멈추었고 까미를 보고 있었습니다. 이는 까미가 트랙터 근처에 있었다는 것을 인지했다는 정황으로 보입니다.

물론 피의자 본인은 못봤다고 주장합니다. 하지만 까미 죽음에 대해 의사는 강한 압력(외압)이 가해져서 방광, 소장, 대동맥 등이 파열된 것 같다고 합니다. 상식적으로 저속력(10km/h)의 트랙터에 치여서 생길 수 없는 증상이며, 바퀴에 깔리거나 회전하는 스크류에 의해 사고를 당했다고 볼 수 밖에 없습니다. 농사용 트랙터에 대해 잘 아는 다른 트랙터 운전자도 트랙터 후미에 있는 스크류를 일부러 가동한 것 같다고 말했습니다.

어제(2019년 9월 16일 월요일) 어머니 댁에 갔는데, 마침 피의자가 앞을 지나가 불러 세워 당시 상황을 재현시켰습니다. 사진도 찍고 대화 내용을 녹음했습니다. 피의자는 횡설수설하며 "자기가 까미를 죽였다고 치자."라고 했습니다. 이 내용이 까미를 죽였다는 증거가 되는지 궁금합니다.

피의자는 사고 직전, 까미가 짖으며 트랙터에 다가왔다고 합니다. 그냥 지나가고 있었는데, 뒤에서 갑자기 까미가 깨갱거리며 비명을 질러 트랙터를 멈추고 내려왔다고 말했습니다. 이전에 피의자는 까미를 보지 못했으며, 트랙터 소리가 커서 강아지 짖는 소리도 못들었다고 했습니다. 그런데 어떻게 강아지의 비명을 듣고 트랙터를 멈췄을까요. 또, 당시 어머니가 기억하기에는 피의자가 트랙터 위에서 멍하니 쳐다만 보고 있었다고 했는데, 피의자는 본인이 트랙터에서 내려와서 까미를 쳐다봤다고 말했습니다.(녹음 내용 참고) 피의자가 일관성 없이 한 말에 더욱 의심됩니다.

또, 어머니는 사건 당시에 피의자가 집 앞을 지날 때 기어를 바꾸는 소리가 났다고 합니다. 제가 피의자에게 요청해 확인한 결과, 트랙터 스크류를 바닥으로 내릴 때 기어를 바꿨습니다. 그리고 스크류 끝 위치는 정확하게 트랙터 왼쪽 후미 바로 앞으로, 까미가 트랙터를 쫓아가던 위치와 일치합니다.

제가 가진 사진, 녹음파일, 의사 진료 소견서로 피의자를 법정 구속시키고 처벌할 수 있는지 알고 싶습니다. 사고 당일(2019년 9월 14일) 이후부터 견주인 저와 지난 4년간 까미와 동고동락한 어머니는 극심한 우울증을 앓고 있으며, 잠자리에 들기 어려운 상태입니다. 까미는 저희에게 그냥 강아지가 아니고 '가족'이었습니다. 사람과 똑같이 대했기 때문에 저희에게는 가족을 잃은 아픔이 정말 고통스럽습니다.

피의자를 용서하려고 했지만, 사과 한번 하지 않는 뻔뻔함에 가능한 법적 조치는 다 하고자 법률상담을 신청합니다. 반려동물 보호법이 있으나, 동물학대에만 해당한다고 하여 이번 사고와 연계성을 가지고 형사 고발이 어렵다는 의견을 시청 반려동물 담당자로부터 들었습니다. 그래서 민사소송을 준비하고 있으며, 설사 까미의 죽음에 대한 민사소송으로 피의자 구속이나 법적 조치가 어렵다고 하더라고 저와 어머니 그리고 가족 모두에게 정신적 고통을 겪게 한 것과 까미를 4년간 길러오는데 들어간 비용과 시간에 대한 금전적 피해 보상을 요구하고 싶습니다.

상담

현재 사건에 관한 직접적인 증거가 될 만한 현장 목격자, CCTV 등이 없는 상황에 확보하신 증거와 진술만으로 가해자에 대한 기소, 구속, 처벌이 가능한지 순서대로 살펴보겠습니다. 우선 가해자에게 적용할 수 있는 죄명은 형법의 재물손괴죄 또는 동물보호법위반입니다.

* **형법 제366조(재물손괴등)** 타인의 재물, 문서 또는 전자기록 등 특수매체기록을 손괴 또는 은닉 기타 방법으로 기 효용을 해한 자는 3년 이하의 징역 또는 700만원 이하의 벌금에 처한다.

* **동물보호법 제8조(동물학대 등의 금지)** ①누구든지 동물에 대하여 다음 각 호의 행위를 하여서는 아니 된다.

  1.목을 매다는 등의 잔인한 방법으로 죽음에 이르게 하는 행위

  2.노상 등 공개된 장소에서 죽이거나 같은 종류의 다른 동물이 보는 앞에서 죽음에 이르게 하는 행위

  3.고의로 사료 또는 물을 주지 아니하는 행위로 인하여 동물을 죽음에 이르게 하는 행위

  4.그 밖에 수의학적 처치의 필요, 동물로 인한 사람의 생명·신체·재산의 피해 등 농림축산식품부령으로 정하는 정당한 사유 없이 죽음에 이르게 하는 행위

가해자를 고소하실 경우 고소사건을 배정받은 경찰은 우선 고소인을 경찰서에 출석하도록 하여 진술조서를 작성하고, 고소인으로부터 자료를 받아 검토한 이후, 피고소인(가해자)을 경찰서에 출석하도록 하여 신문합니다. 가해자가 범행을 완강히 부인한다고 하더라도 고소인의 진술과 간접, 정황 증거들이 가해자의 범행을 상당 부분 뒷받침한다면 기소 가능성이 있을 것이나, 가해자의 범행과 고의를 입증하는 것이 쉽지는 않을 수 있습니다.

다만, 형사사건의 피의자 수사는 불구속수사를 원칙으로 하고, 형사소송법 제70조에서 정하고 있는 구속사유(피고인이 일정한 주거가 없는 때 / 피고인이 증거를 인멸할 염려가 있는 때 / 피고인이 도망하거나 도망할 염려가 있는 때)에 해당하는 경우에만 예외적으로 구속수사를 합니다. 따라서 가해자가 구속될 확률은 극히 낮다고 보셔야 합니다.

만약 검사가 가해자를 기소하는 단계까지 간다면 가해자에 대한 처벌 가능성, 즉 유죄판결이 선고될 확률은 상당히 높습니다. 일반적으로 고소사건에 대한 기소처분 비율에 비하여 불기소처분 비율이 현저히 높은 반면, 기소가 되고나면 무죄판결 비율에 비하여 유죄판결 비율이 현저히 높습니다. 다만, 그렇다고 하더라도 실제 가해자에 대한 징역형이 선고될 가능성은 높지않아 보이고, 벌금형이 선고될 가능성이 높습니다.

현행법상 경찰의 조치나 검사의 처분, 법원의 판결 등이 부당한 경우의 불복절차는 보장되어 있기는 하나, 처음부터 최대한 꼼꼼히 고소장과 관련 증거 등을 준비하시는 것이 필요합니다.

종: **토이푸들**

성별: **여**

나이: **3년**

🐾 **내용** : 10월 10일 목요일 밤 10시경 산책 도중, 아파트 단지 밖 도로(분리형 자전거 보행자 겸용 도로)에서 본인 강아지가 대변을 보려 하여(목줄 상태에서 대변을 보지 않는 습성이 있음), 전후방 100m 내외에 보행자와 자전거가 없음을 확인하고, 잠시 목줄을 푼 상태로 걸어갔습니다. 그 사이, 후방에서 다가오는 자전거를 발견해 강아지를 부르며 잡으려 했으나, 자전거를 발견한 강아지가 놀라 자전거 도로로 끼어들었습니다. 그 순간 자전거는 멈추지 않고 무리하게 지나가려고 해, 강아지 앞발을 밟았고 지나서야 멈췄습니다. 이후, 자전거 주인이 괜찮은지 물었으나 이미 강아지의 앞다리가 골절된 상태여서 연락처만 받은 뒤 급히 24시 병원으로 이송했습니다. 강아지는 2시간 가량의 수술을 마치고 현재 입원 중에 있습니다. 외과 의사의 수술 전 엑스레이 확인 결과, 앞다리 왼쪽 골절로 뼈 자체가 으스러진 상태였습니다.

🐾 **견주 측** : 사고 발생 당시, 목줄 미착용인 점을 과실로 인정하여 수술비 발생에 대해 전적으로 견주가 부담한다. 하지만 전방주시 태만 및 무리하게 지나가려고 했던 부분(브레이크 또는 속도를 줄이지 않은 점)으로 이와 같은 사고가 발생하여, 사과를 요구하며 사건 당시 응급 치료비 부분만 부담해 달라고 요청한다.

🐾 **자전거 주인 측** : 본인은 과실이 없으며, 견주의 100% 과실이고 견주 입장을 일체 무시한다. 되려 피해자라고 주장하며 견주가 고소할 시 맞고소 예정이라고 한다. 견주가 사고 목격 충격으로 정신적 피해를 얻었다 하니 본인 또한 그렇다며, 그 다음 날 정형외과 진단서(경추/요추의 염좌 및 긴장)를 발급하여 바로 견주에게 문자를 보냈다.

🐾 사건 발생 당시 자전거에 서서 견주에게 괜찮냐고 말을 건넸던 것으로 보아, 허위 진단으로 추정

상담

　자전거와 반려견이 충돌한 사고인 데, 목줄을 착용하지 않은 상태에서 반려견이 자전거 도로를 침범한 것이므로 반려견 측의 과실이 인정됩니다.

　자전거 운전자에게도 전방주시의무와 안전운전의무를 게을리 한 점이 인정될 수 있는데, 이 부분 과실정도에 따라 책임이 제한되어 손해배상금에서 공제될 수 있습니다. 만일 충돌사고로 자전거 운전자도 부상을 입었다면, 반려 견주의 과실비율만큼 그 손해를 배상할 책임이 있습니다.(진단서 허위 여부는 확인된 사항이 아니므로 이를 전제로 판단하기는 어려우나 진단서가 발급되었다면, 특별한 사정이 없는 한 부상이 존재하는 것으로 보아야 합니다.)

　충돌사고로 인한 반려견의 손해에 대하여는 자전거 운전자의 과실비율의 정도만큼 배상할 책임이 있고, 자전거 운전자의 손해에 대하여는 반려견 측의 과실비율만큼 배상할 책임이 있다고 할 수 있는데, 자전거도로에서 갑자기 반려견이 뛰어 든 것이라면 반려견 측의 책임이 더 클 것으로 판단됩니다.

　반려견의 부상과 관련하여서는 민사책임 외에 형사책임은 문제가 되지 않으나 자전거 운전자가 부상을 입었다면, 민사책임 외에 형사적으로 과실치상의 책임도 문제가 될 수 있으므로 가급적 합의를 통해 사건을 해결하는 것이 필요합니다.

강아지 관련 사고

65 뺑소니 사망 사건

종: 말티즈 믹스견

성별: 여

나이: 1년 6개월

내용: 2019년 12월 21일 오후 2시 20분쯤, 경남 함양에서 반려견 두 마리와 한 산한 골목 도로를 산책하고 있었습니다. 한 반려견(바다)의 목줄 손잡이를 놓쳤고, 손잡이가 바닥에 떨어지며 난 소리에 반려견이 놀라 길 한가운데 달려가 서 있게 되었고 주인인 제가 부르며 다가가고 있었습니다. 그때, 흰색 승용차가 빠르게 지나갔고(앞바퀴가 지나갈 때는 반려견을 간신히 비켜 갔으나) 뒷바퀴가 지나갈 때 반려견의 머리를 치고 멈춤 없이 그냥 가버렸습니다. 비명을 지르며 곧 달려갔으나 반려견은 머리에 피를 흘리고 입으로 피를 토하며 죽어가고 있었습니다. 제가 반려견을 안아 차에 싣고 동물병원으로 찾아갔지만, 의사 선생님이 출장 중이셨고 또 다른 병원은 문이 닫혀 있어 그 사이에 반려견이 사망했습니다. 저와 가족들은 가족같은 반려견을 갑작스럽게 잃고 상실감에 지금껏 눈물과 고통 속에 있습니다. 골목 도로에서 빠르게 지나가며 상황을 살피지 않은 운전자, 저희 반려견을 치어 놓고도 멈춤 없이 그냥 지나가 버린 운전자에게 책임을 묻고 싶습니다.

이런 경우 어떤 법적인 책임을 물을 수 있는지 알려주시길 간절하게 부탁드립니다.

상담

우선 불의의 사고로 바다를 잃으신 큰 슬픔에 위로의 말씀 전합니다. 가해 운전자에 대한 법적인 책임을 묻는 방법은 형사 고소를 하여 처벌을 받게 하는 방법과 민사 손해배상청구소송을 통하여 금전적으로 배상받는 방법이 있습니다.

1 형사책임

가해 운전자는 도로교통법위반의 죄명으로 처벌이 가능할 것으로 보이므로 사고 발생지 관할 경찰서에 신고(또는 고소)하셔서 형사절차를 진행하실 수 있습니다. 도로교통법 제54조 제1항은 교통사고를 낸 운전자의 조치의무를 규정하고 있습니다. 반려견의 법적 지위는 물건에 해당하므로 본 사안의 운전자는 차를 운전하다가 물건을 손괴한 것입니다. 사고를 낸 운전자는 즉시 정차하여 필요한 조치를 취하고 피해자에게 인적사항을 제공하여야 합니다. 그러나 본 사안의 운전자는 이를 위반하였으므로 도로교통법 제148조에 따라 처벌을 받을 수 있습니다.

관련 규정

❋ 도로교통법 제54조(사고발생 시의 조치) ①차 또는 노면전차의 운전 등 교통으로 인하여 사람을 사상하거나 물건을 손괴(이하 "교통사고"라 한다)한 경우에는 그 차 또는 노면전차의 운전자나 그 밖의 승무원(이하 "운전자등"이라 한다)은 즉시 정차하여 다음 각 호의 조치를 하여야 한다.
1.사상자를 구호하는 등 필요한 조치
2.피해자에게 인적 사항(성명·전화번호·주소 등을 말한다. 이하 제148조 및 제156조제10호에서 같다) 제공

제148조(벌칙) 제54조제1항에 따른 교통사고 발생 시의 조치를 하지 아니한 사람(주·정차된 차만 손괴한 것이 분명한 경우에 제54조제1항제2호에 따라 피해자에게 인적 사항을 제공하지 아니한 사람은 제외한다)은 5년 이하의 징역이나 1천500만원 이하의 벌금에 처한다.

도로교통법 제54조 제1항의 보호법익은 도로교통의 안전과 원활이고, 그 행위주체는 차의 교통으로 인하여 사람을 사상하거나 물건을 손괴한 차의 운전자 및 승무원으로서 그 교통사고가 위 운전자 등의 고의, 과실 등의 귀책사유로 발생할 것을 요하지 아니하며, 또 사람의 사상, 물건의 손괴가 있다는 것에 대한 인식이 있을 것을 필요로 하는 고의범입니다.(대법원 1991. 6. 14. 선고 91도253 판결 참조)

운전자로서는 길 한가운데 있는 동물을 발견하기 어렵지 않은 점, 본 사안에서 운전자가 바다를 발견하고 비켜 가려고 한 점, 견주가 비명을 지르며 곧 달려간 점 등에 비추어 본 사안의 운전자는 물건의 손괴가 있다는 것에 대한 인식이 있는 상

태, 즉 고의가 있다고 할 것입니다. 도로교통법 제5조 제1항의 취지는 도로에서 일어나는 교통상의 위험과 장해를 방지·제거하여 안전하고 원활한 교통을 확보하기 위한 것으로서 피해자의 피해를 회복시켜주기 위한 것이 아니고, 이 경우 운전자가 취하여야 할 조치는 사고의 내용과 피해의 정도 등 구체적 상황에 따라 적절히 강구되어야 하고 그 정도는 건전한 양식에 비추어 통상 요구되는 정도의 조치를 말합니다.

2 민사책임

가해 운전자가 낸 교통사고는 민법상 불법행위에 해당하므로 견주는 손해배상청구소송을 통하여 사고로 인한 재산상 손해, 정신적 손해(위자료)를 배상받으실 수 있습니다.

관련 법률

* **민법 제750조(불법행위의 내용)** 고의 또는 과실로 인한 위법행위로 타인에게 손해를 가한 자는 그 손해를 배상할 책임이 있다.

법원은 반려견의 사망에 따른 위자료를 인정하면서 다음과 같이 설시한 바 있습니다.

"물건의 멸실에 따른 정신적 고통은 통상 재산적 손해의 배상에 의하여 회복되나, 그로써도 회복될 수 없는 정신적 고통은 특별사정에 의한 손해이다. 이 사건의 경우, 일반적으로 애완견을 소유하는 목적은 애완견과 정신적인 유대와 애정을 나누기 위함이고, 원고 또한 같은 이유로 원고의 개를 소유한 것으로 보이는 점, 애완견은 보통 물건들과 달리 생명을 가진 동물인 점, 그러한 의미에서 요즘 애완견을 단순한 동물을 넘어서 반려견으로까지 여기는 점 등을 고려하면, 원고처럼 애완견 주인이 가지는 정신적 고통의 손해는 그 애완견의 구매가 또는 시가 상당액을 배상받는 것만으로는 회복될 수 없는 특별사정에 의한 손해이고, 사고를 야기한 피고는 그러한 특별사정을 알았거나 알 수 있었다고 봄이 타당하다. 사고 경위, 사고 정도, 원고의 개가 원고의 애완견으로 지내온 기간, 원고 개의 교환가치, 물적 손해에 대한 위자료인 점 등 모든 사정을 참작하여(이하생략)"

　　그러나 본 사안에서 견주가 반려견의 목줄을 놓친 과실도 있는 점, 법원에서 통상 인정하는 위자료 액수가 매우 적은 점, 소송에 소요되는 비용과 시간 등을 종합적으로 고려하면 소송의 실익은 크지 않을 것으로 판단되므로 신중하게 검토하신 후 결정하시는 것이 좋겠습니다.

기타 문의

66 공원에서 다른 사람 옷에 마킹을 했을 경우 처리, 공원 내 CCTV를 확인하고자 할 경우 절차

종: **진도 믹스견**

성별: **남**

나이: **18개월**

🐾 **내용** : 공원에서 반려견이 다른 사람 옷에 마킹을 했습니다. 견주는 세탁비를 제공하겠다고 하였으나, 상대방은 새 옷이라고 옷값(96,000원)을 요청했고 가방에도 묻었다며 가방 세탁비도 같이 요구했습니다.

세탁비만 제공하면 되는 건지, 상대방의 요구대로 옷값(96,000원)과 가방 세탁비를 다 물어줘야 하는지 상담 요청합니다.

그리고 강아지가 마킹하는 모습을 견주가 보지 못한 상황인데, 공원 내 CCTV를 확인하려면, 어떻게 해야 하는지 절차 상담을 요청합니다.(견주가 알아본 내용으로는 경찰에게 사건조사 요청을 해야 한다고 하는데, 가해자가 신청할 수 있는지도 궁금)

상담

1 상대방에게 지급해야 하는 금액

민법 제759조에 따라 반려견의 견주는 반려견이 타인에게 손해를 가하지 않도록 주의할 의무가 있습니다. 반려견의 배설물로 타인의 옷, 가방이 오염된 손해는 재산상 손해이고, 반려견의 견주는 손해를 방지할 주의의무를 위반한 과실이 있으므로 상대방에 대한 손해배상책임이 있습니다. 일반적으로 불법행위로 인한 손해는 물건이 멸실되었을 때에는 멸실 당시의 시가를, 물건이 훼손되었을 때에는 수리 또는 원상회복이 가능한 경우에는 수리비 또는 원상회복에 드는 비용을 손해배상액으로 봅니다. 이 사안에서 반려견의 마킹으로 인하여 옷과 가방이 멸실, 즉 못 쓰는 것과 같은 상태가 된 것이 아니라 오염된 것이고, 세탁을 하면 원상회복이 가능하므로 상대방에게 지급할 금액은 옷값(96,000원)이 아닌 옷과 가방의 세탁비 상당액입니다. 반려견의 견주께서 반려견이 가방에도 마킹을 했는지 직접 보지 못하셨기 때문에 의심스럽거나 억울하실 수 있습니다. 그러나 반려견으로 인한 견주의 손해배상책임을 규정한 민법 제759조의 구조상 반려견의 견주가 '상당한 주의를 해태하지 아니하였음'을 입증하여야 손해배상책임이 면책됩니다. 반려견의 견주가 반려견의 마킹 상황을 보지 못한 것도 반려견에 대해 기울여야 할 충분한 주의를 다 하지 않은 것으로 해석될 수 있습니다. 이 사안에서 반려견의 견주께서 '상당한 주의'에 대한 입증이 어려울 것으로 보이므로 상대방에게 가방의 세탁비도 지급하셔야 할 것으로 판단됩니다.

관련 법률

✳ **민법 제759조(동물의 점유자의 책임)** ①동물의 점유자는 그 동물이 타인에게 가한 손해를 배상할 책임이 있다. 그러나 동물의 종류와 성질에 따라 그 보관에 상당한 주의를 해태하지 아니한 때에는 그러하지 아니하다.

2 CCTV 열람 방법

견주께서 알아보신 대로 경찰에 사건 접수를 하셔야 공원 내 CCTV 열람이 가능합니다. 그러나 이 사안은 어떠한 범죄가 성립하는 사안이 아닌, 개인 간의 민사적인 책임만 문제되는 사안이라 사건 접수 자체가 되지 않을 수 있습니다. 범죄가 성립하는 경우에는 가해자도 자수하는 방식으로 경찰에 사건조사를 요청하실 수 있으나, 이 사안은 범죄 성립이라는 전제가 충족되지 않아 해당사항이 없는 것으로 보입니다. 덧붙여 공원 내 CCTV 관리자가 정보주체의 동의를 받지 않고 임의로 타인에게 CCTV 화면을 열람하게 하거나 제공할 경우, 그 관리자뿐만 아니라 열람 또는 제공받은 상대방도 개인 정보보호법 위반으로 처벌받을 수 있습니다.

67

범칙금 부과(위험한 동물 관리 소홀)에 대한 이의신청에 정식재판 승소 가능성

종: 진도 믹스견

성별: 남

나이: 18개월

내용 : 반려견(보리) 산책 중, 고양이를 쫓아가다가 빌라 골목에 진입하게 되었습니다. 주민이 화를 내서 방향을 전환하고 돌아가던 중, 제 반려견이 다시 고양이 있는 곳으로 향했습니다. 고양이가 그 빌라 골목에 주차된 차 아래에 있어 그 부근을 계속 왔다갔다 하니, 화를 내던 주민이 자기를 위협하려고 다시 왔다며 경찰에 신고했고 범칙금 5만원을 통지받았습니다.

범칙금 내용
위반 내용: 위험한 동물 관리 소홀
적용 법조: 경범죄 3조1항25호

반려견의 목줄은 잡고 있었고 사람들 털 끝 하나 안 건드렸고, 한 번도 사람을 문 적이 없는 완전 순한 반려견이라 범칙금에 대해 이의신청해 6월 19일 즉결심판을 받았습니다. 범칙금에 대해 이의가 있어 신청한 건 데 이의가 있다면 정식재판을 하라는 판결을 받았습니다. 정식재판을 하려면 경찰서에 오늘 21일 오라고 해서 갔습니다. 만약 패소하면 빨간줄이 그어지고, 즉결심판 후 1주일 이내에 정식재판을 신청해야 한다며 잘 생각해서 판단하라는 이야기를 들었습니다. 신청할 거면 6월 25일까지 오라고 합니다. 벌금이 더 많아질 수도 있고 지면 빨간줄이 그어진다는 등의 이야기를 들으니, 갑자기 자신이 없어져서 상담 요청합니다. 범칙금에 대해 이의신청하면 이길 수 있을까요?

신청인께서 정식재판을 청구해서 이길 수 있는 확률을 단정적으로 말씀드리기는 어려운 상황으로 보입니다. 정식재판을 통하여 위험한 동물이 아니라는 점, 관리를 소홀히 하지 않으셨다는 점을 충분히 입증하실 수 있다면 무죄선고를 받으실 수 있지만, 정식재판을 하셔도 무죄를 선고받지 못하시면 벌금형이 기존 5만원보다 상향되거나 전과가 남는 부담을 감수하셔야 합니다.

18개월 된 진도 믹스견인 보리가 신청인께서 충분히 통제 가능한 체구이고, 신청인께서 보리의 목줄을 단단히 잡고 계셨다면 관리를 소홀하지 않았다는 점의 근거가 될 수 있습니다. 반면, 해당 주민이 위협적으로 느꼈다고 주장하고, 주민이 보리가 가까이 오는 것에 화를 내서 의사표시를 했음에도 그 부근에 머무르신 것은 관리 소홀의 근거가 될 수 있습니다. 따라서 이길 수 있는 확률이 월등히 높다고 할 수는 없는 상황입니다.

즉결심판으로 벌금이 부과된 경우 「형의 실효 등에 관한 법률」 제5조 제1항 제1호에 따라 전과기록이 남지 않습니다. 과거에는 즉결심판, 약식명령에 대해 정식재판 청구를 하는 경우 더 중한 형, 이를테면 더 많은 벌금을 부과하지 못했지만 2017년 12월 19일 형사소송법이 개정되어 현재는 즉결심판 벌금보다 더 많은 벌금이 부과될 수 있게 되었습니다. 저희는 유리한 점과 불리한 점을 대략적으로 말씀드릴 수 있을 뿐, 신청인께서 여러 사항들을 신중히 고려하셔서 판단하셔야 할 듯합니다.

관련 법률

❋ **형의 실효 등에 관한 법률 제5조(수사자료표)** ①사법경찰관은 피의자에 대한 수사자료표를 작성하여 경찰청에 송부하여야 한다. 다만, 다음 각 호의 자에 대하여는 그러하지 아니하다.
  1.즉결심판 대상자
❋ **형사소송법 제457조의2(형종 상향의 금지 등)** ②피고인이 정식재판을 청구한 사건에 대하여 약식 명령의 형보다 중한 형을 선고하는 경우에는 판결서에 양형의 이유를 적어야 한다.[전문개정 2017.12.19.]
❋ **즉결심판에 관한 절차법 제19조(형사소송법의 준용)** 즉결심판절차에 있어서 이 법에 특별한 규정이 없는 한 그 성질에 반하지 아니한 것은 형사소송법의 규정을 준용한다.

68 공동주택에서 반려동물 무덤을 만든 경우

종: ***

성별: ***

나이: ***

내용 : 저는 공동주택 관리자입니다. 주민이 공동주택 공원에 반려동물 무덤을 만들어 놓았습니다. 민원이 접수되었는데, 어떤 법을 알려드리며 이장하도록 권유하여야 하는지 궁금합니다.

상담

반려동물의 사체는 동물병원에 의뢰하여 의료폐기물로 소각 처리하거나 동물보호법에 따라 시·도에 등록한 동물장묘시설에서 처리해야 합니다. 그러나 동물보호관리시스템 (www.animal.go.kr)에서 조회해 본 결과, 제주특별자치도 내 등록된 동물장묘시설은 없는 것으로 확인됩니다. 그렇다면 해당 반려동물의 사체는 동물병원에 위탁하여 처리하거나 견주가 '폐기물 관리법'에 따른 폐기물(생활폐기물)로서 생활쓰레기봉투에 넣어 분리 배출해야 합니다. 신청인께서는 견주에게 '해당 반려동물 사체는 폐기물관리법 제2조에 따라 생활폐기물에 해당하고, 공동주택 공원에 반려동물 무덤을 만든 행위는 같은 법 제8조를 위반하여, 같은 법 제68조제3항제1호에 따라 100만원 이하의 과태료 부과 대상임'을 고지하시고 시정 조치를 촉구하실 수 있습니다.

❋ **폐기물관리법 제2조(정의)** 이 법에서 사용하는 용어의 뜻은 다음과 같다.

1."폐기물"이란 쓰레기, 연소재, 오니, 폐유, 폐산, 폐알칼리 및 동물의 사체 등으로서 사람의 생활이나 사업활동에 필요하지 아니하게 된 물질을 말한다.

2."생활폐기물"이란 사업장폐기물 외의 폐기물을 말한다.

제8조(폐기물의 투기 금지 등) ①누구든지 특별자치시장, 특별자치도지사, 시장·군수 ·구청장이나 공원·도로 등 시설의 관리자가 폐기물의 수집을 위하여 마련한 장소나 설비 외의 장소에 폐기물을 버려서는 아니 된다.

②누구든지 이 법에 따라 허가 또는 승인을 받거나 신고한 폐기물처리시설이 아닌 곳에서 폐기물을 매립하거나 소각하여서는 아니 된다. 다만, 제14조제1항 단서에 따른 지역에서 해당 특별자치시, 특별자치도, 시·군·구의 조례로 정하는 바에 따라 소각하는 경우에는 그러하지 아니하다.

제68조(과태료) ③다음 각 호의 어느 하나에 해당하는 자에게는 100만원 이하의 과태료를 부과한다.

1.제8조제1항 또는 제2항을 위반하여 생활폐기물을 버리거나 매립 또는 소각한 자

69 가사 도우미가 고양이를 베란다에 가둬 놓고 청소한 경우

종: 코리안 숏헤어 / 먼치킨

성별: 남 / 여

나이: 1년 / 7개월

내용 : 저는 7월 1일부터 7월 3일까지 강원도로 예비군 훈련을 하러 갔습니다. 제가 집에 없는 7월 3일에 집 청소를 위해 가사 도우미 어플을 이용해 가사도 우미 청소를 부탁했습니다

7월 3일 오후 8시 30분경에 집에 도착해서 보니 고양이들이 베란다에서 울고 있었습니다. 미소 가사 도우미 측에 연락을 취해서 어떻게 된 일인지 물어보고 방 안에 설치된 고양이용 CCTV를 확인해 보았습니다. 청소하시는 분이 고양이를 베란다에 방치시켜놓고 청소를 한 후 그대로 집에 가셨습니다. 청소가 다 끝나고 문도 안 열어주고 그 더운 날에 몇 시간 동안이나 밖에 방치되어 있었는데, 청소하신 분은 제가 업체에 전화해 달라고 한, 다음날 오후나 돼서 저에게 사과하시더군요. 그런데 사과하시는 중간중간 계속 "회사에서 가둬 놓고 하라고 했다."라는 말만 반복했습니다. 제가 피해 보상과 병원비를 달라고 하니 7월 4일 당일에는 주신다고 했으나, 7월 5일 오전에 연락을 드려서 어떻게 언제 주실 건지 여쭤봤더니 갑자기 "회사에서 알아서 해줄 거다. 알아서 해결해 줄 거니까 기다려라."라는 말만 했습니다. 회사에서도 순차적으로 연락할 거니까 기다리라고만 하고 지금까지 연락이 없습니다. 고양이들은 하루 동안이나 밥도 못 먹고 놀라서, 제가 건드리기만 해도 도망가고 종일 힘도 없어 합니다. 아무것도 못 해 주고 미안함만 큰데 당사자들은 아무런 해결책을 제시해 주지 않았습니다. 저도 그냥 좋게 넘어가려고 했으나, 청소하신 분의 "책임진다고요. 회사에서 알아서 해결해 줄 거예요."라는 말이 너무 화가 나고 자기는 '책임이 없다'라는 말로 들려서 좋게 넘어가지 않으려고 합니다. 어떻게 해야 할지 해결책을 부탁드립니다. 구청, 소비자 보호원 모든 곳에 전화해도 자기들은 잘 모르겠다고 합니다.

현행법상 반려묘는 '물건', '재물'에 해당하기 때문에 가사 도우미가 반려묘를 베란다에 오랜 시간 가둬두는 방법으로 건강을 해친 경우, 민법의 불법행위에 기한 손해배상으로 반려묘의 치료비 상당을 청구하시거나, 형법의 재물손괴죄로 수사기관에 고소하실 수 있습니다. 다만, 사안에서 가사 도우미에게 재물손괴의 고의가 인정되어 처벌될 확률이 높지는 않을 듯합니다.

관련 법률

※ **민법 제750조(불법행위의 내용)** 고의 또는 과실로 인한 위법행위로 타인에게 손해를 가한 자는 그 손해를 배상할 책임이 있다.

※ **형법 제366조(재물손괴등)** 타인의 재물, 문서 또는 전자기록 등 특수매체기록을 손괴 또는 은닉 기타 방법으로 기 효용을 해한 자는 3년 이하의 징역 또는 700만원 이하의 벌금에 처한다.

반려동물 소유권, 동의 없이 소유주 변경 및 절도

종: 말티즈, 말티푸

성별: 남

나이: 1년 6개월, 1년 4개월

내용 : 저는 말티즈(사랑이), 말티푸 두 아이를 키우던 27살 남자입니다. 두 남자 아이를 2018년 5월 10일 입양했고 지금까지 저와 함께 살고 있었습니다. 하지만 며칠 전인 7월 14일 사귀던 여자친구와 다투게 되었고 싸우던 중 여자친구가 "애들을 데리고 가겠다!"라고 해서 "마음대로 해라!"라고 말했습니다. 옥상에서 흡연하고 오니, 두 아이를 데리고 1층으로 내려가고 있길래 뛰어 내려가 데려가지 말라고 손목을 잡았고 그렇게 실랑이 하던 중, 사랑이는 다시 데려올 수 있었습니다. 다음날 일 때문에 바쁜데 애들을 자기 앞으로 소유 변경했으니 "사랑이도 내놔라!"라는 말에 너무 화가 났습니다. "비밀번호 ****이니까 네 마음대로 해!"라고 전화를 끊어버렸고 퇴근하고 집에 오니 사랑이와 집에 있던 용품도 모두 사라지고 없었습니다. 지금은 도난과 무단가택 침입으로 신고접수를 한 상태입니다.

전에 한 번 크게 싸워서 여자친구가 "헤어지기 싫으면 애들 포기하겠다는 각서를 써라!"라고 말해, 집 앞 편의점에서 A4용지에 작성한 각서가 있습니다. 저는 헤어지기 싫고 3년을 만나던 사이라 이런 상황이 벌어질지 몰랐고 당시에는 헤어지기 싫어서 작성했는데 그걸 들먹이며 애들을 데리고 가겠다고 했습니다. 이런 말까지 하기 그렇지만 지금껏 1년 반 동안 내 밥은 안 먹어도 애들 간식은 항상 넉넉하게 사주었고 병원비, 미용비, 아이들 처음 데려올 때 입양 비용 모두 제 돈으로 납부하였고 1년 반 동안 저희 집에서 저와 함께 살았습니다.

지금 애들은 상대방 측에서 데리고 가서 1주일가량 보지 못한 상태이고, 아이들이 없고 허전한 빈방을 보면 너무 괴롭고 힘들어서 잠도 못자고 있습니다.

여자친구가 반려 견주의 의사에 반하여 반려견을 데려간 행위는 절도에 해당할 수 있고, 평소 집에 드나들던 사람이더라도 범죄행위를 위해 집에 들어간 경우 주거침입에 해당할 수 있습니다.

관련 법률

✳ 형법 제329조(절도) 타인의 재물을 절취한 자는 6년 이하의 징역 또는 1천만원 이하의 벌금에 처한다.

제319조(주거침입, 퇴거불응) ①사람의 주거, 관리하는 건조물, 선박이나 항공기 또는 점유하는 방실에 침입한 자는 3년 이하의 징역 또는 500만원 이하의 벌금에 처한다.

그러나 신청인께서 여자친구에게 반려견을 데려가라고 하면서 비밀번호를 가르쳐주었기 때문에 여자친구의 형사상 죄책이 면책될 수도 있습니다.

범죄행위 이전에 처분권자의 양해 또는 승낙이 있었다면, 진정한 의사에 기한 것이 아니었더라도 범죄가 성립하지 않을 수 있기 때문입니다. 다만, 반려견은 데려가라고 했더라도 반려견용품을 가져가는 것까지 동의한 것은 아니어서 용품에 대한 절도죄가 성립될 수 있고, 주거침입도 거주자의 의사가 중요하기 때문에 범죄 성립될 가능성이 있습니다.

각서도 법률적 효력이 있습니다. 다만 각서의 문구와 형식, 작성하게 된 경위 등을 종합적으로 검토해야 합니다. 협박에 의해 작성했거나, 문구가 불분명하거나, 조건이 있다거나 등의 사유가 있다면 그 사유를 들어 법률적 효력이 없음을 항변하실 수도 있습니다.

기타 문의

71 메이저 동물단체 회원들의 인권 무시 발언

	종: ★★★
	성별: ★★★
	나이: ★★★

내용 : 시골에서 불쌍한 유기동물 입양도 하고 개인적으로 치료해서 입양 보내는 보람으로는 사는 시민입니다.

이번 '개 농장 사건'으로 동물단체 간 싸움에 대해 대학교수와 예술가라 지칭하는 회원이 다른 단체와 파벌싸움을 위해 '세월호 시즌 2'라며 가슴 아픈 대한의 아들딸을 비유하는 것을 보았습니다. 동물을 보호한다는 메이저 단체들의 SNS 상의 언어폭력을 목격한바 대한의 유가족의 한 사람으로 3일 동안의 공개 사과를 부탁했음에도 불구하고 그 대표 및 회원(정회원인지 확인 불가) 일부 사람들의 언어폭력을 그대로 묵과할 수 없기에 법조계의 힘을 빌어보고자 요청을 드립니다.

동물보호인들은 결코 인권을 무시해서는 동물을 보호할 수 없다고 생각하는바, 인권의 소중함을 알리고자 합니다

본인들과 뜻이 같지 않으면 개백정과 가족을, 심지어 과거의 전과까지 들먹이는 사람들이 무슨 마음으로 동물보호를 한다는 건지요? 인권이 소중해야 동물보호도 할 수 있으며, 올바른 정신으로 동물보호하는 친구들이 후원금에 눈이 면 동물단체의 물에 흐려지지 않도록 도움을 요청합니다.

상담

1 형사책임

인터넷 커뮤니티, 블로그, 사회관계망서비스 계정 등 정보통신망에 글을 올리거

나 공유하는 방법으로 타인의 명예를 훼손한 경우 형사적으로는 정보통신망 이용 촉진 및 정보보호 등에 관한 법률(약칭: 정보통신망법) 위반이 문제됩니다.

사람을 비방할 목적으로 공공연하게 사실을 드러내어 다른 사람의 명예를 훼손한 자는 정보통신망법위반죄로 처벌되는데, 만일 거짓의 사실을 드러내어 명예를 훼손할 경우에는 가중처벌 됩니다.

'사람을 비방할 목적'이란 가해의 의사나 목적을 필요로 하는 것으로서, 적시한 사실이 공공의 이익에 관한 것인 경우에는 특별한 사정이 없는 한 비방할 목적은 부인됩니다. 공공의 이익에 관한 것에는 널리 국가·사회 그 밖에 일반 다수인의 이익에 관한 것뿐만 아니라 특정한 사회집단이나 그 구성원 전체의 관심과 이익에 관한 것도 포함합니다.(대법원 2009. 5. 28. 선고 2008도8812 판결[부록1-6], 대법원 2010. 11. 25. 선고 2009도12132 판결 등 참조)

공급자 중심의 시장 환경이 소비자 중심으로 이전되면서 사업자와 소비자 사이의 정보 격차를 줄이기 위해 인터넷을 통한 물품 또는 용역에 대한 정보 및 의견 제공과 교환의 필요성이 증대되므로, 실제로 물품을 사용하거나 용역을 이용한 소비자가 인터넷에 자신이 겪은 객관적 사실을 바탕으로 사업자에게 불리한 내용의 글을 게시하는 행위에 비방의 목적이 있는지는 앞서 든 제반 사정을 두루 심사하여 더욱 신중하게 판단하여야 합니다.(대법원 2012. 11. 29. 선고 2012도10392 판결[부록1-3])

형사상이나 민사상으로 타인의 명예를 훼손하는 경우에도 그것이 진실한 사실로서 오로지 공공의 이익에 관한 때에는 그 행위에 위법성이 없습니다.

행위자의 주요한 목적이나 동기가 공공의 이익을 위한 것이라면 부수적으로 다른 사익적 동기가 내포되어 있었다고 하더라도 행위자의 주요한 목적이나 동기가 공공의 이익을 위한 것으로 보아야 합니다.(대법원 1995. 6. 16. 선고 94다35718 판결, 1996. 10. 11. 선고 95다36329 판결 등 참조)

위와 같이 정보통신망법위반죄가 성립하기 위해서는 비방의 목적, 사실적시가 인정되어야 하고, 공공의 이익이 배제되어야 합니다.

관련 규정

* **정보통신망법 제70조(벌칙)** ①사람을 비방할 목적으로 정보통신망을 통하여 공공연하게 사실을 드러내어 다른 사람의 명예를 훼손한 자는 3년 이하의 징역 또는 3천만원 이하의 벌금에 처한다.

기타 문의

②사람을 비방할 목적으로 정보통신망을 통하여 공공연하게 거짓의 사실을 드러내어 다른 사람의 명예를 훼손한 자는 7년 이하의 징역, 10년 이하의 자격정지 또는 5천만원 이하의 벌금에 처한다.

③제1항과 제2항의 죄는 피해자가 구체적으로 밝힌 의사에 반하여 공소를 제기할 수 없다.

2 민사책임

인터넷 커뮤니티, 블로그, 사회관계망서비스 계정 등 정보통신망에 글을 올리거나 공유하는 방법으로 타인의 명예를 훼손한 경우 민사적으로 불법행위 책임이 문제가 됩니다.

애견호텔에 위탁한 반려견이 사망하여 관련 사실을 사회관계망서비스 계정에 올리고 게시물을 공유한 사건에서 "게시 또는 공유한 사실들이 애견호텔을 이용하고자 하는 소비자들의 의사결정에 도움이 되는 정보 및 의견 제공이라는 공공의 이익에 관한 것이어서 위법하다고 보기 어렵다."라고 판단한 사례가 있습니다.

동물병원에서의 진료와 관련하여 "비싸고 별로다. 입원을 강요한다. 돈만보고 장사하는 병원. 강아지한테 고양이약 처방하고" 등의 표현을 인터넷 커뮤니티나 블로그에 게시한 사건, "불필요한 검사 싹 해요. 진짜 바가지 장난 아니다. 3개 병원을 절대 가지마라. 진료비가 비싸고 과잉진료하며, 급여가 싼 초보자를 야간에 둔다." 등의 표현을 인터넷 카페에 게시한 사건에서 게시 또는 공유한 사실이 허위사실이라고 볼 수 없거나 공공의 이익에 관한 것이어서 위법하다고 보기 어렵다고 판단한 사례가 있습니다.

표현행위자가 사실을 적시하여 명예훼손을 한 것이 아니라 인신공격적 표현을 한 경우에는 인격권 침해로 인한 불법행위에 해당하여 손해배상책임을 집니다.

판례는 '표현행위자가 타인에 대하여 비판적인 의견을 표명하였다는 사유만으로 이를 위법하다고 볼 수는 없지만, 만일 표현행위의 형식 및 내용 등이 모욕적이고 경멸적인 인신공격에 해당하거나 혹은 타인의 신상에 관하여 다소간의 과장을 넘어서서 사실을 왜곡하는 공표행위를 함으로써 그 인격권을 침해한다면, 이는 명예훼손과는 별개 유형의 불법행위를 구성할 수 있다'고 판시하고 있습니다.(대법원 2002. 1. 22. 선고 2000다37524, 37531 판결, 대법원 2003. 3. 25. 선고 2001다84480 판결 등 참조)

사안의 경우 구체적인 표현내용이 나와 있지 않아 형사책임, 민사책임 인정여부가 불분명한 데, 만일 표현행위 중에 인신공격적 표현이 있는 경우에는 인격권 침해로 인한 불법행위에 해당하여 손해배상책임을 집니다.

관련 규정

❋ 민법 제750조(불법행위의 내용) 고의 또는 과실로 인한 위법행위로 타인에게 손해를 가한 자는 그 손해를 배상할 책임이 있다.

기타 문의

집 앞에 강아지 유기

종: 프렌치 불독

성별: 여

나이: 2년 6개월

🐾 **내용** : 전 남자친구와 함께 양육하던 강아지 두 마리 아델(아메리칸불리, 여자, 17년 1월생)과 잭슨(프렌치 불독, 남자, 16년 12월생)이 있습니다.

입양은 가해자(전 남자친구) 단독으로 진행하였고, 분양금액 역시 모두 지불하여 저에게는 소유권이 없습니다.(소유권 분쟁 당시, 경찰에 접수하였을 때 경찰 측에서 들은 내용)

아델의 분양금은 1,300만원 가량으로 고액에 속하고, 잭슨 역시 300만원 정도의 분양금을 내고 입양한 것으로 알고 있습니다.

현재 동물등록은 아델은 가해자에게로, 잭슨은 본인으로 되어있습니다. 지금은 가해자와 헤어진 상태인데, 저의 의사와 별개로 아이들을 잠시만 맡아달라며 저희 자택 기둥 앞에 7월 18일 오후 9시경 묶어두고 갔습니다.(자신의 친누나와 함께) 문자로는 "10일만 봐달라."라는 내용과 함께 "10일 후에 데리러 가겠다."라고 하였으나, 10일이 지난 지금은 제가 키우라며 책임을 전가하고 입장을 번복합니다.

저는 지금 강아지 두 마리를 케어할 수 있는 여건이 되지 않을뿐더러, 저희 집 앞에 제 결정 없이 유기하고 간 것에 대해 처벌하고 싶고, 문자 내용과 다르게 저에게 키우라며 저희 집에 버리고 간 것에 대한 책임을 묻고 싶습니다.

현재 강아지들을 알아서 분양 보내라는 식으로 이야기하는데, 저의 소유도 아니고 고가의 분양금을 주고 데려온 아이인 만큼 나중에 가해자가 악의적으로 저한테 피해를 주진 않을까 싶어 상담을 요청합니다.

신청인의 의사에 반하여 동물의 소유자가 신청인에게 동물을 맡기고 찾아가지 않고 있으므로 동물보호법 제8조 제4항의 유기에 해당할 수 있습니다. 동물의 유기는 동물보호법 제47조 제1항 제1호에 의하여 300만원 이하의 과태료 부과 대상입니다. 과태료 부과권자는 같은 법 제47조 제4항에서 정하고 있습니다.

관련 법률

✽ 동물보호법 제8조(동물학대 등의 금지) ④소유자 등은 동물을 유기하여서는 아니 된다.

제47조(과태료) ①다음 각 호의 어느 하나에 해당하는 자에게는 300만원 이하의 과태료를 부과한다.<신설 2017. 3. 21., 2018. 3. 20.> 1.제8조제4항을 위반하여 동물을 유기한 소유자 등 ④제1항부터 제3항까지의 과태료는 대통령령으로 정하는 바에 따라 농림축산식품부장관, 시·도지사 또는 시장·군수·구청장이 부과·징수한다.

신청인께서는 소유자에게 속히 반려견을 찾아가도록 촉구하시고 해당 내용을 문자 또는 음성녹음으로 남겨두시기를 권해드립니다. 소유자가 신청인에게 반려견들을 분양해서 처분하라고 한다면, 해당 내용도 문자 또는 음성녹음으로 남겨두시고, 정식으로 동물보호법 제12조 등에서 정한 소유권이전절차를 진행할 것을 요구하시기 바랍니다.

관련 법률

✽ 동물보호법 제12조(등록대상동물의 등록 등) ①등록대상동물의 소유자는 동물의 보호와 유실·유기방지 등을 위하여 시장·군수·구청장(자치구의 구청장을 말한다. 이하 같다)·특별자치시장(이하 "시장·군수·구청장"이라 한다)에게 등록대상동물을 등록하여야 한다. 다만, 등록대상동물이 맹견이 아닌 경우로서 농림축산식품부령으로 정하는 바에 따라 시·도의 조례로 정하는 지역에서는 그러하지 아니하다.<개정 2013. 3. 23., 2018. 3. 20.> ②제1항에 따라 등록된 등록대상동물의 소유자는 다음 각 호의 어느 하나에 해당하는 경우에는 해당 각 호의 구분에 따른 기간에 시장·군수·구청장에게 신고하여야 한다. <개정 2013. 3. 23., 2017. 3. 21.> 1.등록대상동물을 잃어버린 경우에는 등록대상동물을 잃어버린 날부터 10일 이내 2.등록대상동물에 대하여 농림축산식품부령으로 정하는

사항이 변경된 경우에는 변경 사유 발생일부터 30일 이내 ③제1항에 따른 등록대상동물의 소유권을 이전받은 자 중 제1항에 따른 등록을 실시하는 지역에 거주하는 자는 그 사실을 소유권을 이전받은 날 부터 30일 이내에 자신의 주소지를 관할하는 시장·군수·구청장에게 신고하여야 한다. ④시장·군수·구청장은 농림축산식품부령으로 정하는 자로 하여금 제1항부터 제3항까지의 규정에 따른 업무를 대행하게 할 수 있다. 이 경우 그에 따른 수수료를 지급할 수 있다.<개정 2013. 3. 23.> ⑤등록대상동물의 등록 사항 및 방법·절차, 변경신고 절차 등에 관한 사항은 농림축산식품부령으로 정하며, 그 밖에 등록에 필요한 사항은 시·도의 조례로 정한다.<개정 2013. 3. 23.>

73 잃어버린 반려견의 치료비 청구, 원주인 소유권 포기 여부

종: 비숑 프리제

성별: 남

나이: 1년

내용 : 6월 28일 저희 아파트 계단 18층에 강아지(장군이)가 있다는 소식을 듣고 달려가 보았습니다. 강아지의 상태가 안 좋아, 유기되었거나 잃어버린 기간이 좀 되었다고 생각하였습니다. 아파트이다 보니 관리사무소에서 보호 아닌 보호를 하였고 주인 찾는 방송도 하였습니다. 저희도 나름대로 인터넷 카페, SNS 등에 주인을 찾는 글을 올렸지만, 주인은 나타나지 않았습니다. 그 후 관리사무소는 강아지를 유기견보호센터로 보낼 것이라 하셨고, 유기견보호센터에서 일정 공고 기간이 지나면 안락사가 진행된다는 걸 알고 있어 급히 임시보호처를 마련하였습니다. 그 과정에서 장군이가 피부 가려움, 털 뭉침이 심해 1달가량 치료를 진행했고 미용비와 치료비 포함 약 32만원이 나왔습니다. 저희가 비용을 부담했고 주인이 나타나지 않아 계속 입양공고를 진행 중이었습니다.

그런데 45일 정도 지난 시점에서 본인이 주인이라는 전화가 왔습니다. 저희도 강아지 주인을 찾아 많이 좋아하며, 강아지 주인이라고 확인되면 저희가 이제껏 들인 비용 32만원을 청구하겠다고 말했습니다. 그러자 갑자기 태도를 변경하여 "법적인 비용을 청구해라. 정식으로 청구하라."라고 하는데, 무슨 의미인지 전혀 납득되지 않아 되물으니 굉장히 공격적인 태도를 보였습니다. 우선, 만나기로 한 장소에서 만났고 저희도 주인임을 확인하여야 하니 본인 집에 가보자고 했습니다. 그런데 집을 왜 가냐며 펄쩍 뛰고 "그럼 내가 주인이 아니란 말이냐. 경찰을 불러라. 경찰을 부르면 데려가겠다."라는 협박을 하여, 저희도 홧김에 경찰을 불렀습니다. 경찰관을 대동하여 이동하였으나, 집 안은 들어가지도 못하게 하고 같이 산다는 딸, 어머니는 보이지도 않았습니다. 주인이라고 생각은 하지만 여러 가지 거짓말을 했다고 생각합니다. 원주인이라니 안 돌려줄

기타 문의

수도 없고 해서 장군이를 그 집에 두고 오면서, 경찰관들과 잘 이야기해 저희 계좌로 치료비용을 송금하기로 하고 돌아왔습니다. 그런데 제가 계좌번호를 보내니 저를 차단하고 연락은 받지 않고 있습니다. 솔직히 고작 32만원 가량하는 돈 안 받아도 그만입니다. 저희가 구조하고 치료하고 보호하고 있었다는 것에 고마움은 전혀 느끼지 않고 오히려 공격적으로 나오니 너무 괘씸합니다. 반려견을 잃어버렸음에도 적극적으로 찾지 않고 45일이나 지나고 연락되고 반려견 등록도 되어있지 않았으며 목줄도 없었습니다.

소유권 포기 각서, 치료비용을 받을 수 있나요?

상담

1 치료비 청구

치료비를 법적으로 청구하라는 것은 신청인께서 민사소송 또는 지급 명령신청(소송절차보다 간이, 신속, 저렴하게 분쟁을 해결할 수 있도록 하는 법원의 절차)등 법적인 절차를 통해서 원주인에게 청구하지 않는 한, 원주인이 신청인에게 자발적으로 치료비를 지급할 의사는 없다는 뜻입니다. 신청인께서는 반려견의 치료비로 지출한 금액을 원주인에게 청구할 수 있는 권리가 있으므로 민사소송이나 지급명령을 진행하시면 원주인으로부터 치료비를 지급받으실 수 있습니다.

2 소유권 포기 여부

원주인이 반려견을 45일 후에 찾았고, 관리 부주의 등의 과실이 있으며, 적극적으로 찾지 않았다고 하더라도 원주인의 반려견에 대한 소유권은 유효하게 존재합니다. 원주인이 스스로 반려견의 소유권을 포기하지 않는 한 소유권 포기를 요구 또는 강제할 수는 없습니다. 참고로, 원주인이 등록대상동물의 등록을 하지 않은 행위는 동물보호법 제12조 제1항, 제47조 제3항 제1호 위반행위이므로 과태료 부과대상입니다.

＊ **동물보호법 제12조(등록대상동물의 등록 등)** ①등록대상동물의 소유자는 동물의 보호와 유실·유기방지 등을 위하여 시장·군수·구청장(자치구의 구청장을 말한다. 이하 같다)·특별자치시장(이하 "시장·군수·구청장"이라 한다)에게 등록대상동물을 등록하여야 한다. 다만, 등록대상동물이 맹견이 아닌 경우로서 농림축산식품부령으로 정하는 바에 따라 시·도의 조례로 정하는 지역에서는 그러하지 아니하다.<개정 2013.3.23., 2018.3.20>

제47조(과태료)

③다음 각 호의 어느 하나에 해당하는 자에게는 50만원 이하의 과태료를 부과한다.

1.제12조제2항을 위반하여 정해진 기간 내에 신고를 하지 아니한 소유자

④제1항부터 제3항까지의 과태료는 대통령령으로 정하는 바에 따라 농림축산식품부장관, 시·도지사 또는 시장·군수·구청장이 부과·징수한다.

74 아파트 경비원이 반려동물 입마개를 강제 요구할 경우

종: **재패니즈 스피츠**

성별: **남**

나이: **9년**

🐾 **내용** : 아파트 거주자인데, 자정이 다 된 시간에 반려동물과 산책 중 경비원이 갑자기 이 강아지를 찾고 있었다며 다가왔습니다. "강아지가 입마개도 하지 않고 산책해서 위협을 느낀다."라는 민원이 들어왔다고 합니다. 아무런 위협도 하지 않았지만, "중형견의 외관 크기상 위협을 느낄 수 있다고 판단하여 늦은 시간, 인적 없는 곳으로 사람들을 피해 다녔고, 리드 줄을 1m도 안 되게 하여 항상 짧게 잡고 다닌다."라고 설명했습니다. 하지만 다짜고짜 당장 집으로 들어가라고 하여, "법적 의무도 아니고 지금 처음 듣는 얘긴데 당장 들어가라 하냐." 라고 말했습니다. 그러자 화를 내면서 민원이라며 당장 귀가할 것을 계속 강제하고 강요했습니다. 양해도, 정중한 부탁도 아니고(이렇게 해도 선택사항인데) 사람을 죄인 취급했습니다. 당장 들어가라는 아저씨의 태도와 행동에서 불쾌감과 위협감을 느꼈습니다.

다음에 다시 이런 일이 발생할 수 있단 생각이 들어 대처 방법을 알고 싶습니다. 입마개를 하더라도 당장 할 수 있는 것도 아닌데, 그렇다면 입마개를 하기 전까지는 돌아다니지 말란 소리인가요. 입마개 구매 시간과 길들이는 시간도 필요한데 너무 갑자기 강제당하니 부당합니다. 내 강아지가 안 문다는 그런 안일한 생각을 하는 것도 아니고 항상 주시하며 산책합니다. 또, 강아지가 시끄럽게 짖는 것도 아니고 사람을 향해 짖어 위협을 준 것도 아니고 배설물을 유기한 것도 아닌데, 민원 신고만으로 강제하는 게 부당하다 느껴집니다. 심지어 아파트 주민에게 피해를 줄까, 성대 수술도 하였습니다. 그로 인해 성대 협착으로 인해 숨을 잘 쉬지 못해 항상 헉헉거리면서 다니는데 그건 오히려 동물 학대가 아닌지 싶습니다. 7년간 같은 아파트에 살고 있는데 이런 민원은 처음 들었으며, 강아지를 방치하지도 않았습니다. 사람이 키가 크면 위협감이 든다며 마스크 쓰기를 강요당하는 거 같았습니다. 부당하게 무리한 요구를 민원 받았는데 그렇다면 저도 모든 중형견 이상 반려동물들이 사람을 해칠 것이라는 성급한 일반화를 하지 말라고 민원 넣을 수도 있지 않을까요?

상담

반려견을 동반하고 외출할 때에는 인식표를 부착하여야 하고, 목줄 또는 가슴줄을 하여야 한다. 현행법상 월령이 3개월 이상인 맹견을 동반하고 외출할 때에는 목줄 및 입마개 등 안전장치를 할 의무가 있습니다.

상담자분의 반려견인 재패니즈 스피츠는 맹견에 속하지 않으므로, 외출시 입마개를 착용할 의무는 없습니다. 다만, 반려견이 입마개를 착용하지 않은 상태에서 사람이나 다른 반려견을 문 경우 입마개를 착용하지 않은 점이 과실로 인정되어 민사적 책임 뿐 아니라 형사적 책임을 물어야 하는 경우도 있으므로, 물림 사고가 일어나지 않도록 주의해야 합니다.

현행법상으로는 중형견이라고 할지라도 외출 시 입마개를 착용해야 할 법적 의무는 없으므로, 아파트 관리사무소 측이 입마개 착용 강제하거나 미착용을 이유로 귀가를 종용한 것은 부당하다고 할 수 있습니다. 향후 그러한 조치가 있는 경우 관련 법령을 설명하시고, 그래도 부당한 조치가 계속될 경우 지방자치단체 동물담당 공무원에게 민원을 제기해 보시기 바랍니다.

관련 규정

* **동물보호법 제13조(등록대상동물의 관리 등)** ①소유자 등은 등록대상동물을 기르는 곳에서 벗어나게 하는 경우에는 소유자 등의 연락처 등 농림축산식품부령으로 정하는 사항을 표시한 인식표를 등록대상동물에게 부착하여야 한다.<개정 2013.3.23>
②소유자 등은 등록대상동물을 동반하고 외출할 때에는 농림축산식품부령으로 정하는 바에 따라 목줄 등 안전조치를 하여야 하며, 배설물(소변의 경우에는 공동주택의 엘리베이터·계단 등 건물 내부의 공용공간 및 평상·의자 등 사람이 눕거나 앉을 수 있는 기구 위의 것으로 한정한다)이 생겼을 때에는 즉시 수거하여야 한다.<개정 2013.3.23, 2015.1.20.>

제13조의2(맹견의 관리) ①맹견의 소유자 등은 다음 각 호의 사항을 준수하여야 한다.

1.소유자 등 없이 맹견을 기르는 곳에서 벗어나지 아니하게 할 것

2.월령이 3개월 이상인 맹견을 동반하고 외출할 때에는 농림축산식품부령으로 정하는 바에 따라 목줄 및 입마개 등 안전장치를 하거나 맹견의 탈출을 방지할 수 있는 적정한 이동장치를 할 것

3.그 밖에 맹견이 사람에게 신체적 피해를 주지 아니하도록 하기 위하여 농림축산식품부령으로 정하는 사항을 따를 것

✳ **동물보호법 시행규칙 제12조(안전조치)** ①소유자 등은 법 제13조제2항에 따라 등록대상동물을 동반하고 외출할 때에는 목줄 또는 가슴줄을 하거나 이동장치를 사용하여야 한다. 다만, 소유자 등이 월령 3개월 미만인 등록대상동물을 직접 안아서 외출하는 경우에는 해당 안전조치를 하지 않을 수 있다.

②제1항에 따른 목줄 또는 가슴줄은 해당 동물을 효과적으로 통제할 수 있고, 다른 사람에게 위해를 주지 않는 범위의 길이여야 한다.

반려견 자가 접종 불법 여부

종: 코리안 숏헤어

성별: 남

나이: 8년

🐾 **내용** : 반려견 자가 접종과 관련하여 2017년 7월 수의사법 개정안을 확인하였을 때, 아래와 같이 예방목적의 경우 법령을 대신하여 사례집으로 하겠다는 내용을 확인하였습니다.

....

그간 수의사법 시행령(제12조)에서 자기가 사육하는 동물은 수의사가 아닌 사람도 예외로 진료를 할 수 있도록 허용되어 있어, '무자격자에 의한 수술 등 무분별한 진료'로 인한 동물학대로 이어지고 있었음
• 이번 수의사법 시행령 개정으로 수의사 외의 사람이 할 수 있는 자가진료 허용 대상을 소, 돼지 등 축산농가가 사육하는 가축으로 한정함으로써 개, 고양이 등 반려동물에 대해서는 원칙적으로 자가진료가 제함됨
• 그러나 자가진료 대상에서 제외된 개, 고양이 등 반려동물을 키우는 보호자라도 사회상규상 인정되는 수준의 자가처치는 허용할 필요가 있어 사례집 형식으로 그 기준을 정하고자 함
* 국민권익위원회 '부정청탁금지법' 제정 시 사례집으로 기준을 정해 알림

농식품부는 그간 동물보호자의 '자가처치 수준'에 대하여 의료법사례, 해외사례, 변호사 자문 등 법률적 검토와 함께 관련 단체 등에 의견을 수렴하여 '사례집'으로 그 기준을 마련하였다고 설명하였다.

〈사례집 주요 내용〉
① 약을 먹이거나 연고 등을 바르는 수준의 투약 행위는 가능
② 동물의 건강상태가 양호하고, 질병이 없는 상황에서 수의사처방대상이 아닌 예방목적의 동물약품을 투약하는 행위는 가능
　－다만, 동물이 건강하지 않거나 질병이 우려되는 상황에서 예방목적이 아닌 동물약품을 투약하는 경우는 사회상규에 위배된다고 볼 수 있음

③ 수의사의 진료 후 처방과 지도에 따라 행하는 투약행위는 가능
④ 그 밖에 동물에 대한에 수의학적 전문지식 없이 행하여도 동물에게 위해가 없다고 인정되는 처치나 돌봄 등의 행위는 인정됨

이에 불법이 아니라는 이야기를 받았으나 '주사 투약 자체가 진료행위'이기에 백신 예방접종 또한 진료행위로 간주하여, 백신 자가 접종이 문제가 된다며 한 수의학과의 교수님께서 답변을 주셨습니다.

제가 해석하기에는 백신 또한 예방목적이기 때문에 사례집 ②에 해당하는 내용으로 불법이 아니라 판단되는데 이에 상담을 요청합니다.

상담

자기가 사육하는 동물은 수의사가 아닌 사람도 예외로 진료를 할 수 있도록 허용되어 있어, '무자격자에 의한 수술 등 무분별한 진료'로 인한 동물학대로 이어지고 있었습니다. 이에 따라 수의사법 시행령 제12조 제3호가 개정되어, 수의사 외의 사람이 할 수 있는 자가진료 허용 대상을 소, 돼지 등 축산농가가 사육하는 가축으로 한정함으로써 개, 고양이 등 반려동물에 대해서는 원칙적으로 자가진료가 제한됩니다.

개정법에 따를 때, 반려동물에 대한 자가진료는 원칙적으로 금지되고, 이를 위반할 경우 수의사법상 무면허진료행위에 해당하여 2년 이하의 징역 또는 2천만원 이하의 벌금형의 처벌을 받게 됩니다.

다만, 자가진료 대상에서 제외된 개, 고양이 등 반려동물을 키우는 보호자라도 사회상규상 인정되는 수준의 자가처치는 허용할 필요가 있어 농림축산식품부는 동물보호자가 행할 수 있는 자가처치의 범위에 관한 사례집을 마련하였습니다.

자가처치라 하더라도 ① 약을 먹이거나 연고 등을 바르는 수준의 투약 행위, ② 동물의 건강상태가 양호하고, 질병이 없는 상황에서 수의사 처방대상이 아닌 예방 목적의 동물약품을 투약하는 행위, ③ 수의사의 진료 후 처방과 지도에 따라 행하는 투약 행위, ④ 그 밖에 동물에 대한 수의학적 전문지식 없이 행하여도 동물에게

위해가 없다고 인정되는 처치나 돌봄 등의 행위는 허용됩니다.

농림축산식품부는 상담자분께서 문의하신 반려동물 보호자의 자가접종과 관련하여 '기본적으로 약물의 주사투약은 먹이는 방법에 비해 약물을 체내에 직접 주입하는 방식으로 약제의 흡수 속도가 빠르고, 잘못된 접종에 의한 쇼크, 폐사, 부종 등 부작용이 있으며, 시술 후 의료폐기물을 적정하게 처리하지 못하면 공중보건학적인 문제는 물론 사회적인 문제도 야기될 수 있음'을 이유로 수의사의 진료 후에 수의사에 의해 직접 행하는 것을 권고하고 있어 해석상 반려동물 보호자의 자가접종은 '사회상규상 인정되는 수준의 자가처치'라고 보기 어렵다고 평가됩니다.

관련 규정

❋ **수의사법 제10조(무면허 진료행위의 금지)** 수의사가 아니면 동물을 진료할 수 없다. 다만, 「수산생물질병 관리법」 제37조의2에 따라 수산질병관리사 면허를 받은 사람이 같은 법에 따라 수산생물을 진료하는 경우와 그 밖에 대통령령으로 정하는 진료는 예외로 한다.<개정 2011. 7. 21.>

제39조(벌칙) ①다음 각 호의 어느 하나에 해당하는 사람은 2년 이하의 징역 또는 2천만원 이하의 벌금에 처하거나 이를 병과할 수 있다.<개정 2013.7.30., 2016.12.27., 2019.8.27., 2020.2.11.>

2.제10조를 위반하여 동물을 진료한 사람

❋ **수의사법 시행령 제12조(수의사 외의 사람이 할 수 있는 진료의 범위)** 법 제10조 단서에서 "대통령령으로 정하는 진료"란 다음 각 호의 행위를 말한다.<개정 2013.3.23., 2016.12.30.>

1.수의학을 전공하는 대학(수의학과가 설치된 대학의 수의학과를 포함한다)에서 수의학을 전공하는 학생이 수의사의 자격을 가진 지도교수의 지시·감독을 받아 전공 분야와 관련된 실습을 하기 위하여 하는 진료행위

2.제1호에 따른 학생이 수의사의 자격을 가진 지도교수의 지도·감독을 받아 양축 농가에 대한 봉사활동을 위하여 하는 진료행위

3.축산 농가에서 자기가 사육하는 다음 각 목의 가축에 대한 진료행위

　　가.「축산법」 제22조제1항 제4호에 따른 허가 대상인 가축사육업의 가축

　　나.「축산법」 제22조제2항에 따른 등록 대상인 가축사육업의 가축

　　다.그 밖에 농림축산식품부장관이 정하여 고시하는 가축

4.농림축산식품부령으로 정하는 비업무로 수행하는 무상 진료행위

76 고양이를 건네는 과정에서 고양이가 도망간 경우

종: 샴

성별: ***

나이: 1년 4개월

🐾 **내용** : 새벽에 고양이가 도어락 문을 열고 나갔습니다. CCTV 확인 결과 옆집 여자분이 보호하고 있다고 페이스북에 올렸습니다. 남자가 자기 고양이 같다고 연락이 왔습니다. 고양이를 건네주는 과정에서 남자가 안고 있던 고양이를 바닥에 내려놓았고 고양이가 놀라 그 길로 도망갔습니다. 고양이를 키워봤다는 사람이 어떻게 케이지도 없이 와서 바닥에 내려놓습니까? 저는 좀 의문입니다. 고양이를 안고 있는 모습 또한…. 통화를 했는데 죄송하다는 말은커녕, 제가 화를 낸다며 오히려 저한테 더 큰소리를 칩니다. 이 사람을 처벌할 방법은 없나요? 민사든 형사든 저는 모든 방법을 다 써서라도 처벌하고 싶은 마음입니다.

상담

1 민사책임

동물 점유자는 동물의 종류와 성질에 따라 그 보관에 상당한 주의를 해태하였음을 입증하지 않는 한, 그 동물이 타인에게 가한 손해를 배상할 책임이 있습니다.(민법 제759조 제1항)

사안은 고양이를 건네는 과정에서 인도자가 고양이를 내려놓았고, 이 과정에서 고양이가 도망을 간 사건입니다. 고양이를 인도하려는 사람은 목줄이나 켄넬 등의 안전장치를 하여 고양이가 도망을 가지 않도록 주의할 의무가 있고, 이를 게을리한 경우 손해를 배상할 책임이 있습니다.

형사책임

현행법에서 반려동물은 물건으로 취급되는데, 반려동물이 도망하여 유실된 경우 재물의 효용을 해한 것을 보아 손괴죄가 문제가 됩니다. 반려동물이 도망하여 유실된 경우 고의로 인한 것은 아니어서 과실범이 문제가 되는데, 손괴죄는 과실범 처벌 규정이 없어 현행형법에서는 처벌할 수가 없습니다.

관련 규정

❋ **민법 제759조(동물의 점유자의 책임)** ①동물의 점유자는 그 동물이 타인에게 가한 손해를 배상할 책임이 있다. 그러나 동물의 종류와 성질에 따라 그 보관에 상당한 주의를 해태하지 아니한 때에는 그러하지 아니하다.

기타 문의

옆집 강아지 소음

77

종: ***

성별: ***

나이: ***

🐾 **내용** : 주택에 거주 중으로 옆집에서 키우는 강아지 소음에 대한 상담 요청합니다.

옆집에서 마당에 개 3마리를 키우고 있는데, 아침부터 저녁까지 계속 짖는 소리가 나 스트레스가 상당합니다. 지속적인 소음에 옆집을 찾아가 여러 번 소음에 대한 민원을 제기하고 이에 대한 조치를 취해 달라고 요청하였으나 견주는 조치 없이 그대로 방치하고 있는 상황입니다.

견주에게 현재 발생하는 동물 소음에 대해 강력하게 항의하고 조치하도록 할 방법이 있는지 조언 부탁드립니다.

상담

신청인께서는 옆집 견주에게 민사상 손해배상청구를 하셔서 소음으로 인한 정신상 고통에 대한 손해를 배상(위자료)받으셔야 할 것으로 보입니다. 현행법상 동물의 소음은 「소음·진동관리법」에서 정한 소음에 해당하지 않아 규제가 어렵기 때문입니다. 따라서 안타깝지만 현재는 동물소음으로 인한 피해자로서는 민사소송을 통해 피해 발생 및 피해액을 입증하여 동물의 견주로부터 배상을 받는 외에, 견주에게 제재를 가할 보다 강력한 수단은 미비한 상황입니다.

✸ **민법 제759조(동물의 점유자의 책임)** ①동물의 점유자는 그 동물이 타인에게 가한 손해를 배상할 책임이 있다. 그러나 동물의 종류와 성질에 따라 그 보관에 상당한 주의를 해태하지 아니한 때에는 그러하지 아니하다.

②점유자에 갈음하여 동물을 보관한 자도 전항의 책임이 있다.

제751조(재산 이외의 손해의 배상) ①타인의 신체, 자유 또는 명예를 해하거나 기타 정신상 고통을 가한 자는 재산 이외의 손해에 대하여도 배상할 책임이 있다.

②법원은 전항의 손해배상을 정기금채무로 지급할 것을 명할 수 있고 그 이행을 확보하기 위하여 상당한 담보의 제공을 명할 수 있다.

✸ **소음·진동관리법 제2조(정의)** 이 법에서 사용하는 용어의 뜻은 다음과 같다.<개정 2009. 6. 9., 2013. 3. 22., 2013. 8. 13., 2016. 1. 19.>

1."소음"이란 기계·기구·시설, 그 밖의 물체의 사용 또는 공동주택(「주택법」 제2조제3호에 따른 공동주택을 말한다. 이하 같다) 등 환경부령으로 정하는 장소에서 사람의 활동으로 인하여 발생하는 강한 소리를 말한다.

78 반려견 관리 소홀로 인한 피해 대처 방법과 피해 보상 방법

종: ***
성별: ***
나이: ***

🐾 **내용** : 저희 앞집에서 소형 강아지를 키우고 있습니다. 1년 정도 되었으며, 이사 올 당시 저희에게 반려견을 키우는 것에 대하여 서면, 구두 어느 것으로도 동의 를 구하지 않았습니다.

강아지가 낯선 사람만 보면 너무 짖어서, 여러 차례 관리해 달라고 요구를 하였 으나 아무런 조치를 하지 않은 상황입니다. 저희 집에는 3학년, 6학년 아이들 이 있습니다. 외출하려고 나가다 부딪히면 너무 짖어 식구들이 무방비 상태로 놀라는 일이 너무 많았습니다. 3학년 여자 아이는 수업을 마치고 집에 돌아오 면서 전화로 "집에 가야 하는데 강아지가 나올까 봐 무서워서 못 가겠다."라고 전화한다고도 이야기했습니다. 여러 차례 요구했음에도 불구하고 시정하지 않 아 신랑과 언성을 높이는 일도 발생했습니다.

경찰을 불러 경찰관 앞에서 "집 현관에서 로비에 내려갈 때까지만 입마개 착용 을 해달라."라고 요구했습니다. 개가 예민하고 겁이 많아서 짖으니 아이들에게 설명해서 잘 이해시켜달라는 말만 돌아왔고, 입마개는 할 수 없으며 저희에게 입마개에 대해서 요구할 권리가 없다고 합니다.

얼마 전에는 엘리베이터 앞에서 아이들이 학원을 가기 위해 기다리고 있는데, 앞집 사람이 강아지와 같이 올라왔습니다. 엘리베이터가 열리자마자 강아지가 짖었고 아이들이 놀라서 소리 지르니 "X나 소리지르네. X발…."라고 말하고서 는 다시 아래로 내려갔다고 합니다. 아이들은 엘리베이터가 다시 와도 아래에 강아지가 있을까봐 내려가지 못하였다고 합니다. 집 앞에서 엘리베이터를 기다 리던 아이들은 욕을 들어야 했습니다.

20대로 보이는 앞집 딸은 저희 신랑에게 꼬박꼬박 "야~, 너~"라고 호칭하며 모욕적인 말을 합니다.

공동주택은 사람들이 모여 살기 위해 지어진 곳이지, 강아지를 키우기 위해 지어진 곳이 아닙니다. 저희 아이들은 강아지의 짖는 소리만 들어도 무섭다고 울고 있습니다. 경찰 쪽에서는 형사 사건이 발생하지 않는 이상 개입을 할 수 없다고 하며 개 짖음은 층간소음도 아니라고 합니다.

저희도 더는 참을 수 없어서 도움을 요청합니다. 저희가 이런 상황에서 할 수 있는 방법이 무엇이 있는지 궁금합니다.

상담

신청인께서는 앞집 견주에게 민사상 '손해배상(기)청구의 소'를 제기하셔서 소음으로 인한 정신적 고통에 대한 손해를 배상(위자료)받으셔야 할 것으로 보입니다. 현행법상 동물의 소음은 「소음·진동관리법」에서 정한 소음에 해당하지 않아 규제가 어렵기 때문입니다. 따라서 안타깝지만 현재는 반려견 소음으로 인한 피해자로서는 민사소송을 통해 피해 발생 및 피해액을 입증하여 동물의 견주로부터 배상을 받는 외에, 견주에게 제재를 가하거나 조치를 요구할 강력한 방법은 미비한 상황입니다.

관련 법률

※ **민법제759조(동물의 점유자의 책임)** ①동물의 점유자는 그 동물이 타인에게 가한 손해를 배상할 책임이 있다. 그러나 동물의 종류와 성질에 따라 그 보관에 상당한 주의를 해태하지 아니한 때에는 그러하지 아니하다.

②점유자에 갈음하여 동물을 보관한 자도 전항의 책임이 있다.

제751조(재산 이외의 손해의 배상) ①타인의 신체, 자유 또는 명예를 해하거나 기타 정신상 고통을 가한 자는 재산 이외의 손해에 대하여도 배상할 책임이 있다.

②법원은 전항의 손해배상을 정기금채무로 지급할 것을 명할 수 있고 그 이행을 확보하기 위하여 상당한 담보의 제공을 명할 수 있다.

※ **소음·진동관리법 제2조(정의)** 이 법에서 사용하는 용어의 뜻은 다음과 같다.<개정2009. 6. 9., 2013. 3. 22., 2013. 8. 13., 2016. 1. 19.>

1."소음"이란 기계·기구·시설, 그 밖의 물체의 사용 또는 공동주택(「주택법」 제2조제3호

에 따른 공동주택을 말한다. 이하 같다) 등 환경부령으로 정하는 장소에서 사람의 활동으로 인하여 발생하는 강한 소리를 말한다.

대한민국법원 나홀로소송 웹사이트(pro-se.scourt.go.kr/wsh/wsh000/WSHMain.jsp)에서는 소송의 준비와 진행, 서식과 작성요령, 인지대 및 송달료 계산 등이 상세히 안내되어 있으니 참고하시면 도움이 될 것입니다.

79 동물병원으로부터 명예훼손으로 소송 당한 경우

종: ***
성별: ***
나이: ***

내용 : 제가 동물병원에 명예훼손으로 소송을 당했습니다. 알아보니 제 닉네임이 아니고, 문제가 되는 글은 다른 사람이 올린 것 같습니다. 댓글에 "별로다." 라는 글은 달았습니다. 저희 강아지도 그 병원에서 의료사고로 억울하게 사망했거든요.

병원 측에 전화하니 제가 아닌 게 확인되면 취소하겠다고 했습니다. "별로다." 정도는 개인의 의견이니 별문제 삼지 않겠다고 했습니다. 경찰서에서는 일단 IP 추적을 해보겠다 합니다.

글 올린 사람은 제가 아니니 이 상태에서는 그냥 안심하고 있어도 되나요? 동물병원은 변호사 법인 의뢰해서 저라고 확신하고 고소한 것 같습니다. 이 상태에서는 경찰서에서 종료되는 건가요? 아니면 제가 아니어도 일단 검찰로 올라가나요?

예전에 이니셜로 "내 강아지가 여기서 죽었다. 다른 분들은 조심하셨으면 좋겠다. 너무 걱정된다."라고 올린 적이 있는데, 지우면 고소 안 할 테니 지우라고 해서 지운 적이 있습니다. 그것도 옛날 걸 캡처해서 올렸더라고요. 그건 이미 서로 합의한 건데 지금 문제 삼을 수도 있나요?

직접 이야기해 보니 최근에 다른 사람이 글 올린 것 때문에 고소했고, 제가 쓴 게 아니면 취소한다고 하는 걸로 보아 그것까지 문제 삼을 거 같진 않습니다. 병원 측에서는 최근 글이 제가 아닌 것 같고 확실하면 취소하겠다고 구두로 말했습니다.

저는 이 상황에서 그냥 기다리고 있으면 되나요? 아님 소명 자료라도 추가로 제출해야 하나요?

⭐ 형사책임

인터넷 커뮤니티, 블로그, 사회관계망서비스 계정 등 정보통신망에 글을 올리거나 공유하는 방법으로 타인의 명예를 훼손한 경우 형사적으로는 정보통신망 이용촉진 및 정보보호 등에 관한 법률(약칭: 정보통신망법) 위반이 문제됩니다.

사람을 비방할 목적으로 공공연하게 사실을 드러내어 다른 사람의 명예를 훼손한 자는 정보통신망법위반죄로 처벌되는데, 만일 거짓의 사실을 드러내어 명예를 훼손할 경우에는 가중처벌 됩니다.

'사람을 비방할 목적'이란 가해의 의사나 목적을 필요로 하는 것으로서, 적시한 사실이 공공의 이익에 관한 것인 경우에는 특별한 사정이 없는 한 비방할 목적은 부인됩니다. 공공의 이익에 관한 것에는 널리 국가·사회 그 밖에 일반 다수인의 이익에 관한 것뿐만 아니라 특정한 사회집단이나 그 구성원 전체의 관심과 이익에 관한 것도 포함합니다.(대법원 2009. 5. 28. 선고 2008도8812 판결[부록1-6], 대법원 2010. 11. 25. 선고 2009도12132 판결 등 참조)

공급자 중심의 시장 환경이 소비자 중심으로 이전되면서 사업자와 소비자 사이의 정보 격차를 줄이기 위해 인터넷을 통한 물품 또는 용역에 대한 정보 및 의견 제공과 교환의 필요성이 증대되므로, 실제로 물품을 사용하거나 용역을 이용한 소비자가 인터넷에 자신이 겪은 객관적 사실을 바탕으로 사업자에게 불리한 내용의 글을 게시하는 행위에 비방의 목적이 있는지는 앞서 든 제반 사정을 두루 심사하여 더욱 신중하게 판단하여야 합니다.(대법원 2012. 11. 29. 선고 2012도10392 판결[부록1-3])

형사상이나 민사상으로 타인의 명예를 훼손하는 경우에도 그것이 진실한 사실로서 오로지 공공의 이익에 관한 때에는 그 행위에 위법성이 없습니다. 행위자의 주요한 목적이나 동기가 공공의 이익을 위한 것이라면 부수적으로 다른 사익적 동기가 내포되어 있었다고 하더라도 행위자의 주요한 목적이나 동기가 공공의 이익을 위한 것으로 보아야 합니다.(대법원 1995. 6. 16. 선고 94다35718 판결, 1996. 10. 11. 선고 95다36329 판결 등 참조)

위와 같이 정보통신망법위반죄가 성립하기 위해서는 비방의 목적, 사실적시가 인정되어야 하고, 공공의 이익이 배제되어야 합니다.

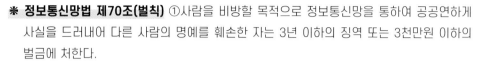

※ 정보통신망법 제70조(벌칙) ①사람을 비방할 목적으로 정보통신망을 통하여 공공연하게 사실을 드러내어 다른 사람의 명예를 훼손한 자는 3년 이하의 징역 또는 3천만원 이하의 벌금에 처한다.

②사람을 비방할 목적으로 정보통신망을 통하여 공공연하게 거짓의 사실을 드러내어 다른 사람의 명예를 훼손한 자는 7년 이하의 징역, 10년 이하의 자격정지 또는 5천만원 이하의 벌금에 처한다.

③제1항과 제2항의 죄는 피해자가 구체적으로 밝힌 의사에 반하여 공소를 제기할 수 없다.

2 민사책임

인터넷 커뮤니티, 블로그, 사회관계망서비스 계정 등 정보통신망에 글을 올리거나 공유하는 방법으로 타인의 명예를 훼손한 경우 민사적으로 불법행위 책임이 문제가 됩니다.

애견호텔에 위탁한 반려견이 사망하여 관련 사실을 사회관계망서비스 계정에 올리고 게시물을 공유한 사건에서 "게시 또는 공유한 사실들이 애견호텔을 이용하고자 하는 소비자들의 의사결정에 도움이 되는 정보 및 의견 제공이라는 공공의 이익에 관한 것이어서 위법하다고 보기 어렵다."라고 판단한 사례가 있습니다.

동물병원에서의 진료와 관련하여 "비싸고 별로다. 입원을 강요한다. 돈만보고 장사하는 병원. 강아지한테 고양이약 처방하고." 등의 표현을 인터넷 커뮤니티나 블로그에 게시한 사건, "불필요한 검사 싹 해요. 진짜 바가지 장난 아니다. 3개 병원을 절대 가지마라. 진료비가 비싸고 과잉진료하며, 급여가 싼 초보자를 야간에 둔다." 등의 표현을 인터넷 카페에 게시한 사건에서 허위사실이라고 볼 수 없거나 공공의 이익에 관한 것이어서 위법하다고 보기 어렵다고 판단한 사례가 있습니다.

사안의 경우 문제된 게시글이 본인이 작성하지 않은 것이므로, 수사기관에 확실하게 소명을 하고, 이를 입증할 자료 등을 적극적으로 제출하시기 바랍니다.

앞선 판례에서 본 바와 같이 동물병원 진료와 관련한 사실을 게시한 경우에는 '소비자들의 의사결정에 도움이 되는 정보 및 의견 제공이라는 공공의 이익에 관한 것'이라는 이유로 위법하지 않다고 보고 있으므로, 설령 본인이 해당글을 게시하였

기타 문의

더라도 민형사 책임이 인정되기는 어려워 보입니다.

 관련 규정

제750조(불법행위의 내용) 고의 또는 과실로 인한 위법행위로 타인에게 손해를 가한 자는 그 손해를 배상할 책임이 있다.

채무불이행 관련 문의

종: 푸들

성별: 여

나이: 1년

🐾 **내용** : 강아지 분양 시 작성했던 계약서를 토대로 분양받은 후 15일 이내에 질병이 발생하여 병원비를 청구하였고, 청구하는 과정에서 민사소송을 진행하여 승소하였습니다.

금액을 지급하라는 결정문이 떨어졌고 피고가 항소를 하여 조정까지 진행하였고, 조정하는 과정에서 원고인 제가 많이 양보하여 합의를 보았다고 생각했는데 피고는 채무를 이행하지 않고 있으며, 재산 명시 신청까지 하였으나 피고가 계속 등기를 받지 않고 있어서 그마저도 각하되었습니다. 법원에 전화해서 문의하니 재산조회 신청이나 채무 불이익명부등재라는 방법이 있다고 하는데 어떠한 방법이 효율적인 방법인지, 혹은 다른 방법이 있는지 궁금합니다.

추가로 금액적인 보상은 받지 못하더라도, 혹시 벌금을 내도록 하는 방법도 있을까요? 주기적으로 불법적인 가정 분양을 시행하는 거로 알고 있습니다. 다만 그에 맞는 증거가 그렇게 많지는 않습니다.

상담

당사자 간에 임의조정이 성립하였고, 조정조서에 기한 피고의 채무이행기가 지났다면, 귀하께서는 조정조서를 집행권원으로 해서 피고의 재산에 대한 강제집행을 신청할 수 있습니다. '강제집행'이란 집행권원에 표시된 사법상의 이행청구권을 국가권력에 기하여 강제적으로 실현하는 법적 절차입니다.

강제집행은 피고 소유의 부동산 또는 유체동산의 압류 및 경매, 피고가 은행에 대하여 가지는 예금채권, 피고가 살고 있는 집이 자가가 아니라 전세 또는 월세라면 피고가 임대인에 대하여 가지는 임대차보증금반환채권 등에 대한 채권압류 및 추심 등으로 진행하실 수 있습니다. 그러나 부동산 또는 유체동산의 경매는 본건 조정의 액수와 비교하여 경매비용이 과다하고 장기간이 소요되므로 유효, 적절한 강제집행절차가 아닙니다. 실무에서는 보통 원고-채권자, 피고-채무자, 주요 6개 은행(국민, 신한, 우리, 하나, 기업, 농협은행)을 각 제3채무자로 하는 채권압류 및 추심명령을 통하여 은행으로부터 직접 돈을 수령합니다. 만약 각 통장에 피고의 돈이 없다면 은행으로부터 돈을 수령할 수는 없지만, 채권 압류가 된 피고는 은행거래가 전부 막혀 큰 불편을 겪으므로 스스로 변제하게끔 압박하는 효과가 있습니다. 귀하께서 말씀하신 재산조회신청이나 채무불이행자명부 등재도 물론 가능합니다. 다만, 재산조회신청은 각 조회대상기관별로 비용이 발생하고, 재산을 파악하는데 시간도 소요되어 그동안 상대방이 재산을 빼돌릴 위험도 배제할 수 없습니다. 채무불이행자 명부등재 제도란 금전채무를 일정기간 내에 이행하지 아니하거나 재산명시 절차에서 감치 또는 처벌대상이 되는 행위를 한 채무자에 관한 일정사항을 법원의 재판에 의하여 등재한 후 누구든지 보거나 복사할 수 있도록 하는 제도입니다. 이 제도는 다음의 경우에 해당할 때만 신청이 가능합니다.

1. 채무자가 6월 이내에 채무를 이행하지 아니하여 등재를 신청하는 경우(필요서류: 집행권원이 있는 확정판결 또는 조정조서 등)

2. 재산명시기일 불출석 및 재산목록 제출 거부, 선서 거부를 이유로 등재를 신청하는 경우(필요서류: 명시기일조서 등본)

3. 거짓된 재산목록 제출을 이유로 등재를 신청하는 경우(필요서류: 유죄판결, 불기소처분, 수사결과통지서 등)

81 펫시터 사업 관련 문의

종: **요크셔테리어**

성별: **여**

나이: **17개월**

내용 : 프로펫시터를 목적으로 사업을 구상하고 있습니다. 저희 집 반려견은 당
뇨와 백내장으로 인해 호텔에서 케어가 불가능한 점에 착안하여 질병이 있는
강아지도 케어해 줄 수 있을 듯합니다.

간호사면허가 있어서 약의 용량이라든지, 투여의 정확도는 누구보다도 안전하
다고 생각이 드는데 특수한 경우를 제외한 수의사가 아닌 제3자의 침습적 처치
는 불법이라는 말을 들었습니다. 보호자의 위임동의서나 다른 방법은 없는 것
인지요?

상담

현행법상 수의사가 아니면 동물을 진료할 수 없고(수의사법 제10조), 이를 위반할
경우 2년 이하의 징역 또는 2천만원 이하의 벌금에 처할수 있습니다.(수의사법 제39
조 제1항 제2호) 수의사법 제10조 단서에서 수의사가 아니더라도 동물을 진료할 수 있
는 예외적인 경우를 수의사법 시행령 제12조, 수의사법 시행규칙 제8조 등에서 정
하고 있으나, 귀하께서 구상하시는 사업은 예외규정에 해당하지 않으므로 현행법
에 저촉됩니다.

판례는 '동물의 진료'의 개념에 관하여 "수의사법 제10조에 규정된 '동물의 진
료'라 함은 같은 법 제2조 제3호에서 정하는 동물진료업의 정의에 따라 '동물을 진
료하거나 동물의 질병을 예방하는 행위'를 의미한다 할 것이고, 여기서 '동물의 진
료 또는 예방'이라 함은 '수의학적 전문지식을 기초로 하는 경험과 기능으로 진찰·

검안·처방·투약 또는 외과적 시술을 시행하여 하는 질병의 예방 또는 치료행위'라고 해석하는 것이 상당하다."라고 판시하고 있습니다.(대법원 2009. 1. 15. 선고 2007도 6394 판결[수의사법위반]) 즉, 동물의 진찰, 검안, 처방, 투약, 외과적 시술 등은 모두 진료에 해당하므로 수의사만 행하여야 합니다. 수의사 아닌 사람이 동물의 진료를 하는 것은 징역 또는 벌금형이 부과되는 범죄에 해당하고, 범죄행위는 반려동물 보호자가 귀하께 동의, 약정, 위임, 계약 등 여하한 형태로 허락한다고 하더라도 결코 합법이 되지 않습니다.

관련 법률

※ 수의사법 제10조(무면허 진료행위의 금지) 수의사가 아니면 동물을 진료할 수 없다. 다만, 「수산생물질병 관리법」 제37조의2에 따라 수산질병관리사 면허를 받은 사람이 같은 법에 따라 수산생물을 진료하는 경우와 그 밖에 대통령령으로 정하는 진료는 예외로 한다.

제39조(벌칙) ①다음 각 호의 어느 하나에 해당하는 사람은 2년 이하의 징역 또는 2천만원 이하의 벌금에 처하거나 이를 병과할 수 있다.<개정 2013. 7. 30., 2016. 12. 27., 2019. 8. 27., 2020. 2. 11.>

1.제6조제2항을 위반하여 수의사 면허증을 다른 사람에게 빌려주거나 빌린 사람 또는 이를 알선한 사람

2.제10조를 위반하여 동물을 진료한 사람

3. 제17조제2항을 위반하여 동물병원을 개설한 자

②다음 각 호의 어느 하나에 해당하는 자는 300만원 이하의 벌금에 처한다.<신설 2013. 7. 30.>

1.제22조의2제3항을 위반하여 허가를 받지 아니하고 재산을 처분하거나 정관을 변경한 동물진료법인

2.제22조의2제4항을 위반하여 동물진료법인이나 이와 비슷한 명칭을 사용한 자

[전문개정 2010. 1. 25.] [시행일 : 2020. 8. 12.]

※ 수의사법 시행령 제12조(수의사 외의 사람이 할 수 있는 진료의 범위) 법 제10조 단서에서 "대통령령으로 정하는 진료"란 다음 각 호의 행위를 말한다.<개정 2013. 3. 23., 2016. 12. 30.>

1.수의학을 전공하는 대학(수의학과가 설치된 대학의 수의학과를 포함한다에서 수의학을 전공하는 학생이) 수의사의 자격을 가진 지도교수의 지시·감독을 받아 전공 분야와 관련된 실습을 하기 위하여 하는 진료행위

2.제1호에 따른 학생이 수의사의 자격을 가진 지도교수의 지도·감독을 받아 양축 농가에

대한 봉사활동을 위하여 하는 진료행위

3.축산 농가에서 자기가 사육하는 다음 각 목의 가축에 대한 진료행위

가. 「축산법」 제22조제1항제4호에 따른 허가 대상인 가축사육업의 가축

나. 「축산법」 제22조제2항에 따른 등록 대상인 가축사육업의 가축

다. 그 밖에 농림축산식품부장관이 정하여 고시하는 가축

4.농림축산식품부령으로 정하는 비업무로 수행하는 무상 진료행위

✳ 수의사법 시행규칙 제8조(수의사 외의 사람이 할 수 있는 진료의 범위) 영 제12조제4호에서 "농림축산식품부령으로 정하는 비업무로 수행하는 무상 진료행위"란 다음 각 호의 행위를 말한다.<개정 2013. 3. 23., 2013. 8. 2., 2019. 11.8.>

1.광역시장·특별자치시장·도지사·특별자치도지사가 고시하는 도서·벽지에서 이웃의 양축 농가가 사육하는 동물에 대하여 비업무로 수행하는 다른 양축 농가의 무상 진료행위

2.사고 등으로 부상당한 동물의 구조를 위하여 수행하는 응급처치행위

기 타 문 의

82 분실 견 찾기

종: **래브라도 리트리버**	
성별: **여**	
나이: **2년**	

🐾 **내용** : 2019년 10월 23일 반려견(줄리)의 목줄이 풀려 줄리를 잃어버렸습니다. 지난 2018년 4월경에 저희 집 주변의 건축업자 사장님과 현장에서 일하는 소장님이 래브라도 리트리버 견을 분실한 분이 찾아 와서 저희 줄리를 본인 강아지라며 데려갔습니다. 그 당시 사장님과 소장님이 줄리를 데려가려는 분께 "데려가더라도 상담자(글 작성자)의 집에서 따라왔으니, 이야기는 하고 가져가라."라고 말씀하였으나, 그러지 않고 그냥 데려갔습니다. 그 집에 찾아가 "우리 강아지를 돌려 달라."라고 하니 저희 직원에게 쌍욕을 했고, 자기네 강아지라며 쫓아냈습니다.

현재 경찰서에 신고하고 저희 강아지의 모견이 있어 모견 검사를 마쳤습니다. 모견으로 판정이 난 상황에서도 조작이라 하며 모견 검사한 동물병원에 가서 횡포를 부리고 있습니다. 정신적으로 문제가 있는 집에 가 있는 우리 줄리가 안쓰러워 죽겠습니다. 빨리 찾고 싶습니다.

상담

현행법상 반려견은 '동산'에 해당합니다. 귀하께서는 줄리의 진정한 견주이기 때문에 상대방에 대하여 줄리의 인도를 청구할 권리가 있는 채권자이고, 상대방은 줄리를 귀하에게 인도할 의무가 있는 채무자입니다. 채권자는 해당 동산의 '소유권에 기한 인도청구권' 보전을 위해서 또는 채권자에게 임시의 지위를 부여하기 위하여 '동산인도단행가처분신청'을 할 수 있습니다. 단행가처분은 일반적인 가처분, 가압류와는 달리 소송을 통해 궁극적으로 이루고자 하는 상태를 가처분을 통해 이루는 형태입니다. 단행가처분은 채권자에게 판결확정과 같은 만족을 주는 대신 그만큼 법원으로부터 인용결정을 받기가 까다로운 면이 있습니다. 그래서 동산의 경우 통상 '점유이전금지가처분', '처분금지가처분' 등의 보전처분 후, 본안 소송인 '인도청구의 소'를 통하여 종국적으로 청구권을 실현합니다. 귀하께서도 앞서 말씀드린 보전처분과 소송을 다 진행하실 수 있습니다, 다만, 본 사안의 경우 목적물이 물건이 아니라 살아있는 반려견이라는 특수성이 있기 때문에 통상의 가처분만으로 부족할 수 있고, 본안소송은 판결까지 시간이 너무 오래 걸리므로 인도단행가처분을 검토해보실 것을 권합니다. 상대방이 반려견을 귀하에게 반환해야 하는 상황에 처했을 때, 혹시나 나쁜 마음을 먹고 줄리를 유기, 제3자에게 처분, 학대하는 등의 불상사가 절대 일어나서는 안되기 때문에 빠른 조치를 취할 긴급한 필요가 있기 때문입니다.

임차인이 키우던 반려동물이 훼손한 마룻바닥

종: 고양이

성별: ★★★

나이: ★★★

🐾 **내용** : 임차인이 퇴거 후 집의 마룻바닥이 심각하게 훼손되어 있었습니다. 마루 시공업자를 통해 고양이과 반려동물에 의한 것이라는 확인이 있었고, 임차인이 고양이를 키우고 있었다는 증거 사진도 있어 이에 대해 원상복구를 요청했습니다. 임차인은 택배 상자 등에 의한 생활상의 기스라고 주장하면서 응하지 않고 있습니다.

두 줄, 세 줄, 혹은 네 줄의 긁힘 현상이 집안 곳곳에 있고, 캣타워를 놓았던 근처나 먹이통을 놓았던 곳 주변 복도 등은 특히 더 심각합니다. 마루가 날카롭게 긁힌 자국을 보았을 때, 고양이과 반려동물에 의한 것이라는 확인을 어떻게 준비할 수 있을까요?

참고로 마루는 흰색 코르크 마루이고, 인테리어한 지 3년 정도 될 때 전세를 주었고, 전세 당시에는 마루에 이런 긁힘이 없었습니다.(사진 있음)

상담

임대차는 당사자 일방이 상대방에게 목적물을 사용, 수익하게 할 것을 약정하고 상대방이 이에 대하여 차임을 지급할 것을 약정함으로써 그 효력이 생깁니다. 임대차계약이 종료되었을 때, 임대인은 보증금반환의무가 있고, 임차인은 임차목적물에 대해 원상회복의무가 있습니다.

임대차계약에서 있어서 임대차목적물이 일부 훼손되었다고 하더라도 통상 임차인이 임대차기간 중 목적물을 사용함으로써 임대차목적물이 마모되어 생기는 가치

훼손부분에 대한 경제적 평가는 이미 차임 등에 반영된 것이므로, 임차인의 원상회복의무는 임차인이 임대인으로부터 임대차목적물을 인도받을 당시 현황 그대로 회복하여야 한다는 의미로 볼 수 없고, 가치의 훼손이 자연적 마모 또는 감가상각의 정도를 초과한다는 특별한 사정이 있는 경우 원상회복의무를 부담합니다.

판례는 반려견을 다가구주택에서 키우면서 강화마루, 걸레받이가 손상된 사건에서 자연적 마모 또는 감가상각의 정도를 초과한다고 판단하여 임대차보증금에서 원상복구비용, 보수공사비 공제를 인정한 사례가 있고, 고양이 4마리 이상을 키우면서 배설물 등을 방치하여 아파트 내부와 복도 및 이웃 세대에 악취를 발생시킨 사안에서 세면대 수리비, 부동산 청소비, 도배비용에 대한 손해배상을 인정한 사례가 있습니다.

사안의 경우 손상의 정도가 자연적 마모나 감각상각 정도를 초과하는 것으로 보여, 임차인에게 원상복구비용 또는 보수공사비용을 손해배상으로 청구할 수 있습니다.

관련 규정

＊ 민법 제618조(임대차의 의의) 임대차는 당사자 일방이 상대방에게 목적물을 사용, 수익하게 할 것을 약정하고 상대방이 이에 대하여 차임을 지급할 것을 약정함으로써 그 효력이 생긴다.

기타 문의

84 펫시터가 일방적으로 연락 거부

종: 토끼

성별: 여

나이: 7년 3개월

🐾 **내용**: 반려동물(연부)의 보호자는 현재 전문연구 요원으로 군 대체 복무 중 기초 군사훈련을 받기 위해 5월 14일(목) 자로 입소하였습니다. 5월 13일(수)부터 6월 13일(토)까지 반려동물을 호텔링 시키기로 하고 펫시터에게 맡겼습니다.

보호자가 훈련소에 머물러 연락이 되지 않는 동안, 본인은 보호자의 대리인으로서 반려동물의 상태를 지속해서 전달받기로 했고, 펫시터가 반려동물을 돌보는 동안 필요한 사항을 지원하기로 했습니다. 펫시터의 서비스를 받는 대가로 50만원을 보냈고, 계약서를 작성하지는 않았으나 보호자와 펫시터 간 메신저를 통해 합의했습니다.

5월 17일(일) 펫시터가 요청한 물품을 구매해 보낸 이후, 잠시 대화를 나누었고 펫시터가 일방적으로 메신저를 확인하지 않기 시작했습니다. 5월 18일(월), 19일(화) 오후 6시쯤 메시지를 보냈으나 마찬가지로 확인하지 않았고, 19일(화) 오후 7시쯤 전화를 3통 걸었으나 받지 않았습니다. 얼마 지나지 않아 펫시터가 메시지를 5~6개 보내고 본인과 대화 중이던 오픈 메신저에서 내보냈습니다. 펫시터가 보낸 메시지의 요지는 다음과 같습니다.

- 본인이 펫시터에게 심한 갑질을 일삼았고 사사건건 시비조였으므로 더는 연락을 원하지 않음.
- 본인은 보호자의 대리인이 될 자격이 없으므로 보호자에게 직접 사진과 동영상을 보낼 것임.
- 본인이 펫시터와 한 대화 내용을 보호자의 메신저로 전달할 것임.

본인은 펫시터를 상대로 갑질을 하거나 시비건 일이 없으며, 당초 합의하였던 대로 서비스를 제공하지 않는 펫시터에게 반려동물을 맡길 생각이 없어 데려오고자 했습니다. 현재 이메일로 보호자에게 상황을 전달하였고 보호자의 의사에 따라 그대로 둘지, 데리고 올지 결정할 예정입니다. 데리고 오도록 결정할 경우, 본인이 펫시터에게 주중에 고지하고 주말에 직접 찾아가 반려동물을 데려올 예정입니다.

본인이 대리인으로서 반려동물을 찾아올 수 있는지 궁금합니다. 현재 펫시터가 보호자에게 직접 사진이나 동영상을 전달한다고 하나, 훈련소에 있는 보호자가 연락받을 수 없습니다. 또한, 펫시터의 대응이 상식적이지 않고 매우 공격적이므로 반려동물에게 해코지하지 않을 것이라고 장담할 수 없습니다.

보호자에게 서면으로, 본인이 보호자의 대리인으로서 권한이 있다는 내용을 적어달라고 요청했습니다만, 이것이 유효한지 궁금합니다.

펫시터에게 찾아갈 날짜를 고지했을 때 또는 펫시터의 집에 직접 찾아갔을 때, 반려동물을 돌려주지 않겠다고 하거나 문을 열어주지 않는 경우 어떻게 해야 할지 궁금합니다. 경찰의 중재를 요청할 수 있을지 검색해 보았으나 개인 간 충돌의 경우 관여하지 않는다는 얘기를 보았습니다. 되도록 반려동물에게 해가 가지 않는 선에서 원만히 해결하고 싶으나 펫시터가 본인이 하는 이야기를 계속 공격으로 받아들이고 있어 당사자 간 대화로 해결이 어려워 보입니다.

상담

펫시터에게 반려동물을 위탁하는 것은 민법 제680조의 위임계약에 해당합니다. 계약당사자는 반려동물의 보호자와 펫시터인데, 계약당사자 사이에 귀하가 보호자의 대리인으로서 계약상 의무를 이행하는 동시에 권리도 행사하기로 하는 약정이 있었다고 볼 수 있습니다. 즉, 귀하는 펫시터에게 연부에게 필요한 용품을 제공하고, 펫시터는 귀하에게 연부가 지내는 모습을 공유하는 것도 계약의 내용에 포함되었다고 할 것입니다. 그런데 펫시터는 계약기간 중 일방적으로 귀하와의 연락을 거부하고, 보호자에게 직접 연락하겠다고 통보하였습니다.

위임계약은 민법 제689조에 따라 당사자가 언제든지 해지할 수 있는데, 귀하는 보호자의 대리인으로서 펫시터에게 위임계약 해지의사를 통보하고 계약을 해지할 수 있습니다. 보호자로부터 서면으로 '계약해지권을 포함한 일체의 권한를 수권한다.'라는 내용의 위임장은 유효하므로 위임장을 받아두시면 펫시터에게 대항하기 수월하실 것입니다. 귀하께서는 상대방에게 문자, 전화 등 어떠한 방법으로든 계약해지의사와 특정일자에 연부를 데려갈 것이라는 내용을 보내고 연부를 데리러가셔도 괜찮지만, 펫시터가 연락을 차단해서 도달이 되지 않는다면 내용증명으로 위 내용을 보내시는 것도 한 방법입니다.

　나아가 귀하께서 펫시터에게 계약해지의사를 통보하였음에도 연부를 돌려주지 않는다면 이는 형법상 횡령죄에 해당할 수 있습니다. 반려동물의 법적 지위는 재물에 해당하므로 타인(보호자)의 재물(연부)을 보관하는 자(펫시터)가 그 반환을 거부한 때에는 형법상 횡령죄의 죄책을 질수 있습니다. 그렇다면 이는 민사상 영역에 국한되는 것이 아니라, 형사상 영역이므로 경찰에 신고하셔서 횡령의 점에 관하여 설명하시고 경찰의 도움을 요청하실 수 있습니다.

관련 조문

※ **민법 제680조(위임의 의의)** 위임은 당사자 일방이 상대방에 대하여 사무의 처리를 위탁하고 상대방이 이를 승낙함으로써 그 효력이 생긴다.

제689조(위임의 상호해지의 자유) ①위임계약은 각 당사자가 언제든지 해지할 수 있다.
　②당사자 일방이 부득이한 사유없이 상대방의 불리한 시기에 계약을 해지한 때에는 그 손해를 배상하여야 한다.

※ **형법 제355조(횡령, 배임)** ①타인의 재물을 보관하는 자가 그 재물을 횡령하거나 그 반환을 거부한 때에는 5년 이하의 징역 또는 1천500만원 이하의 벌금에 처한다.

85 반려견 짖음으로 상대방이 놀라 넘어져 부상입은 경우

종: **말티즈**

성별: **여**

나이: **2년**

🐾 내용 : 엄마가 반려견(크림이)을 데리고 산책 중에 크림이가 짖어서, 걸어오시던 할머니께서 놀라 넘어지셨다고 합니다. 목줄은 당연히 하고 있었고, 문 것도 아닙니다. 엄마께서 할머니를 집까지 데려다 주셨는 데 토하시길래 응급차도 불러드렸다고 합니다. 할머니께서는 원래 강아지를 무서워한다고 말씀하셨다고 합니다. 그런데 일주일이 지난 지금, 병원비를 내라면서 연락이 왔다고 하시는 데, 이럴 경우 어느 정도까지 책임을 져야 할까요?

상담

1️⃣ 형사책임

반려 견주는 누구든지 공공장소에 애완견을 데리고 나올 때에는 목줄을 묶거나 입마개를 씌워 애완견이 타인을 공격하거나 갑자기 타인에게 다가가거나 짖음으로써 타인으로 하여금 놀라지 않게 할 주의의무가 있습니다. 이를 위반할 경우 반려 견주는 과실치상죄(형법 제266조 제1항)의 죄책을 집니다.

피해자가 가해 견주를 신고하거나 고소할 경우 상해의 정도에 따라 선고형이 다른 데, 상해의 정도가 심하지 않다면 30만원에서 100만원 사이에서 벌금형이 선고됩니다.

과실치상죄는 피해자의 명시한 의사에 반하여 공소를 제기할 수 없기 때문에, 피해자와 합의를 한다면 기소를 하지 않거나 기소되더라도 공소기각의 판결을 하게 되므로 이러한 사안에서는 피해자와 합의를 하는 것이 필요한 접근방법입니다.

만일 외출할 때 목줄을 하지 않고 나갔다가 반려견으로 인하여 상해를 입혔다면, 과실치상죄 외에 동물보호법위반죄(동물보호법 제46조 제2항)에도 해당되나 사안의 경우 목줄을 하였으므로 문제가 없을 것으로 보입니다.

관련 규정

✻ 형법 제266조(과실치상) ①과실로 인하여 사람의 신체를 상해에 이르게 한 자는 500만원 이하의 벌금, 구류 또는 과료에 처한다.
②제1항의 죄는 피해자의 명시한 의사에 반하여 공소를 제기할 수 없다.

❷ 민사책임

동물 점유자는 동물의 종류와 성질에 따라 그 보관에 상당한 주의를 해태하였음을 입증하지 않는 한, 그 동물이 타인에게 가한 손해를 배상할 책임이 있습니다.(민법 제759조 제1항) 실무에서는 반려견으로 인해 사람이 부상을 당한 경우 거의 예외 없이 견주의 과실을 인정하고 있으므로 견주는 피해자에게 손해배상책임을 져야 합니다.

손해배상의 범위에는 기왕치료비, 향후 치료비, 일실수입 등의 재산상 손해와 위자료가 포함되는데, 피해자가 실제로 지급한 치료비, 입원기간 동안의 수입상실분이 재산상 손해로 인정됩니다.

피해자 측의 과실이 인정되는 경우 견주의 책임이 제한되고, 그만큼 비율적으로 재산상 손해에서 공제되는데, 판례에서는 개를 예의주시하면서 목줄 반경 밖으로 다니고 불필요하게 함부로 접근하지 않는 등 스스로의 안전을 도모할 주의의무가 있음에도 피해자가 이를 소홀히 한 점을 들어 견주의 책임을 90%로 제한한 사례가 있습니다.(피해자의 과실을 10%로 봄)

위자료는 치료기간, 후유장애여부에 따라 다른데, 법원 실무에서는 가벼운 물림사고라면 보통 50만원에서 300만원 사이에서 위자료를 인정해 주고 있습니다.

사안의 경우 반려견이 짖어서 사람이 부상을 당한 경우이므로 손해배상책임을 져야 하고, 그 범위는 치료비와 위자료가 포함됩니다. 피해자가 치료비와 소정의 위자료를 받음으로 손해배상에 대한 합의를 해 준다면 처벌불원의 의사까지 담긴 합의서를 작성해 둘 필요가 있습니다.

＊ **민법 제759조(동물의 점유자의 책임)** ①동물의 점유자는 그 동물이 타인에게 가한 손해를 배상할 책임이 있다. 그러나 동물의 종류와 성질에 따라 그 보관에 상당한 주의를 해태하지 아니한 때에는 그러하지 아니하다.

②점유자에 갈음하여 동물을 보관한 자도 전항의 책임이 있다.

기 타 문 의

86 동물 소음으로 스트레스 받은 경우

종: 말티즈 외 4마리

성별: ***

나이: ***

🐾 **내용** : 주택에 이사 온 지 얼마 안 되어서 개 주인과 직접 이야기하기는 부담스럽고 얼굴 붉히기 뭐해서 말 못하고 지내고 있습니다. 개 주인 말로는 5마리 키운다고 합니다. 길가에 있는 집이라 사람이나 자전거가 많이 자주 지나다닙니다. 다닐 때마다 여러 마리가 울타리 쪽으로 쫓아와 엄청 심하게 짖어댑니다. 새벽부터 밤까지 개들이 짖는데, 주인은 수시로 강아지를 내놓습니다. 정원에 내놓지 않으면 실내에서는 안 짖는 것 같습니다. 너무 시끄러운 개 소음에 저희 가족은 스트레스를 받아 살 수가 없습니다.

시청 민원실에 전화하여 반려동물 법률상담센터를 소개받았습니다.

상담

반려견 소음으로 수면방해 등 생활의 불편을 겪는 경우 현행법상으로는 소음발생을 중지시키거나 직접 견주에게 제재를 가하는 방법은 마련되어 있지 않습니다. 소음과 관련하여서는 「소음·진동관리법」에서 규제하고 있는데, 동물의 소음은 「소음·진동관리법」에서 정한 소음에 해당하지 않기 때문입니다. 따라서 피해자는 동물의 점유자에게 민사상 손해배상을 청구하여 간접적으로 책임을 묻는 방법을 취해야 합니다.

동물의 점유자는 그 동물이 타인에게 가한 손해를 배상할 책임이 있는데, 반려견의 짖음으로 발생한 소음이 사회통념상 수인할 정도를 넘어서는 경우에는 불법행위 책임이 인정되어 그 점유자는 피해자에게 손해를 배상해야 합니다.

소음이 수인할 수 있는 정도인지 여부는 주거지역 심야 소음규제 기준치인

40~60dB이 기준이 될 수 있는데, 법원은 휴대용 디지털소음측정기로 측정된 심야 소음이 82.5~97.4dB로 확인된 사건에서 그 소음이 수인할 수 있는 정도를 넘었다고 판단하였고, 동물점유자에게 불법행위 책임을 인정하였습니다.

반려견의 점유자에게 불법행위 책임이 인정될 경우 피해자에게 그 손해를 배상하여야 하는데, 법원 실무에서는 생활상의 불편으로 인한 정신적인 고통에 대해 위자료를 인정하고 있습니다. 위자료 액수는 소음의 기준치 초과의 정도, 소음노출기간, 소음을 경감하려는 노력이 있었는지 여부 등을 고려하여 결정하는데, 위에서 언급한 사건의 경우 1인당 100만원의 위자료를 인정하였습니다.

일반적으로 민사소송을 제기하거나 소송에서 책임이 인정될 경우 반려 견주 또는 점유자는 추가 손해배상의 우려로 소음방지를 위해 적극적인 조치를 할 가능성이 높으므로, 현재 시점에서는 가장 효과적인 방법이라고 할 수 있습니다.

다만, 민사소송으로 제기하는 경우 피해자는 가해행위와 피해발생 간의 인과관계를 입증해야 하고, 이 과정에서 법률지식이 없는 일반인은 상당한 비용을 들여 변호사의 도움을 받아야 하는 단점이 있습니다.

환경분쟁조정제도는 국민들이 생활 속에서 부딪히는 크고 작은 환경분쟁을 복잡한 소송절차를 통하지 않고 전문성을 가진 행정기관에서 신속히 해결하도록 하기 위해 마련한 제도입니다. 환경분쟁조정제도를 이용하는 경우에는 환경분쟁조정위원회에서 적은 비용으로 피해사실 입증을 대신해 주고, 소송보다 절차도 간단하다는 장점이 있습니다.

다만, 동물의 소음은 「소음·진동관리법」에서 정한 소음에 해당하지 않아 원칙적으로 환경분쟁조정대상으로 보기 어려우나, 반려견 소음으로 인한 분쟁이 다수 발생하고 있는 상황이고, 공동주택의 층견소음과 관련하여 공동주택관리분쟁조정위원회에서 분쟁조정절차를 진행하기도 하며, 소송은 여러 가지 단점이 있으므로 환경분쟁조정위원회에 조정신청을 하는 것도 고려해 볼 수 있습니다.

관련 규정

※ **민법 제759조(동물의 점유자의 책임)** ①동물의 점유자는 그 동물이 타인에게 가한 손해를 배상할 책임이 있다. 그러나 동물의 종류와 성질에 따라 그 보관에 상당한 주의를 해태하지 아니한 때에는 그러하지 아니하다.
②점유자에 갈음하여 동물을 보관한 자도 전항의 책임이 있다.

부록1
참조 판례

[판시사항] 갑이 애완견을 데리고 공원에서 휴식을 취하던 중 애완견의 목줄을 놓치는 바람에 애완견이 부근에 있던 만4세의 을을 물어 상해를 입게 한 사안에서, 갑은 을이 입은 손해를 배상할 의무가 있다고 한 사례

[판결요지] 갑이 애완견을 데리고 공원에서 휴식을 취하던 중 애완견의 목줄을 놓치는 바람에 애완견이 부근에 있던 만4세의 을을 물어 상해를 입게 한 사안에서, 갑은 애완견이 주변 사람들에게 위해를 가하지 못하도록 목줄을 단단히 잡고 있을 의무를 위반한 과실로 을로 하여금 상해를 입게 하였으므로 을이 입은 손해를 배상할 의무가 있고, 어린아이의 보호자로서는 아이에게 위해를 가할 수 있는 주변 상황을 잘 살필 의무가 있고 아이 주변에 동물이 있을 경우 동물이 아이를 공격할 가능성에 대비할 필요가 있으나, 주인이 동행하는 애완견의 경우 주인이 사고 가능성을 예방하는 적절한 조치를 취할 것으로 믿는 것이 일반적이고, 을의 보호자가 사고 예방을 위하여 마땅히 취해야 할 조치를 방임하였다고 볼 수 없다고 한 사례.

❙ 주문

  1. 피고의 항소를 기각한다.
  2. 항소비용은 피고가 부담한다.

❙ 청구취지 및 항소취지

청구취지: 피고는 원고에게 6,079,385원 및 이에 대하여 2013. 6. 23.부터 청구취지확장 및 청구원인 변경신청서 부본 송달일까지는 연 5%의, 그 다음날부터 다 갚는 날까지는 연 20%의 각 비율로 계산한 돈을 지급하라.

항소취지: 제1심 판결 중 피고 패소부분을 취소하고, 위 취소부분에 해당하는 원고의 청구를 기각한다.

┃ 이유

🐾 1. 손해배상책임의 성립

가. 인정사실

1) 피고는 2013. 6. 23. 11:00경 서울 성동구 성수동 1가 *** ***공원 호수 부근에서 피고의 처와 함께 애완견을 데리고 나와 공원 벤치에 앉아 휴식을 취하고 있던 중 피고의 처와 얘기를 나누다가 잡고 있던 애완견의 목줄을 놓치는 바람에 그 애완견이 때마침 그 옆 벤치 부근에 있던 원고(2009. 2. 4.생)에게 달려들어 왼쪽 종아리를 물었고, 그로 인하여 원고가 약 2주간의 치료를 요하는 표재성 손상 등을 입게 되었다(이하 '이 사건 사고').

2) 피고는 이 사건 사고로 인하여 서울동부지방법원 2013고약9104호로 과실치상죄로 약식기소되어 벌금 50만 원의 약식명령을 받았고, 위 약식명령은 그대로 확정되었다.

나. 판단

피고는 자신의 애완견이 주변 사람들에게 위해를 가하지 못하도록 애완견 줄을 단단히 잡고 있을 의무가 있음에도 불구하고 그러한 의무를 위반한 과실로 원고로 하여금 상해를 입게 하였으므로 피고는 원고에게 이 사건 사고로 인하여 원고가 입은 손해를 배상할 의무가 있다.

🐾 2. 손해배상책임의 범위

가. 재산상 손해

1) 기왕치료비 및 성형수술 진단비용: 573,805원(= 치료비 합계 686,865원 − 피고가 이미 지급한 치료비 113,060원)

2) 향후치료비: 2,505,580원

나. 위자료

원고가 이 사건 사고로 인하여 정신적 고통을 받았을 것임은 경험칙상 명백하므로 피고는 금전으로나마 이를 위자할 의무가 있다. 원고의 나이가 4세에 불과하여 상처 부위에 대한 고통뿐만 아니라 정신적으로도 치료가 필요할 정도로 상당한 불안감에 시달렸을 것으로 보이는 점 등을 비롯하여 이 사건 사고의 경위 및 결과 등 이 사건 변론에 나타난 제반 사정을 참작하여, 위자료 액수는 2,500,000원으로 정한다.

다. 한편 피고는 원고의 보호자가 원고를 방치하였고 원고가 혼자 놀면서 애완견을 자극함으로써 이 사건 사고를 자초하였을 가능성이 있으므로 이를 원고 측 과실로 참작하여야 한다고 주장한다. 그러나 피고의 주장은 단지 이 사건 사고 경위에 대한 추측에 의한 것으로서, 이에 대한 근거로 제시하는 을 제1호증의 4(피고에 대한 피의자신문조서)의 기재는 피고의 일방적인 진술일 뿐만 아니라 그에 의하더라도 '피고는 이 사건 사고 직전에 여자 아이(원고)가 옆 벤치에서 왔다 갔다 하는 것을 보았는데 처와 얘기를 하느라 애완견의 목줄을 놓치는 바람에 사고가 발생하였다'는 것으로서 그 정확한 경위를 알지 못한다는 취지의 진술일 뿐 원고 측 과실을 뒷받침할 만한 증거라고 보기 어렵다. 또한 어린 아이의 보호자로서는 아이에게 위해를 가할 수 있는 주변 상황을 잘 살필 의무가 있고 아이 주변에 동물이 있을 경우 그 동물이 아이를 공격할 가능성에 대비할 필요가 있다고 할 것이나, 주인이 동행하는 애완견의 경우 그 주인이 그러한 사고 가능성을 예방하는 적절한 조치를 취할 것으로 믿는 것이 일반적이고, 더욱이 이 사건 사고 직전에 원고의 보호자가 원고를 혼자 놀도록 방치하였다고 인정할 증거가 없고 사고가 순간적으로 발생하여 그 정확한 경위에 관한 객관적인 자료가 없는 이 사건에서, 원고의 보호자가 사고 예방을 위하여 아이의 보호자로서 마땅히 취해야 할 조치를 방임하였다고 볼 근거도 없으므로 피고의 주장은 받아들일 수 없다.

🐾 3. 결론

가. 따라서 피고는 원고에게 이 사건 사고로 인한 재산상 손해 3,079,385원(= 573,805원 + 2,505,580원) 및 위자료 2,500,000원 합계 5,579,385원 및 이에 대하여 불법행위일인 2013. 6. 23.부터 피고가 그 이행의무의 존재 여부나 범위에 관하여 항쟁함이 상당한 제1심 판결선고일인 2014. 7. 8.까지는 민법이 정한 연 5%의, 그 다음날부터 다 갚는 날까지는 소송촉진 등에 관한 특례법이 정한 연 20%의 각 비율로 계산한 지연손해금을 지급할 의무가 있다.

나. 그렇다면 원고의 청구는 위 인정 범위 내에서 이유 있어 인용하고, 나머지 청구는 이유 없어 기각할 것인바, 제1심 판결은 이와 결론을 같이하여 정당하므로 피고의 항소는 이유 없어 기각하기로 하여 주문과 같이 판결한다.

[판시사항] 난폭한 도사견을 함부로 타인에게 맡긴 점이 과실이라 하여 그 소유자에게 손해배상책임을 인정한 사례

[판결요지] 도사견은 난폭한 성질을 지녀 사람을 물 위험성이 크므로 그 소유자가 타인에게 이를 맡길 때에는 그 도사견을 안전하게 관리보관할 수 있는 시설이 있는지 여부를 확인하여 그 시설을 갖춘 경우에 한하여 맡김으로써 사고를 방지하여야 할 주의의무가 있으므로 이를 확인하지 아니하고 함부로 맡겨 사고가 난 경우에는 소유자에게도 이로 인한 손해를 배상할 책임이 있다.

주문

(1) 원판결 중 다음에서 지급을 명하는 돈에 해당하는 원고의 패소부분을 취소한다.

(2) 피고는 원고에게 돈 600,000원 및 이에 대한 1979. 7. 6.부터 완급일까지의 연 5푼의 비율에 의한 돈을 지급하라.

(3) 원고의 나머지 항소를 기각한다

(4) 소송비용은 제1, 2심을 통하여 이를 5등분하여 그 3은 원고의, 나머지는 피고의 각 부담으로 한다.

(5) 제2항은 가집행할 수 있다.

항소 및 청구취지

원판결을 취소한다. 피고는 원고에게 돈 1,704,000원 및 이에 대한 이사건 솟장 부본 송달 다음날부터 완급일까지의 연 5푼의 비율에 의한 돈을 지급하라.

소송비용은 제1, 2심 모두 피고의 부담으로 한다라는 판결과 가집행의 선고

이유

🐾 1. 손해배상책임의 발생

원고가 1976. 6. 17. 20:00경 부산 동래구 연산3동(상세주소 1 생략) 소외 1의 집

마당에 매어져 있던 도사견에 물려 전신에 교창을 입은 사실은 당사자 사이에 다툼이 없고, 원심증인 소외 2, 당심증인 소외 3의 각 일부 증언내용과 당원의 형사기록 검증결과의 일부에 변론의 전취지를 종합하면, 위 도사견은 피고의 소유로서 투견대회에서 우승까지 한 바 있고 사람을 잘 무는 성질을 지닌 몸집이 크고 아주 사나운 수캐인데, 소외 1이 위 일시경 처형되는 소외 4를 통하여 교배를 붙이기 위하여 피고로부터 빌려 마당에 매어 두었던 중 원고가 접근하자 맨끈을 끊어버리고 덤벼들어 원고의 전신을 여러 차례 물어뜯어 위와 같은 상해를 입힌 사실을 인정할수 있고, 이 인정에 반하여 이건 사고당시 위 도사견은 소외 4가 피고로부터 무상으로 양여받아 그녀의 소유라는 취지의 을 제3호증(확인서), 을 제6호증의 5(진술서)에 각 적힌 일부내용과 원·당심증인 소외 4, 당심증인 소외 5의 각 일부 증언내용및 당원의 형사기록 검증결과의 일부는 위 증인들의 각 나머지 일부 증언내용과 변론의 전취지(피고가 값진 도사견을 특단의 사정없이 소외 4에게 무상으로 양여한다는 것과 남의집 방 1칸을 빌려 소아마비로 불구인 아들 1명과 더불어 근근히 생계를 이어가는 소외 4가 많은 사육비와 상당한 면적의 사육장소가 필요한 위 도사견을 사육한다는 것은 우리의 경험칙상 극히 이례에 속한다 할 것이다)에 비추어 믿기 어렵고, 그 밖의 피고의 전거증으로써도 이 인정을 좌우할 수 없다.

그런데, 위 도사견을 다른 사람에게 빌려줌에 있어서 그 소유자인 피고로서는 위도사견이 난폭한 성질을 지녀 사람을 물 위험성이 크므로 그 사람이 위 도사견을안전하게 보관 관리할 수 있는 시설을 갖추고 있는가 여부를 확인하여 위 도사견에의한 사고를 미연에 방지하여야 할 주의의무가 있다고 할 것인바, 위 인용증거들에의하면 피고는 이를 태만히 하여 위 도사견을 보관할 별도의 개집(적어도 철책과 철조망으로 만들고 사람의 접근을 막는 시설을 갖추어야 할 것이다)도 갖추고 있지 아니한 소외 1에게 빌려주어 그로 하여금 오래전부터 사용하여 온 낡은 개끈만으로써 사람이 드나드는 그의 집 마당에 그냥 매어 두게 한 과실로 말미암아 이건 사고를 일으키게한 사실을 인정할 수 있으므로, 피고는 이건 사고로 말미암아 원고가 입은 손해를배상할 의무가 있다고 할 것이다.

피고는 소외 4가 피고 또는 그와 부진정 연대책임관계에 있는 위 도사견의 직접보관자인 소외 1을 대리하여 원고에게 1976. 7. 9.에 돈 30,000원을, 같은해 12. 18. 돈 20,000원을 각 지급하고 이로써 이건 사고로 인한 손해배상문제를 결말 짓기로 합의하였은즉 원고의 청구는 부당하다고 주장하므로 살피건대. 1976. 12. 18. 소외 4로부터 돈 20,000원을 수령하였음은 원고가 인정하고 있고, 원·당심증인 소외 4의 일부 증언내용에 의하여 진정성립을 인정할 수 있는 을 제2호증(현금보관증)에 적힌 일부내용과 위 증인의 일부 증언내용 및 당원의 형사기록 검증결과의 일부에 의하면 소외 4가 1976. 7. 9. 원고의 사돈되는 소외 6(원고의 형과 동서간)에게 돈 30,000원을 교부한 사실을 인정할 수는 있으나, 위의 각 돈이 이건 사고로 인한 손해배상으로서, 나아가 위 돈으로써 이건 사고로 인한 손해배상문제를 결말 짓기로 합의한 것이라는 점에 일부 부합하는 듯한 위 증인 소외 4, 당심증인 소외 5의 각 일부 증언내용과 위 형사기록 검증결과의 일부는 믿기 어렵고, 달리 이를 인정할 만한 증거가 없으며, 오히려 위 형사기록 검증결과의 일부와 변론의 전취지에 의하면 이건 사고 후 소외 4는 자기가 위 도사견의 주인이라고 하면서 원고의 병문안을 온 소외 6을 보고 합의하자면서 돈 30,000원을 내어 놓는 것을 그는 원고와 상의한 바도 없이 또한 아무런 권한도 없이 위 돈을 받아 그 뜻을 원고에게 전하였던 바 원고가 노발대발하면서 그 수령을 거절함에 그가 그냥 보관하고 있고, 원고가 수령하였음을 인정하고 있는 위 돈 20,000원은 이건 사고로 인한 손해배상문제로 원·피고 사이에 시비가 벌어져 원고가 피고로부터 폭행을 당하여 형사문제화 하기에 이르자 소외 4가 자기 소유인 위 도사견 때문에 불상사가 난 것이니 위 폭행사실에 대하여 좋도록 하라고 하면서 교부한 것임을 인정할 수 있으니 피고의 위 합의주장은 이유가 없다고 할 것이다. 그러나 한편, 위 증인 소외 4, 5의 각 일부 증언내용과 위 형사기록 검증결과의 일부에 변론의 전취지를 종합하면, 원고는 이건 사고당시 술을 마시고 소외 1의 집에 놀러 왔다가 마당에 위 도사견이 매어져 있는 것을 발견하고 호기심에 이에 접근하여 놀람으로써 위 도사견의 난폭성을 끄드긴 사실을 인정할 수 있고, 반대증거가 없으므로 이건 사고 발생에는 원고에게도 적지 아니한 과실이 있었음이 뚜렷하므로 이건 손해배상액을 정함에 있어 이를 참작하기로 한다.

🐾 2. 손해배상의 범위

(가) 재산적 손해

성립에 다툼이 없는 갑 제5호증의 1, 2(진단서, 추정치료비 계산서), 원심증인 소외 7

의 증언내용에 의하여 진정성립을 인정할 수 있는 갑 제1호증(확인서)에 각 적힌 내용과 위 증인의 증언내용에 변론의 전취지를 종합하면, 원고는 이건 상해로 말미암아 1976. 6. 17.부터 같은해 7. 4.까지 부산 동래구 연산동(상세주소 2 생략)에 있는 소외 7 외과의원에 입원치료하여 치료비 돈 124,000원을 소비한 사실, 이건 상해부위에 대하여는 성형수술을 하여야 하는데 그 수술비로 돈 1,350,000원 상당이 소요되는 사실을 인정할 수 있고, 반대 증거가 없다.

이밖에 원고는, (1) 퇴원 후에도 이건 상해의 치료를 위하여 약값으로 90일간 매일 돈 2,000원씩 합계 돈 180,000원을 소비하였고, (2) 이건 상해로 말미암아 4개월간 운전업무에 종사하지 못하여 매월 돈 150,000원씩 합계 돈 600,000원의 수입을 상실하였다고 주장하므로 살피건대, 원고가 퇴원 후에도 그 주장의 약값을 소비하였다고 인정할 아무런 증거가 없고, 성립에 다툼이 없는 갑 제2호증(운전면허증)에 적힌 일부내용과 원심증인 소외 2의 일부 증언내용에 변론의 전취지를 종합하면, 이건 사고당시 원고가 운전업무에 종사하고 있었던 점은 인정할 수 있으나 그 수입의 점을 인정할 아무런 증거가 없으니(원고는 당원의 몇 차례의 걸친 입증촉구에도 입증을 하지 아니하다) 원고의 위 주장은 모두 이유가 없다고 할 것이다.

그러면, 원고가 이건 사고로 입은 재산상의 손해는 합계 돈 1,474,000원이 되는데, 앞서 본 원고의 과실을 참작하면 피고가 지급하여야 할 돈은 돈 500,000원으로써 상당하다 할 것이다.

(나) 정신적 손해(위자료)

원고가 이건 사고로 상해를 입은데 대하여 적지 아니한 정신적 고통을 받았을 것임은 우리의 경험칙상 충분히 이를 추인할 수 있는바, 그 수액은 이건 사고의 경위와 결과, 상해부위 및 정도, 원고의 과실정도, 그밖의 변론에 나타난 제반사정을 참작하면 돈 100,000원으로써 상당하다 할 것이다

(다) 그렇다면 피고는 원고에게 돈 600,000원 및 이에 대한 원고의 청구에 따라 이건 솟장부본이 송달된 다음날임이 기록상 뚜렷한 1979. 7. 6.부터 완급일까지의 민법 소정의 연 5푼의 비율에 의한 지연손해금을 지급할 의무가 있다고 할 것이므로, 원고의 청구는 위에서 인정된 범위 내에서 정당하여 이를 인용하고, 그 나머지 청구는 부당하여 이를 기각할 것이다.

👣 3. 결론

따라서 이와 결론을 달리한 원판결의 원고의 패소부분은 부당하고, 원고의 항소는 이 부분에 한하여 그 이유가 있으므로 원판결을 위 범위 내에서 취소하고, 원고의 나머지 항소는 그 이유가 없으므로 이를 기각하며, 소송비용의 부담에 관하여는 민사소송법 제96조, 제89조, 제92조를, 가집행의 선고에 관하여는 같은법 제199조를 적용하여 주문과 같이 판결한다.

부록 1-3　대법원 2012. 11. 29. 선고 2012도10392 판결

[판시사항]

[1] 소비자가 자신이 겪은 객관적 사실을 바탕으로 인터넷에 사업자에게 불리한 내용의 글을 게시하는 행위에 정보통신망 이용촉진 및 정보보호 등에 관한 법률 제70조 제1항에서 정한 '사람을 비방할 목적'이 있는지 판단하는 방법

[2] 甲 운영의 산후조리원을 이용한 피고인이 인터넷 카페나 자신의 블로그 등에 자신이 직접 겪은 불편사항 등을 후기 형태로 게시하여 甲의 명예를 훼손하였다고 하여 정보통신망 이용촉진 및 정보보호 등에 관한 법률 위반으로 기소된 사안에서, 제반 사정에 비추어 볼 때 피고인에게 甲을 비방할 목적이 있었다고 보기 어려운데도, 이와 달리 보아 유죄를 인정한 원심판결에 '사람을 비방할 목적'에 관한 법리오해의 위법이 있다고 한 사례

[판결요지]

[1] 국가는 건전한 소비행위를 계도(啓導)하고 생산품의 품질향상을 촉구하기 위한 소비자보호운동을 법률이 정하는 바에 따라 보장하여야 하며(헌법 제124조), 소비자는 물품 또는 용역을 선택하는 데 필요한 지식 및 정보를 제공받을 권리와 사업자의 사업활동 등에 대하여 소비자의 의견을 반영시킬 권리가 있고(소비자기본법 제4조), 공급자 중심의 시장 환경이 소비자 중심으로 이전되면서 사업자와 소비자의 정

참조 판례

보 격차를 줄이기 위해 인터넷을 통한 물품 또는 용역에 대한 정보 및 의견 제공과 교환의 필요성이 증대되므로, 실제로 물품을 사용하거나 용역을 이용한 소비자가 인터넷에 자신이 겪은 객관적 사실을 바탕으로 사업자에게 불리한 내용의 글을 게시하는 행위에 비방의 목적이 있는지는 해당 적시 사실의 내용과 성질, 해당 사실의 공표가 이루어진 상대방의 범위, 표현의 방법 등 표현 자체에 관한 제반 사정을 두루 심사하여 더욱 신중하게 판단하여야 한다.

[2] 甲 운영의 산후조리원을 이용한 피고인이 9회에 걸쳐 임신, 육아 등과 관련한 유명 인터넷 카페나 자신의 블로그 등에 자신이 직접 겪은 불편사항 등을 후기 형태로 게시하여 甲의 명예를 훼손하였다는 내용으로 정보통신망 이용촉진 및 정보보호 등에 관한 법률 위반으로 기소된 사안에서, 피고인이 인터넷 카페 게시판 등에 올린 글은 자신이 산후조리원을 실제 이용하면서 겪은 일과 이에 대한 주관적 평가를 담은 이용 후기인 점, 위 글에 '甲의 막장 대응' 등과 같이 다소 과장된 표현이 사용되기도 하였으나, 인터넷 게시글에 적시된 주요 내용은 객관적 사실에 부합하는 점, 피고인이 게시한 글의 공표 상대방은 인터넷 카페 회원이나 산후조리원 정보를 검색하는 인터넷 사용자들에 한정되고 그렇지 않은 인터넷 사용자들에게 무분별하게 노출되는 것이라고 보기 어려운 점 등의 제반 사정에 비추어 볼 때, 피고인이 적시한 사실은 산후조리원에 대한 정보를 구하고자 하는 임산부의 의사결정에 도움이 되는 정보 및 의견 제공이라는 공공의 이익에 관한 것이라고 봄이 타당하고, 이처럼 피고인의 주요한 동기나 목적이 공공의 이익을 위한 것이라면 부수적으로 산후조리원 이용대금 환불과 같은 다른 사익적 목적이나 동기가 내포되어 있다는 사정만으로 피고인에게 甲을 비방할 목적이 있었다고 보기 어려운데도, 이와 달리 보아 유죄를 인정한 원심판결에 같은 법 제70조 제1항에서 정한 명예훼손죄 구성요건요소인 '사람을 비방할 목적'에 관한 법리오해의 위법이 있다고 한 사례.

[판시사항] 甲이 반려견에게 빈뇨·혈뇨 등의 증상이 있어서 수의사 乙이 운영하던 동물병원에 찾아가 진찰을 받고 약을 처방받아 투약하였는데도 증상이 계속되자 다른 동물병원을 방문하여 반려견이 방광염과 방광결석을 앓고 있다는 진단을 받은 사안에서, 乙의 의료상 과실로 인하여 甲이 반려견의 방광염 및 방광결석을 적기에 적절하게 치료하지 못하여 반려견의 방광염이 만성화되었으므로, 乙은 의료상 과실로 인하여 반려견의 증상이 악화됨으로써 甲이 입은 손해를 배상할 책임이 있다고 한 사례

[판결요지] 甲이 자신이 키우는 반려견에게 빈뇨·혈뇨 등의 증상이 있어서 치료를 위하여 반려견을 데리고 수의사 乙이 운영하던 동물병원에 찾아가 진찰을 받고 약을 처방받아 투약하였는데도 증상이 계속되자 다른 동물병원을 방문하여 반려견이 방광염과 방광결석을 앓고 있다는 진단을 받은 사안에서, 乙이 반려견의 방광염 및 방광결석에 대하여 부적절한 처방을 한 의료상의 과실이 있었고, 이로 인하여 甲이 반려견의 방광염 및 방광결석을 적기에 적절하게 치료하지 못하는 바람에 반려견의 방광염이 만성화된 것으로 볼 수 있으므로, 乙은 위와 같은 의료상 과실로 인하여 반려견의 증상이 악화됨으로써 甲이 입은 손해를 배상할 책임이 있다고 한 사례(다만 반려견의 나이, 건강상태, 향후치료기간 등을 고려하여 乙의 甲에 대한 손해배상책임을 80%로 제한함)

┃ 주문

1. 당심에서 확장된 원고의 청구를 포함하여 제1심판결을 다음과 같이 변경한다.
가. 피고는 원고에게 8,296,652원과 그 중 7,296,652원에 대하여는 2008. 5. 8.부터, 1,000,000원에 대하여는 2009. 5. 27.부터 각 2011. 9. 21.까지는 연 5%, 2011. 9. 22.부터 갚는 날까지는 연 20%의 각 비율로 계산한 돈을 지급하라.
나. 원고의 나머지 청구를 기각한다.
2. 소송총비용은 이를 5분하여 그 1은 원고가, 나머지는 피고가 각 부담한다.
3. 제1의 가.항은 가집행할 수 있다.

참조 판례

청구취지 및 항소취지

제1심판결을 취소한다. 피고는 원고에게 11,200,000원과 이에 대하여 2008. 5. 8.부터 이 사건 청구취지확장 및 청구원인변경신청서 부본 송달일까지는 연 5%, 그 다음 날부터 갚는 날까지는 연 20%의 각 비율로 계산한 돈을 지급하라(원고는 당심에서 청구취지를 확장하였다).

이유

1. 인정 사실

가. 원고는 원고가 키우는 페키니즈 암컷 반려견인 '쭌이'(2001. 12. 31.경 출생, 이하 '이 사건 반려견'이라고 한다)에게 다음, 다뇨, 빈뇨, 배뇨곤란, 혈뇨 등의 증상이 있자, 이 사건 반려견의 치료를 위하여 2008. 5. 8. 17:00경 당시 피고가 서울 송파구 잠실동(이하 생략)에서 운영하던 '○○○한방동물병원'을 방문하였다.

나. 피고는 2008. 5. 8. 원고가 데리고 온 이 사건 반려견을 진찰한 후, 뇨스틱 검사를 실시하였는데, 그 검사 결과 뇨단백 수치가 ph8로 정상범위를 초과하여 알칼리성으로 나타났으며, 피고는 2008. 5. 9. 16:00경 다시 이 사건 반려견에 대하여 초음파검사, 혈액전해질검사를 실시한 다음, 그 검사 결과 등을 토대로 이 사건 반려견의 신장과 방광에는 신부전, 방광염, 방광결석 등의 증상이 없는 것으로 판단하고, 원고에게 이 사건 반려견의 방광에 슬러지만 보인다고 하면서 '하초습열(한방적으로 방광에 열이 찬 상태)'로 진단하였으며, 치료 목적이 아닌 기를 보충하는 보약으로, 그 성분이 숙지황, 산수유, 택사, 복령, 목단피 등으로 구성된 '육미지황' 1주일분을 처방하였는데, 당시 원고가 피고에게 이 사건 반려견에 염증이나 결석이 있느냐고 질문하였으나, 피고는 초음파 영상을 보면서 양방적으로는 문제가 없는 것 같다고 대답하였다.

다. 원고는 이 사건 반려견에게 피고가 처방한 '육미지황'을 투약하였음에도, 혈뇨가 멈추지 아니하자, 2008. 5. 12. 피고에게 이를 문의하였고, 이에 대하여 피고는 원고에게 처방한 약의 투약량을 늘려보라고 답변하였으며, 이에 따라 원고가 이 사건 반려견에 대한 '육미지황'의 투약량을 늘린 결과, 2008. 5. 15.경 이 사건 반려견의 혈뇨 증상이 일시적으로 멈추자, 원고는 피고에게 전화를 걸어 혈뇨가 멈추었다고 말하였고, 이에 대하여 피고는 원고에게 만약 이 사건 반려견에 염증이 있었다면 그 약은 염증을 치료하는 약 성분이 아니기 때문에 계속 혈뇨가 나와야 정상인데, 혈뇨가 멈춘 것으로 보아 이 사건 반려견에 염증이 있었던 것은 아니었다는 취지로 대답하였다.

라. 그 후 원고는 이 사건 반려견의 체력이 떨어지고 혈뇨 증상이 재발하여 멈추지 아니하자, 2008. 5. 26. 다시 이 사건 반려견을 데리고 위 동물병원을 방문하였으나, 피고는 방광염 등을 진단하기 위한 뇨침사검사(소변에서 염증세포들을 관찰하는 검사), 소변배양검사 등을 전혀 실시하지 아니한 채 이 사건 반려견에 대하여 종전과 동일하게 '육미지황'을 처방하였다.

마. 원고는 피고가 처방한 '육미지황'을 모두 투약하였음에도, 이 사건 반려견의 혈뇨 증상이 계속되자, 2008. 6. 3. 성남시 분당구 금곡동 소재 △△△△동물병원을 방문하였고, 위 동물병원의 수의사는 이 사건 반려견을 진찰한 후, 이 사건 반려견이 방광염과 방광결석을 앓고 있다는 진단을 하였다.

바. △△△△동물병원의 수의사는 원고에게 위 동물병원의 온라인 상담실에 4월 말부터 호소했던 증상과 혈뇨 및 빈뇨 증상이 6월 초까지 꾸준히 있어 왔었던 점으로 보아 이 사건 반려견의 방광염의 진행이 4월 말부터 시작되어 방광염이 만성화되어 2차적으로 결석이 형성된 것으로 보이고, 5㎜ 정도 크기의 결석은 생성되는 시기가 아무리 빨라도 최소 2~3주 정도의 시간이 소요된다, 결석은 성분에 따라 스트루바이트(Struvite)와 칼슘 옥살레이트(Calcium oxalate)로 나누어지는데, 스트루바이트 결석은 S/D 처방식을 통한 내과적 처치로 용해를 시도해 볼 수 있으며, 용해가 안 되면 수술을 해야 하고, 칼슘 옥살레이트 결석은 용해가 불가능하여 외과적 수술을 요하는데, 이 사건 반려견의 경우에는 결석이 소실된 것으로 보아 스트루바이트였던 것으로 생각된다. 반려견에 있어 혈뇨의 원인 중 큰 비중을 차지하는 것이 방광염과 방광결석이다. 결석 중에서도 감염에 의한 방광염에서 쉽게 발생되는 것이 스트루바이트 결석이다. 스트루바이트 결석인 경우는 방광염이 재발하게 되면 결석이 재발할 가능성이 높으므로 주기적인 관리가 필요하고, 주기적인 뇨검사 및 정기적으로 1, 3, 6개월마다 뇨분석 및 침사, 초음파, X레이검사가 필요하다는 내용의 진료소견서를 작성하여 주었다.

사. 원고는 2008. 6. 4. 피고에게 전화를 걸어 원고가 피고로부터 처방을 받은 약을 이 사건 반려견에게 투약하였음에도, 계속 혈뇨가 나와 가까운 양방 동물병원에 갔는데, 그 동물병원의 수의사가 이 사건 반려견에게 무슨 약을 사용하였는지

물어보라고 하였다고 하면서 피고가 처방한 약의 성분을 물어보았고, 이에 따라 피고는 원고에게 '숙지황, 산수유, 택사, 복령, 목단피 등의 성분이 섞인 약'이라고 하면서 '육미지황'의 성분을 불러주었다.

아. 원고는 다른 수의사 및 인터넷 검색 등을 통하여 반려견의 방광결석이 며칠 내에 생길 가능성이 거의 없다는 것을 확인한 후, 2008. 6. 9.경 피고에게 새로 방문한 동물병원에서 검사한 결과 이 사건 반려견의 방광에서 5㎜ 정도 크기의 결석이 발견되었다고 하면서 피고가 검사를 하였을 때에는 발견하지 못하였다가 25일 만에 발견된 것에 비추어, 피고가 오진하였다는 취지로 항의하면서 원고로부터 수령한 진료비를 환불하여 달라고 요구하였다.

자. 피고는 위와 같이 원고로부터 피고가 오진을 하였다는 취지의 항의를 받은 후, 이 사건 반려견에 대한 진료기록부 중 '감별진단'란에 '방광결석'이라고 기재하고, 처방약에 대하여는 '육미지황'이 아닌 치료 목적의 '용담사간탕'을 처방한 것으로 기재하였다.

차. 원고는 2008. 6. 말경까지 △△△△동물병원에서 이 사건 반려견의 방광결석 및 방광염을 치료하였고, 2008. 10. 12.경 이 사건 반려견의 방광염 등이 재발하여 2008. 10. 23.부터 위 동물병원에서 이 사건 반려견을 치료하였으나, 혈뇨가 멈추지 아니하자, 2008. 12. 15.경 ▽▽▽동물병원으로 전원하였다가, 2009. 4.부터 2009. 8.경까지 다시 △△△△동물병원에서 재발에 따른 치료를 하였으며, 이 사건 반려견에 대한 2009. 2. 6.자 진단서에는 "생리가 발생하면서 면역이 저하될 때마다 주기적으로 방광염이 재발하고 한번 발생했을 때 표준치료(5~6주의 항생제 처치)를 해야 호전되는 재발성 방광염으로, 중성화 수술 및 주기적인 방광상태 체크가 필요할 것으로 보입니다."라고 기재되어 있고, 2009. 8. 8.자 소견서에는 "현재도 방광염이 재발하여 항생제를 투여 중이며, 이번 치료가 4~5주 정도 꾸준히 약물이 처치된다고 하더라도 호전되었다가 일정한 시간이 지난 이후에는 방광염이 재발할 수 있을 것으로 보입니다."라고 기재되어 있다.

카. 한편 원고는 원고가 2008. 6. 9. 및 2008. 6. 11. 피고를 비방할 목적으로 인터넷이 연결된 컴퓨터를 이용하여 공공연하게 거짓의 사실을 드러내어 피고의 명예를 훼손하는 내용의 글을 게시하였다는 공소사실로 정보통신망 이용촉진 및 정보보호 등에 관한 법률위반(명예훼손)죄로 이 법원 2009고약891호로 약식기소 되어, 2009. 1. 23. 이 법원으로부터 벌금 3,000,000원의 약식명령을 받은 후, 이 법

원 2009고정662호로 정식재판청구를 하여, 2009. 11. 11. 이 법원으로부터 벌금 2,000,000원을 선고받았고(원고는 약식기소 될 당시에는 위와 같이 '거짓 사실 적시로 인한 명예훼손죄'로 기소되었으나, 2009. 10. 1. 검찰에서 '사실 적시로 인한 명예훼손죄'로 공소장 변경 신청을 하였고, 이 법원은 위 공소장 변경신청을 허가하였다), 위 판결에 불복하여 이 법원 2009노1721호로 항소를 제기하여, 2010. 6. 11. 이 법원으로부터 선고유예 판결을 선고받았으며, 다시 위 항소심 판결에 불복하여 대법원 2010도8143호로 상고를 제기함으로써 당심 변론종결일 무렵까지 원고에 대한 상고심이 계속되었다.

타. 피고는 위와 같이 이 사건 반려견을 진료한 후, 기를 보충하는 효능을 가진 약물로서 그 성분이 '숙지황, 산수유, 택사, 복령, 목단피' 등으로 구성된 '육미지황'을 처방하고, 이를 이 사건 반려견에 대한 진료기록부에 기재하였음에도, 2008. 6. 4. 원고가 진료비를 반환하여 달라고 요구하면서 피고의 오진 문제를 제기하자, 이후 이 사건 반려견에 대한 진료기록부에 '방광결석'이라고 기재하고, '용담사간탕'을 처방한 것처럼 기재함으로써 위 진료기록부를 조작하였음에도, 2009. 5. 27. 원고에 대한 이 법원 2009고정662호 정보통신망 이용촉진 및 정보보호 등에 관한 법률위반(명예훼손) 사건의 공판정에 증인으로 출석하여 선서하고 증언하면서 "증인(피고를 의미한다, 이하 같다)은 진료기록부를 고의적으로 위조한 사실이 있나요."라는 검사의 신문에 대하여 "없습니다."라고, "증인이 처방해 준 약을 먹고 잠깐 혈뇨가 멈췄는데 원고가 그 약에 대해 알아보았더니 산후복통, 안염에 좋은 약들이라고 하는데, 과연 그 약을 지속적으로 먹였을 때 이 사건 반려견에게 결석이 안 생겼을 것 같은가요."라는 변호인의 신문에 대하여 "증인이 사용한 약이 '용담사간탕'이라는 것인데 ..."라고 각 진술함으로써 기억에 반하는 허위의 진술을 하여 위증을 하였다는 공소사실로 2010. 2. 3. 이 법원 2010고단207호로 위증죄로 기소되어, 2010. 6. 21. 이 법원으로부터 징역 6월에 집행유예 2년의 판결을 선고받았다.

파. 그 후 피고는 위 판결에 불복하여 이 법원 2010노941호로 항소를 제기하였으나, 이 법원은 2010. 12. 30. 피고가 사실은 이 사건 반려견을 진료한 후, '육미지황'을 처방하고, 이를 이 사건 반려견에 대한 진료기록부에 기재하였으며, 원고와 전화 통화를 한 이후에 피고가 '용담사간탕'을 처방한 것처럼 위 진료기록부에 기재함으로써 이를 조작하였음에도, 원고에 대한 정보통신망 이용촉진 및 정보보호 등에 관한 법률위반(명예훼손) 사건의 공판정에 증인으로 출석하여 피고의 기억에 반하여 이 사건 반려견에 대하여 '용담사간탕'을 처방하였으며, 이 사건 반려견에

참조 판례

대한 진료기록부를 위조한 사실이 없다고 허위의 진술을 하여 위증을 하였다는 범죄사실로 피고에 대하여 벌금 3,000,000원의 판결을 선고하였고, 위 판결은 2011. 1. 7. 그대로 확정되었다.

하. 원고는 2011. 6. 14.경 이 사건 반려견의 방광염 및 방광결석이 다시 재발하자, 그 때부터 당심 변론종결일 무렵까지 이 사건 반려견을 치료하여 왔다.

거. 이 사건과 관련된 수의학 정보

(1) 반려견 등에 대한 뇨스틱검사에서 뇨단백이 검출될 때 의심되는 질환으로는 신우신염, 신종양, 세균성 방광염, 방광결석 등이 있고, 초음파검사에서 나타나는 슬러지는 사료, 방광염 및 신장염 등의 영향으로 발생할 수 있으며, 다른 부위에서 염증, 결석이 발견되지 아니하는 상태에서 단지 방광에 슬러지가 있고, 소변을 참았다가 보는 습관으로 인하여 과부하가 생김으로써 혈뇨 증상이 발생할 수 있는 가능성은 매우 낮으며, 결석은 1개월이 채 되기도 전에 발생하기 어렵고, 약 1~2주 만에 5㎜ 정도 크기의 결석이 형성되는 경우는 거의 없는 것으로 알려져 있으며, 초음파검사를 통하여 방광염을 확진하기는 어렵고, 방광염을 확진하려면 초음파검사를 통한 방광 벽의 두께 측정, 뇨침사검사 및 소변배양검사를 실시하여야 한다.

(2) 반려견 등에서 발생하는 결석은 스트루바이트 결석과 칼슘 옥살레이트 결석으로 나누어지는데, 스트루바이트 결석은 암컷 반려견 등에게 빈번하게 발생하고, 소변 ph가 알칼리성일 때 잘 생성되며, 세균감염 등이 주원인인 것으로 알려져 있고, 수술 또는 내과적 치료로도 이를 제거하는 것이 가능한데, 소변을 산성화시키는 특수 처방식을 먹어서 결석을 용해하는 시도를 해 볼 수 있는 것으로 알려져 있다.

(3) 대한약사회 발행의 "한약제제 해설과 복약지도" 책자에 따르면, '용담사간탕'은 스트레스, 분노, 과로 등으로 인하여 발생한 간과 비뇨생식기 질환의 염증을 제거하고, 소변을 잘 나오게 하는 작용을 하며, 요도염, 방광염, 질염 등에 처방되는데, 소변이 탁하고 잘 나오지 아니하거나, 배뇨통 등의 증상에 사용하는 것으로 되어 있고, '육미지황탕'은 간과 신장의 기능을 튼튼하게 하여 조혈작용과 내분비계 기능을 강화하며, 배뇨기능을 좋게 하는 약제로서, 골수, 뇌수, 척수, 호르몬 등을 보충하기 위하여 처방되는 것으로 되어 있고, 염증성 질환에는 '용담사간탕'을, 기능성 장애에는 '육미지황탕'을 각 처방하는 것으로 되어 있다.

2. 의료상의 과실로 인한 손해배상청구에 대한 판단

가. 손해배상책임의 발생

(1) 앞서 인정한 사실에 의하면, 피고는 수의사로서 2008. 5. 8. 원고가 처음으로 이 사건 반려견을 데리고 피고가 운영하는 동물병원을 방문하였을 때 이 사건 반려견에게 혈뇨, 빈뇨 등의 증상이 있었고, 이 사건 반려견에 뇨스틱검사를 실시한 결과, 뇨단백 수치가 ph8로 알칼리성으로 나타났으면, 방광염의 가능성을 예견하고, 방광염 진단을 위한 뇨침사검사, 소변배양검사를 실시하여야 함에도 불구하고, 위와 같은 검사를 전혀 실시하지 아니하였으며, 2008. 5. 9. 이 사건 반려견에 대한 초음파검사상 슬러지가 관찰되었음에도, 초음파검사를 통하여 방광 벽의 두께도 측정하지 아니한 채 단지 이 사건 반려견이 소변을 참아 과부하가 발생하여 역류로 인하여 혈뇨 증상이 발생하였고, 방광염은 발병하지 않았다고 오진하였으며, 당시 이 사건 반려견에게 필요한 염증의 치료와는 아무런 관계가 없는 보약의 일종인 '육미지황'을 처방하였고, 2008. 5. 26. 원고가 피고로부터 처방받은 '육미지황'을 이 사건 반려견에게 투약하였음에도, 이 사건 반려견의 혈뇨 증상이 멈추지 아니하여 재차 피고 운영의 동물병원을 방문하였으므로, 피고는 이 사건 반려견에게 방광염이 발병하였거나, 방광결석이 존재할 가능성을 염두에 두고, 방광 벽의 두께 측정, 뇨침사검사, 소변배양검사 등의 염증과 관련된 적절한 검사를 실시하여야 함에도 불구하고, 이와 같은 검사를 전혀 실시하지 아니한 채 만연히 종전과 동일하게 '육미지황'을 처방함으로써 피고에게 이 사건 반려견의 방광염 및 이로 인한 방광결석을 제대로 진단하지 못하고, 이 사건 반려견의 방광염 및 방광결석에 대하여 부적절한 처방을 한 의료상의 과실이 있었던 것으로 봄이 상당하고, 이로 인하여 원고가 이 사건 반려견의 방광염 및 방광결석을 적기에 적절하게 치료하지 못하는 바람에, 이 사건 반려견의 방광염이 만성화된 것으로 봄이 상당하므로, 피고는 위와 같은 의료상의 과실로 인하여 이 사건 반려견의 증상이 악화됨으로써 원고가 입은 손해를 배상할 책임이 있다고 할 것이다.

(2) 다만 원고가 2008. 5. 8. 처음으로 이 사건 반려견의 다뇨, 빈뇨, 배뇨곤란, 혈뇨 등의 증상을 치료하기 위하여 피고가 운영하는 동물병원을 방문한 당시의 이 사건 반려견의 나이, 건강상태, 이후의 치료과정, 치료기간, 피고가 이 사건 반려견을 치료한 횟수, 기간 및 아래에서 보는 바와 같은 이 사건 반려견의 향후치료기간

등을 종합하여 보면, 피고의 원고에 대한 손해배상책임은 80% 정도로 제한함이 상당하다.

나. 손해배상책임의 범위

(1) 기왕치료비

갑 제12호증의 1 내지 3, 갑 제25, 53, 161 내지 166호증의 각 기재에 변론 전체의 취지를 종합하면, 원고는 2008. 5. 8.경부터 2011. 7. 8.경까지 이 사건 반려견의 검사비, 진료비, 약제비, S/D주1) 처방식 및 C/D주2) 처방식 구입비, 뇨스틱 구입비 등으로 합계 2,846,870원을 지출한 사실을 인정할 수 있고, 위 2,846,870원에서 원고가 2008. 5.경 다른 동물병원에서 이 사건 반려견의 방광염을 치료하였다고 하더라도 지출되었을 비용으로 원고가 자인하고 있는 합계 76,000원(= 진료비 5,000원 + 뇨스틱검사비 20,000원 + 뇨침사검사비 10,000원 + 초음파검사비 20,000원 + 약제비 21,000원)을 공제하면, 원고는 이 사건 반려견의 기왕치료비로 2,770,870원(= 2,846,870원 − 76,000원)을 지출하는 손해를 입었다고 할 것이다.

(2) 향후치료비

(가) 성별, 견종: 암컷, 페키니즈 생년월일: 2001. 12. 31.

(나) 기대여명: 약 4년 4개월(갑 제31호증의 기재에 변론 전체의 취지를 종합하면, 페키니즈 반려견의 수명은 약 10년~14년인 사실을 인정할 수 있는바, 이 사건 반려견의 수명을 14년으로 보면, 당심 변론종결일인 2011. 8. 24.을 기준으로 한 이 사건 반려견의 기대여명은 약 4년 4개월로 봄이 상당하다).

(다) 치료비 액수

① 앞서 든 각 증거 및 갑 제104호증, 갑 제170호증의 1, 2, 갑 제171, 173호증의 각 기재에 변론 전체의 취지를 종합하면, 이 사건 반려견은 적기에 방광염에 대한 치료를 제대로 받지 못하여 방광염이 만성화되어 재발성 방광염 진단을 받게 된 사실, S/D 캔은 이 사건 반려견에게 발생한 스트루바이트 결석을 녹이는 처방식으로서, 동물로 하여금 물을 먹게 하여 결석의 배출을 돕는데, 이는 장기 복용이 불가능하고, 3~6개월 정도만 복용이 가능하며, 결석이 용해된 이후에는 소변의 산성화를 유지하는 C/D 캔 또는 C/D 건사료 처방식을 먹으며 치료 및 재발 방지를 하게 되는 사실, 원고는 2008. 6. 3. △△△△동물병원에서 이 사건 반려견을 치료하기 시작한 때로부터 2011. 7. 12.까지 이 사건 반려견의 재발성 방광염, 결석 예방 및 그 치료를 위하여 1년에 처방식 건사료 2.5봉지(1봉지당 2kg), 처방식 캔 8.3캔, 뇨스틱

2.7통, 애니멀 에센셜 소변팅크 3개, 기본 진료 4회, 뇨검사 2회, 뇨침사검사 2회, 소변배양검사 및 항생제 감수성검사 2회, 초음파 검사 2회, 혈액검사 1.3회, 70일분에 해당하는 내복약의 구입비용, 검사비용 등으로 평균 1,147,740원씩을 각 지출한 사실을 인정할 수 있는바, 위 인정 사실 및 이에 덧붙여 이 사건 반려견이 재발성 방광염 진단을 받은 점, 이 사건 반려견이 당심 변론종결일 무렵에도 재발성 방광염에 대한 치료를 계속 받고 있는 점 등을 종합하여 보면, 원고는 당심 변론종결일 이후에도 이 사건 반려견의 재발성 방광염 및 방광결석을 치료하여야 하고, 그 치료비로 1년에 1,147,740원 정도를 지출하여야 하는 것으로 봄이 상당하다.

② 계산: 생략

(3) 책임의 제한

• 피고의 책임비율: 80%

• 6,620,816원(= 2,770,870원 + 3,849,946원) × 0.8= 5,296,652원

(4) 위자료

앞서 인정한 사실에 의하면, 원고는 상당한 기간 동안 함께 지내 온 이 사건 반려견이 피고의 의료상의 과실로 인하여 방광염 및 방광결석에 대한 치료를 적기에 적절하게 받지 못하여 방광염이 만성화되는 바람에, 이미 오랫동안 상당한 시간과 비용을 들여 이 사건 반려견의 만성 방광염 등을 치료하여 왔을 뿐만 아니라, 향후에도 계속하여 만성 방광염의 재발을 예방하기 위하여 주기적으로 관련 검사를 받게 하거나, 만성 방광염이 재발하는 경우 이를 치료하여야 함으로써 상당한 정신적 고통을 겪었다고 할 것이어서, 피고는 위와 같은 원고의 정신적 고통을 금전으로 위자할 의무가 있다고 할 것인데, 이 사건 반려견이 앓는 만성 방광염의 정도, 재발 가능성, 이 사건 반려견의 기대여명, 치료기간, 치료내역 및 피고의 과실 정도 등 이 사건 변론에 나타난 모든 사정을 참작하면, 그 위자료 액수는 2,000,000원으로 정함이 상당하므로, 피고는 원고에게 위자료로 2,000,000원을 지급할 의무가 있다고 할 것이다.

🐾 3. 위증으로 인한 손해배상청구에 대한 판단

가. 손해배상책임의 발생

(1) 형사사건에서 증인이 위증을 한 경우, 비록 그 형사사건의 피고인이 유죄판결

을 받지 않았다고 하더라도 증인의 허위진술로 유죄의 판결을 받을지도 모를 위험에 노출되었다면 위와 같은 허위진술로 인하여 피고인이 정신적 고통을 받았을 것임은 경험칙상 인정되므로, 허위진술을 한 증인은 위 정신적 손해를 배상할 의무가 있다고 할 것이다(대법원 1994. 2. 8. 선고 93다32439 판결 참조).

(2) 앞서 인정한 사실에 의하면, 피고는 2009. 5. 27. 원고에 대한 정보통신망 이용촉진 및 정보보호 등에 관한 법률 위반 사건의 공판정에 증인으로 출석하여 위증을 하였고, 이로 인하여 위증죄에 대하여 유죄의 확정판결을 받았는바, 위와 같은 피고의 허위의 진술로 인하여 원고는 '사실 적시로 인한 명예훼손죄'보다 형량이 더 무거운 '거짓 사실 적시로 인한 명예훼손죄'의 유죄판결을 받을지도 모를 위험에 노출되어(다만 앞서 인정한 바와 같이 검찰에서 '사실 적시로 인한 명예훼손죄'로 공소장을 변경함으로써 원고는 '사실 적시로 인한 명예훼손죄'로 유죄판결을 받았다), 상당한 정신적 고통을 겪었다고 할 것이므로, 피고는 위와 같은 원고의 정신적 고통을 금전으로 위자할 의무가 있다고 할 것이다.

나. 손해배상책임의 범위

나아가 피고가 배상하여야 할 위자료의 액수에 관하여 보건대, 원고와 피고 사이에 분쟁이 발생하게 된 원인, 경위, 분쟁의 전개과정 및 당초 피고는 원고가 허위의 사실을 적시하여 피고의 명예를 훼손하였다는 취지로 진정을 하였고, 이에 따라 원고는 '거짓 사실 적시로 인한 명예훼손죄'로 약식기소된 후, 원고가 적시한 사실이 허위인지 여부를 다투기 위하여 정식재판청구를 거쳐 제1심에서 장기간에 걸쳐 재판을 받아야 했고, 결국 '사실 적시에 의한 명예훼손죄'로 공소장이 변경된 점, 피고의 위증의 내용, 피고가 위증을 하게 된 경위, 원고에 대한 형사재판 결과 등 이 사건 변론에 나타난 모든 사정을 참작하면, 피고가 원고에게 배상하여야 할 위자료는 1,000,000원으로 정함이 상당하다.

🐾 4. 결론

그렇다면 피고는 의료상의 과실 및 위증의 불법행위로 인한 손해배상으로 원고에게 합계 8,296,652원[=의료상의 과실로 인한 손해배상금 7,296,652원(= 5,296,652원 + 2,000,000원) +위증으로 인한 손해배상금 1,000,000원]과 그 중 7,296,652원에 대하여는 피고의 의료상의 과실로 인한 불법행위일인 2008. 5.

8.부터, 1,000,000원에 대하여는 피고의 위증의 불법행위일인 2009. 5. 27.부터 각 피고가 그 이행의무의 존부 및 범위에 관하여 항쟁함이 상당하다고 인정되는 당심 판결 선고일인 2011. 9. 21.까지는 민법이 정한 연 5%, 그 다음 날부터 갚는 날까지는 소송촉진 등에 관한 특례법이 정한 연 20%의 각 비율로 계산한 지연손해금을 지급할 의무가 있다고 할 것이므로, 원고의 이 사건 청구는 위 인정 범위 내에서 이유 있어 이를 인용하고, 나머지 청구는 이유 없어 이를 기각하여야 할 것인바, 제1심판결은 이와 결론을 달리하여 부당하므로, 당심에서 확장된 원고의 청구를 일부 받아들여 제1심판결을 위와 같이 변경하기로 하여, 주문과 같이 판결한다.

부록 1-5 **대법원 1988. 12. 13. 선고 85다카1491 판결**

[판시사항] 의사가 환자에게 부담하는 진료채무의 법적성질

[판결요지] 의사가 환자에게 부담하는 진료채무는 질병의 치유와 같은 결과를 반드시 달성해야 할 결과채무가 아니라 환자의 치유를 위하여 선량한 관리자의 주의의무를 가지고 현재의 의학수준에 비추어 필요하고 적절한 진료조치를 다해야 할 책무 이른바 수단채무라고 보아야 하므로 진료의 결과를 가지고 바로 진료채무불이행사실을 추정할 수는 없으며 이러한 이치는 진료를 위한 검사행위에 있어서도 마찬가지다.

[판시사항]

[1] 구 정보통신망 이용촉진 및 정보보호 등에 관한 법률 제61조 제1항에 정한 '사실의 적시'의 의미 및 그 판단 방법

[2] 구 정보통신망 이용촉진 및 정보보호 등에 관한 법률 제61조 제1항에 정한 '사람을 비방할 목적'이 있는지 여부의 판단 방법 및 공공의 이익에 관한 것일 경우와의 관계

[3] 인터넷 포털 사이트의 지식검색 질문·답변 게시판에 성형시술 결과가 만족스럽지 못하다는 주관적인 평가를 주된 내용으로 하는 한 줄의 댓글을 게시한 사안에서, '사실을 적시'한 것은 맞지만 '비방할 목적'이 있었다고 보기 어렵다고 한 사례

[판결요지]

[1] 구 정보통신망 이용촉진 및 정보보호 등에 관한 법률(2007. 12. 21. 법률 제8778호로 개정되기 전의 것) 제61조 제1항에 정한 '사실의 적시'란 가치판단이나 평가를 내용으로 하는 의견표현에 대치되는 개념으로서 시간과 공간적으로 구체적인 과거 또는 현재의 사실관계에 관한 보고 내지 진술을 의미하는 것이며, 그 표현내용이 증거에 의한 입증이 가능한 것을 말하고, 판단할 진술이 사실인가 또는 의견인가를 구별하는 때에는 언어의 통상적 의미와 용법, 입증가능성, 문제된 말이 사용된 문맥, 그 표현이 행하여진 사회적 상황 등 전체적 정황을 고려하여 판단하여야 한다.

[2] 구 정보통신망 이용촉진 및 정보보호 등에 관한 법률(2007. 12. 21. 법률 제8778호로 개정되기 전의 것) 제61조 제1항에 정한 '사람을 비방할 목적'이란 가해의 의사 내지 목적을 요하는 것으로서, 사람을 비방할 목적이 있는지 여부는 당해 적시 사실의 내용과 성질, 당해 사실의 공표가 이루어진 상대방의 범위, 그 표현의 방법 등 그 표현 자체에 관한 제반 사정을 감안함과 동시에 그 표현에 의하여 훼손되거나 훼손될 수 있는 명예의 침해 정도 등을 비교, 고려하여 결정하여야 하는데, 공공의 이익을 위한 것과는 행위자의 주관적 의도의 방향에 있어 서로 상반되는 관계에 있으므로, 적시한 사실이 공공의 이익에 관한 것인 경우에는 특별한 사정이 없는 한 비방할 목적은 부인된다고 봄이 상당하고, 공공의 이익에 관한 것에는 널리 국가·

사회 기타 일반 다수인의 이익에 관한 것뿐만 아니라 특정한 사회집단이나 그 구성원 전체의 관심과 이익에 관한 것도 포함하는 것이고, 행위자의 주요한 동기 내지 목적이 공공의 이익을 위한 것이라면 부수적으로 다른 사익적 목적이나 동기가 내포되어 있더라도 비방할 목적이 있다고 보기는 어렵다.

[3] 인터넷 포털 사이트의 지식검색 질문·답변 게시판에 성형시술 결과가 만족스럽지 못하다는 주관적인 평가를 주된 내용으로 하는 한 줄의 댓글을 게시한 사안에서, 그 표현물은 전체적으로 보아 성형시술을 받을 것을 고려하고 있는 다수의 인터넷 사용자들의 의사결정에 도움이 되는 정보 및 의견의 제공이라는 공공의 이익에 관한 것이어서 비방할 목적이 있었다고 보기 어렵다고 한 사례

주문

원심판결 중 유죄 부분을 파기하고, 이 부분 사건을 서울중앙지방법원 합의부에 환송한다.

이유

상고이유를 본다.

🐾 1. 사실의 적시 여부에 관한 상고이유에 대하여

'구 정보통신망 이용촉진 및 정보보호 등에 관한 법률'(2007. 12. 21. 법률 제8778호로 개정되기 전의 것, 이하 '이 사건 법률'이라 한다.) 제61조 제1항 소정의 명예훼손죄의 구성요건요소인 '사실의 적시'란 가치판단이나 평가를 내용으로 하는 의견표현에 대치되는 개념으로서 시간과 공간적으로 구체적인 과거 또는 현재의 사실관계에 관한 보고 내지 진술을 의미하는 것이며, 그 표현내용이 증거에 의한 입증이 가능한 것을 말하고, 판단할 진술이 사실인가 또는 의견인가를 구별함에 있어서는 언어의 통상적 의미와 용법, 입증가능성, 문제된 말이 사용된 문맥, 그 표현이 행하여진 사회적 상황 등 전체적 정황을 고려하여 판단하여야 한다.

원심은 그 채택 증거를 종합하여, 피해자 공소외인이 운영하는 ○○성형외과에서 턱부위 고주파시술을 받았다가 그 결과에 불만을 품은 피고인이 인터넷 포털 사이트 지식검색 질문·답변 게시판에 2007. 5. 2. 10:22경 "아... 공소외인씨가 가슴

전문이라... 눈이랑 턱은 그렇게 망쳐놨구나... 몰랐네..."라는 글을, 같은 날 10:27 경 "내 눈은 지방제거를 잘못 했다고... 모양도 이상하다고 다른 병원에서 그러던 데... 인생 망쳤음... ㅠ.ㅠ"이라는 글을 각 게시한 사실을 인정한 다음, 위 각 표현 물이 '피고인이 피해자로부터 눈, 턱을 수술받았으나 수술 후 결과가 좋지 못하다', '피고인이 피해자 운영의 ○○성형외과에서 눈 수술을 받았으나 지방제거를 잘못하 여 모양이 이상해졌고, 다른 병원에서도 모두 이를 인정한다'라는 취지의 피해자의 명예를 훼손할 만한 구체적인 사실을 적시한 것이라고 판단하였는바, 앞서 본 법리 에 비추어 보면 위와 같은 원심의 판단은 정당한 것으로 받아들일 수 있고, 거기에 이 사건 법률 제61조 제1항 소정의 명예훼손죄의 구성요건요소인 '사실의 적시'에 관한 법리오해 등의 위법이 없다.

🐾 2. 비방의 목적 유무에 관한 상고이유에 대하여

이 사건 법률 제61조 제1항 소정의 '사람을 비방할 목적'이란 가해의 의사 내지 목적을 요하는 것으로서, 사람을 비방할 목적이 있는지 여부는 당해 적시 사실의 내용과 성질, 당해 사실의 공표가 이루어진 상대방의 범위, 그 표현의 방법 등 그 표현 자체에 관한 제반 사정을 감안함과 동시에 그 표현에 의하여 훼손되거나 훼손 될 수 있는 명예의 침해 정도 등을 비교, 고려하여 결정하여야 한다. 한편 '사람을 비방할 목적'이란 가해의 의사 내지 목적을 요하는 것으로서 공공의 이익을 위한 것 과는 행위자의 주관적 의도의 방향에 있어 서로 상반되는 관계에 있다고 할 것이므 로, 적시한 사실이 공공의 이익에 관한 것인 경우에는 특별한 사정이 없는 한 비방 할 목적은 부인된다고 봄이 상당하고, 공공의 이익에 관한 것에는 널리 국가ㆍ사회 기타 일반 다수인의 이익에 관한 것뿐만 아니라 특정한 사회집단이나 그 구성원 전 체의 관심과 이익에 관한 것도 포함하는 것이며, 행위자의 주요한 동기 내지 목적 이 공공의 이익을 위한 것이라면 부수적으로 다른 사익적 목적이나 동기가 내포되 어 있더라도 비방할 목적이 있다고 보기는 어렵다.

원심은 위와 같은 적시 사실의 내용과 성질, 당해 공표가 이루어진 상대방의 범 위, 그 표현의 방법 등 그 표현 자체에 관한 제반 사정을 감안함과 동시에 그 표현 에 의하여 훼손될 수 있는 명예 침해의 정도 등을 비교ㆍ고려하고, 여기에 피고인 이 수사기관 이래 일관되게 자신이 피해자로부터 눈, 턱의 성형수술을 받았으나 부작용이 발생하였음에도 피해자가 자신의 잘못을 인정하지 않아 반성하도록 하기 위해 위와 같은 글을 작성하였다고 진술하고 있는 점 등을 종합하여 보면, 피고인에게는 피해자를 비방할 목적이 있었다고 봄이 상당하다고 판단하였다.

그러나 위와 같은 원심의 판단은 다음과 같은 이유에서 그대로 수긍할 수 없다.

기록에 의하면, 위 각 표현물은 인터넷 사용자들이 질문을 올리면 이에 대해 답변하면서 질문사항에 의견과 정보를 공유하는 기능을 가진 인터넷 포털 사이트의 지식검색 질문·답변 게시판에 단 한 줄의 댓글 형태로 각 게시된 점, 그 동기에 대해 피고인은 제1심 및 원심 법정에서 피해자의 성형시술 결과에 불만을 품고 있던 중 인터넷에서 피해자의 성형시술능력에 대한 질문·답변을 보고 다른 피해사례를 막아야겠다는 생각에 자신의 경험과 의견을 다른 사람들과 공유하고자 위 각 표현물을 게시하였다고 진술하기도 한 점, 피고인은 피해자로부터 피고인의 글을 삭제해 달라는 요청을 받고 즉시 삭제한 점 등을 알 수 있는바, 이러한 점들과 원심이 인정한 사실관계를 위 법리에 비추어 보면, 위 각 표현물의 공표가 이루어진 상대방은 피해자의 성형시술능력에 관심을 가지고 이에 대해 검색하는 인터넷 사용자들에 한정되고 그렇지 않은 인터넷 사용자들에게 무분별하게 노출되는 것이라고 보기는 어려우며, 그 분량도 각 한 줄에 불과하고, 그 내용 또한 피고인의 입장에서는 피해자의 시술 결과가 만족스럽지 못하다는 주관적인 평가가 주된 부분을 차지하고 있으며, 성형시술을 제공받은 모든 자들이 그 결과에 만족할 수는 없는 것이므로 그러한 불만을 가진 자들이 존재한다는 사실에 의한 피해자의 명예훼손의 정도는 위와 같은 인터넷 이용자들의 자유로운 정보 및 의견 교환으로 인한 이익에 비해 더 크다고 보기는 어려우므로, 피해자의 입장에서는 어느 정도 그러한 불만을 가진 자들의 자유로운 의사의 표명을 수인하여야 할 것이라는 점을 고려해 볼 때, 위 각 표현물의 표현방법에 있어서도 인터넷 사용자들의 의사결정에 도움을 주는 범위를 벗어나 인신공격에 이르는 등 과도하게 피해자의 명예를 훼손한 것이라고 보기는 어렵다고 평가할 수 있어, 위 각 표현물은 전체적으로 보아 피해자로부터 성형시술을 받을 것을 고려하고 있는 다수의 인터넷 사용자들의 의사결정에 도움이 되는 정보 및 의견의 제공이라는 공공의 이익에 관한 것이라고 볼 수 있고, 이와 같이 피고인의 주요한 동기 내지 목적이 공공의 이익을 위한 것이라면 부수적으로 원심이 인정한 바와 같은 다른 목적이나 동기가 내포되어 있더라도 그러한 사정만으로 피고인에게 비방할 목적이 있었다고 보기는 어렵다고 할 것이다.

그럼에도 불구하고 원심이 그 판시와 같은 사정만을 들어 피고인에게 피해자를 비방할 목적이 있었다고 판단한 것은 이 사건 법률 제61조 제1항 소정의 명예훼손죄의 구성요건요소인 '사람을 비방할 목적'에 관한 법리를 오해하여 판결에 영향을 미친 위법이 있다고 할 것이다.

🐾 3. 결론

그러므로 나머지 상고이유의 주장에 대하여 판단할 필요 없이 원심판결 중 유죄 부분을 파기하고, 이 부분 사건을 다시 심리·판단하도록 원심법원에 환송하기로 하여 관여 대법관의 일치된 의견으로 주문과 같이 판결한다.

저자 약력

박상진

건국대학교 경찰학과 교수 / 법학박사
건국대학교 LINC+사업단 건국ICC장

이진홍

건국대학교 교수 / 법학박사
건국대학교 LINC+사업단 반려동물법률상담센터장
충주시 동물보호센터 운영위원

문효정

법률사무소 정인 변호사
서울시청 공익활동지원변호사단
서울시교육청 교육활동보호 법률지원단
대한상사중재원 자문위원

서영현

서영현 법률사무소 대표변호사
한국의료분쟁조정중재원 조정위원(비상임)
서울시 업무상질병판정위원회 판정위원
서울중앙지방법원 조정위원

* 법률 상담의 사례에 나오는 사진은 견종은 같으나, 실제 사진은 아님을 밝힙니다.

반려동물을 위한 86가지 법률 상담 이야기
반려동물 법률상담사례집

초판발행   2021년 2월 19일

지은이   박상진·이진홍·문효정·서영현
펴낸이   노   현

편 집   김명희
기획/마케팅   김한유
표지디자인   BEN STORY
제 작   고철민·조영환

펴낸곳   (주) 피와이메이트
              서울특별시 금천구 가산디지털2로 53 한라시그마밸리 210호(가산동)
              등록 2014. 2. 12. 제2018-000080호
전 화   02)733-6771
f a x   02)736-4818
e-mail   pys@pybook.co.kr
homepage   www.pybook.co.kr
ISBN   979-11-6519-101-6   03490

정 가 18,000원

박영스토리는 박영사와 함께하는 브랜드입니다.